JN074758

現代東南アジアにおける
ラーマーヤナ演劇
福岡まどか――編・著
福岡まどか
青山亨
平松秀樹
梅田英春
サムアン・サム
竹村嘉晃
日向伸介
福岡正太
Didik Nini Thowok
Nanang Ananto Wicaksono
Ken Steven
東南アジアに広く伝わり
独自の発展を遂げた
インドの叙事詩ラーマーヤナ
さまざまな演劇形態における多彩な表現を探究する
オリジナルの創作作品も収録
めこん

はじめに

◉ヴィシュヌ神の転生であるラーマ王子が、さらわれた妃シーターを取り戻すべく猿の軍勢の助けを借りて魔王ラーヴァナと戦うという内容を持つラーマーヤナは冒険、戦い、ロマンスなどの要素が満載の物語である。この叙事詩は古代インドにて成立した二大叙事詩の1つでマハーバーラタと双璧を成すものとして知られる。神話が神々の物語であるのに対して叙事詩は英雄たち、特に神の転生である英雄たちが活躍する物語であり、神々の世界から人間界により近づいたものとして位置づけられる。王位継承争い、武将の高潔な魂、道徳的規範などを描く人間ドラマの部分は人間の世界に近づいた叙事詩の特徴を示しており、その一方で登場人物たちの超能力、運命、不思議な武器などが描かれる部分は神々の転生である英雄たちの物語の特徴を示している。猿をはじめとする動物や魔物などが登場することも特徴である。こうした特徴のゆえにこの叙事詩は、絵画、文学作品のみならず演劇上演の中でさかんに演じられてきた。

◉私が初めてラーマーヤナの演劇を観たのは1980年代終わりのインドネシア・ジャワ島バンドンで上演された人形劇だった。演目は当時一世を風靡した人形遣いアセップ・スナンダール・スナルヤ(1955-2014)による「魔王ラーヴァナの戦死」。悪役の魔王ではあるが偉大な存在としても位置づけられる魔王ラーヴァナの戦死を描く演目は、人々に怖れられており普段はなかなか上演されない稀少なものであった。残念ながら当時の私はまだ内容も分からず、その演目の貴重な価値にも気づいていなかった。だが人形遣いアセップによる人形操作のわざと語りが随所で観客の喝采を浴びていたのは印象的な経験だった。特に勇者ハヌマーンの演技とセリフを通して語られる戦いについての語り

目次

は多くの観客の拍手と歓声を受けていた。それは叙事詩ラーマーヤナを通して提示される人形遣い自身の解釈と人生哲学に対する観客からの共感と称賛であったのだろう。

◉叙事詩ラーマーヤナは9世紀頃から東南アジアの広域に伝わり、多様な分野において独自の発展を遂げて伝承されてきた。この本は、現代東南アジアの演劇におけるラーマーヤナの多様な表現を考察したものである。戦い、冒険、恋愛、人間の生き方を描くラーマーヤナは、その大筋や登場人物設定を基本としつつ多様な解釈を加えられてきた。東南アジアの人々が独自の翻案を生み出し演劇やダンスなどの中でその効果的表現を追求してきた主要な題材の一つである。上述の人形劇だけでなく影絵、俳優劇、仮面劇など多様な演劇ジャンルの中で親しまれてきた。演劇やダンスの上演は地域によっては王権や宮廷文化と結びつき、各地の主要な文化表現の媒体として観光や文化遺産指定などのコンテクストで着目されてきた。映画やコミックなどを通しても広まってきた。東南アジアのアーティストたちは、その時代における社会状況、文化的な価値観に対する独自の考えを叙事詩ラーマーヤナに投影しながら芸術的表現を追求してきた。

◉口絵にはインドネシアのアーティスト3人によるラーマーヤナを題材としたオリジナル作品を紹介し、QRコードから動画を見ることができるようにした。この本を通して叙事詩ラーマーヤナが演劇を通して東南アジアに広く普及し人々に親しまれ、現在に至るまで独自の発展を遂げている現状を多くの人々に伝えたい。

2022年1月24日　大阪・吹田の研究室にて　**福岡まどか**

東南アジアの演劇における

〈ラーマーヤナの登場人物の造形〉

東南アジアの演劇ジャンルにおいては
ラーマーヤナの登場人物たちの
独自の造形が示されてきた。
インドネシア・ジャワ島の影絵人形の
写真(国立民族学博物館提供)を中心に、
タイの仮面舞踊劇、バリ島の影絵、
インドの仮面(国立民族学博物館提供)、
カンボジアの影絵などの画像を通して、
その多彩な造形と各地の特徴を
知ることができる。

★ここに示した登場人物名の
カナ表記はサンスクリット名の
表記になっている。

【ラーマ】Rama

コーサラ国
アヨーディヤーの王子

タイの仮面舞踊劇コーンの上演　魔王と戦うラーマ王子

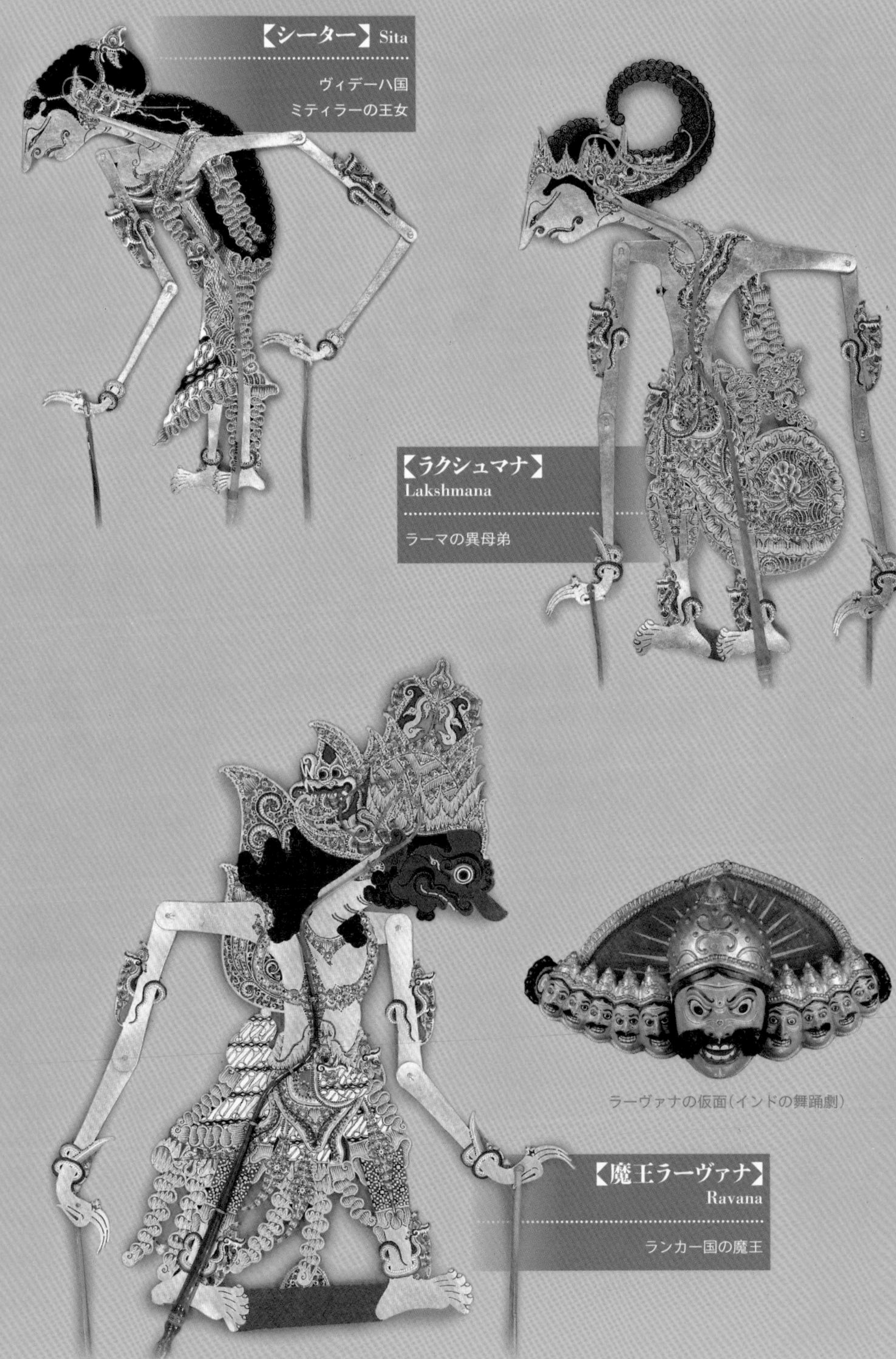

【シーター】Sita

ヴィデーハ国
ミティラーの王女

【ラクシュマナ】Lakshmana

ラーマの異母弟

【魔王ラーヴァナ】Ravana

ランカー国の魔王

ラーヴァナの仮面（インドの舞踊劇）

バリにおける影絵芝居。猿王スグリーヴァ（スグリワ）とクンバカルナの戦い

【ジャターユ】
Jatayu

怪鳥ジャターユ

【クンバカルナ】
Kumbhakarna

魔王ラーヴァナの弟

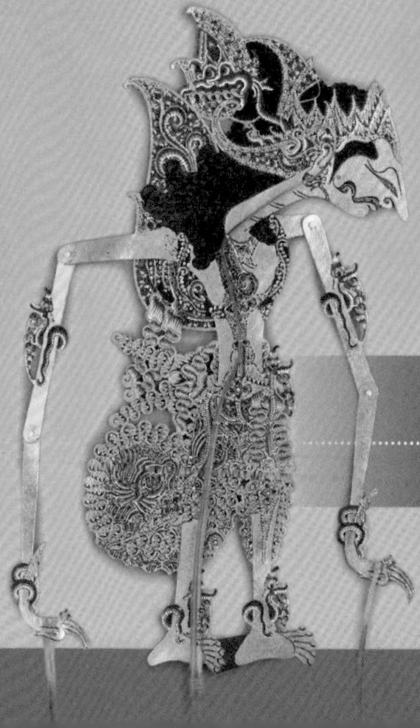

【ヴィビーシャナ】
Vibishana

魔王ラーヴァナの弟

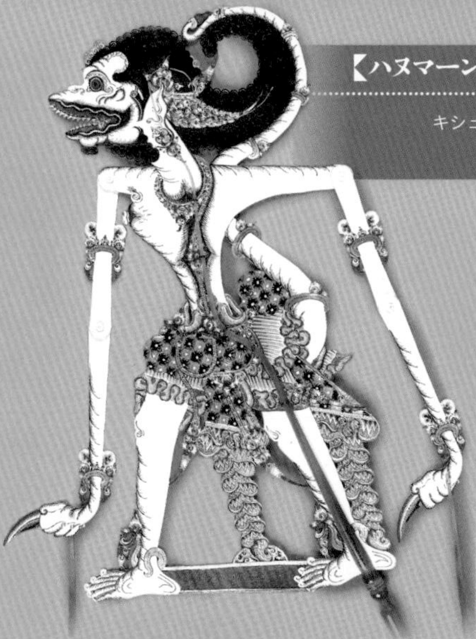

貴公子、妃、猿、魔物、怪鳥…。
多彩な登場人物群の
特徴的な造形が
叙事詩の世界を彩ってきた。

【ハヌマーン】Hanuman

キシュキンダー国の
猿の武将

【猿王スグリーヴァ】
Sugriva

キシュキンダーの王

カンボジアにおける影絵芝居。シーター（セダー妃）に化けて捕まった女羅刹ポンニャカーイ

東南アジアの現代における……………………
ラーマーヤナ物語〈創作作品の紹介〉

現代世界で活躍するアーティストたちはラーマーヤナを
どのように再解釈しているのだろうか？
また自らの専門とする表現形態をラーマーヤナの
いかなるエピソードと関連づけるのだろうか？
3人のインドネシア人アーティストが
ラーマーヤナに基づくオリジナル作品を創作した。
出身地域、年齢、専門領域が異なるアーティストたちが
ラーマーヤナに向き合い、エピソードやシーンを選び、
関連資料を調査し、解釈を試みた成果である。
作品は下記に記されたQRコードを読み取ることで
限定YouTubeページから視聴が可能となっている。

1

〈ディディ・ニニ・トウォ〉による舞踊劇

人魚ウラン・ラユンとアノマン対レカタ・ルンプン

Urang Rayung and Anoman vs. Rekatha Rumpung

構成・コンセプト：Didik Nini Thowok
音楽：Anon Suneko
振り付け・ダンス：Didik Nini Thowok,
Agung Tri Yulianto,
Jatmiko Vadhjendrata Rino Regawa Capricornusa
衣装デザイン：Didik Nini Thowok, JatmikoVRCC

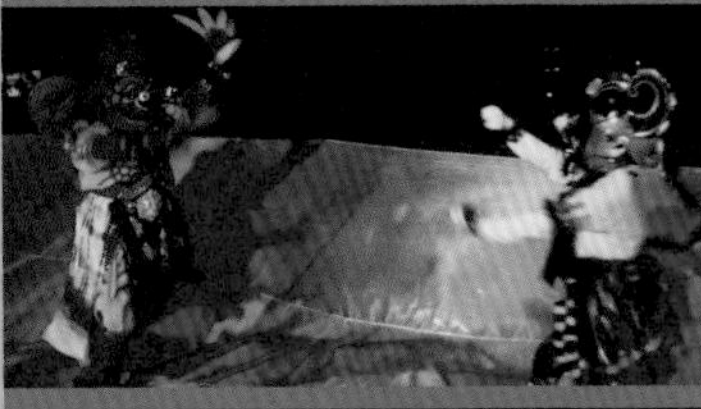

キーワード▶▶▶
美・悪・正義・戦い・愛

◉大海に戯れる美しい人魚と猿の武将の恋物語。エピソード「ラーマ大海に橋を架ける」のスピンオフとして知られる人魚と猿の武将の恋物語は東南アジアの大陸部に多く見られる。

◉カンボジアでこの物語に魅せられた女形ダンサーのディディ・ニニ・トウォがジャワ島での物語の調査に基づき独自の舞踊劇を創作。

◉美しく優雅な人魚、人魚に横恋慕するエビガニの怪物、人魚を助ける猿の武将、恋に落ちる人魚と武将。

◉それぞれの特徴的な演技と各場面を彩る変化に富んだ音楽と朗誦の展開も印象的である。オリジナルの着想が活かされた仮面や衣装にも注目！

★それぞれのアーティストによって書かれた作品解説とアーティストのプロフィール、作品動画のURLは、巻末の「委嘱創作作品　解説」を参照。

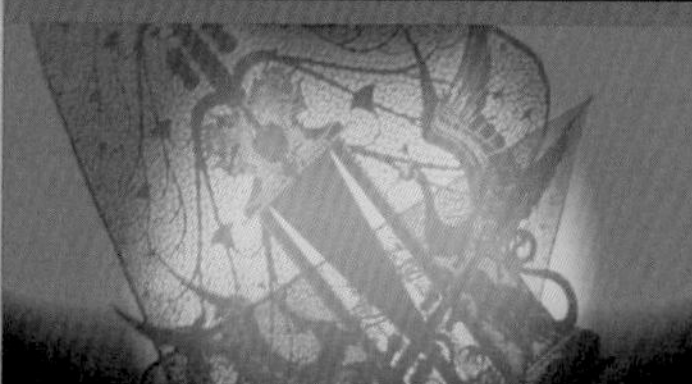

2

〈ナナン・アナント・ウィチャクソノ〉によるアニメーション作品

ラーマーヤナ: 最後の使命

Ramayana: The Last Mission

企画・監督・デジタルダラン(アニメーション):
Nanang Ananto Wicaksono

声優: イルボン ILBONG, もうりひとみ Hitomi Mouri,
ナナン・アナント・ウィチャクソノ
Nanang Ananto Wicaksono

音楽: 江南泰佐 Enami Taisuke

ガムラン演奏: ローフィット・イブラヒム Rofit Ibrahim

挿入曲:"Lancaran Bala Wanara" by Sumanto Susilomadyo

Special Thanks to : Hedi Hinzler, gallery yolcha

プロデューサー: 西田有里

プロダクション: Magica Mamejika

In Memory of Wayang Ukur Sigit Sukasman

キーワード▶▶▶孤独・後悔・苦悩・生きる意味

◉ラーマ王子は常に英雄だったのか？
彼はどのような気持ちで生きてきたのか？
晩年のラーマにフォーカスし、その孤独と苦悩、
次なる生へと向きあう姿を描いた物語。

◉エピソード「ラーマ転生す」に基づき、気鋭の人形遣い・
アニメーターのナナン・アナント・ウィチャクソノは
ラーマの内面の苦悩・記憶・後悔を描く作品を創作した。

◉孤独のうちに過去に想いを馳せるラーマ、
回想された戦いの中で悪の痕跡を残す魔王ラーヴァナ、
ラーマの元を去った愛する妻シーター。
それぞれの心の内が描かれる。
影絵の人形に基づくアニメーション、
オリジナルのサウンド、ジャワの音楽にも注目！

SINTA OBONG
Composed by KEN STEVEN

Orchestrated by Renardi Effendi
Performed by Voice of Bali - Eto Tagur, Artistic Director

3

〈ケン・スティーヴン〉による合唱作品

シーターの火の試練

Sinta Obong

Composer: Ken Steven
Artistic Director: Eto Tagur
Performance: Voice of Bali
Orchestrator: Renardi Effendi

Location: Politeknik International Bali
Video Editor: Cato Production
Sound Mastering: Nano Edon
Lighting: Dore Production
Costume: Sampik Costume and Makeup
Makeup: Abhinaya Wed, Ayuningbali, Cyntiapratiwi MUA, Deuls Beaury MUA, Diahayusawitri_03, Jegegbagus Makeup, Puspitamakeup14
Voice of Bali:
Rama: Pande Kana **Sinta:** Keisha Palar
Soprano: Chintya, Dewi, Eka, Keisha, Lala, Maria
Alto: Anin, Indah, Laras, Marcelina, Marina, Mitha, Riris
Tenor: Alfin, Alfonsus, Nata, Juniardi
Bass: Budi, Chris, Daru, Depa, Molo, Tamu
Special Thanks to: Geg Istri, Mario, Bernard, Chrisna, Marce, Betrand, Carlos, Erik, Inton

キーワード▶▶▶別離・再会・疑念・和解

◉魔王に捕らえられていたシーター救出と
念願の再会。だがシーターの貞節に
疑念を押さえられないラーマ王子。
悲しむシーターは火に飛び込み
自らの潔白を証明する。

◉エピソード「シーターの火の試練」に基づき、
作曲家ケン・スティーヴンが合唱曲を創作。

◉重厚な声の重なりは、演技、ダンスを伴い
独自の劇的空間を構成する。
バリ島の芸能ケチャに見られる
声の演技も取り入れながら
合唱団「Voice of Bali」のメンバーたちが
歌声の織りなす音楽的時間に観る者を誘う。
演技、振り付け、コスチューム、
サウンドと映像撮影の技術にも注目！

【各地の主要登場人物名】

サンスクリット名	ジャワでの名称	バリでの名称	タイでの名称	カンボジアでの名称
ラーマーヤナ	ラマヤナ	ラマヤナ	ラーマキエン	リアムケー
ラーマ	ロモ ラマウィジャヤ	ラーマ	(プラ)ラーム	(プレア)リアム
ラーヴァナ	ラワナ	ラワナ	トッサカン	リアップ
ラクシュマナ	レスマナ レクスマナ	ラクサマナ	(プラ)ラック	(プレア)レアック
シーター	シンタ シント	シータ	(ナーン)シーダー	(ネアン)セダー
ハヌマーン	アノマン	アノマン	ハヌマーン	ハヌマーン
スグリーヴァ	スグリワ	スグリワ	スクリープ	ソクリープ
クンバカルナ	クンバカルノ クンボカルノ	クンバカルナ	クンパカン	クンパカー
ヴィビーシャナ	ウィビサナ	ウィビサナ	ピペーク	ピペーク
ジャタユ	ジャターユ	ジャタユ	(ノック)サダーユ	チャターユ

インドネシア·ジャワ島とバリ島、タイ、カンボジアにおける主要登場人物名のカナ表記。各論を読む際に参照されたい。なお、表中のプラ、プレア、ナーン、ネアンなどは敬称であり、これらを用いないで表記する場合もある。

I

ラーマーヤナの多元的解釈

第1章
現代東南アジアにおける
ラーマーヤナ演劇の多元的意味
福岡まどか

〈コラム〉ダンサー、ピチェ・クランチェンによるダンス作品
福岡まどか

〈付論〉第1章
ヴァールミーキ版の7巻本の概要と
東南アジアにおけるその展開
福岡まどか

〈コラム〉映画『オペラ・ジャワ』に見る「ウッタラ・カーンダ」の伝承
青山亨

第2章
タイのラーマーヤナ、
「ラーマキエン」の現代的展開
—チャイヨー・スタジオ製作映画を中心にして
平松秀樹

第3章
残虐なる魔物か、それとも
勇敢に死にゆく英雄か？
—バリ島のワヤンの演目「クンバカルナの戦死」のダランによる解釈
梅田英春

第4章
カンボジアにおけるラーマーヤナ演劇
サムアン・サム

第1章

現代東南アジアにおけるラーマーヤナ演劇の多元的意味

福岡まどか

1……研究の目的

この研究は、ラーマーヤナ演劇に焦点を当てて、現代東南アジアにおけるその多元的な意味と表象を考察することを目的とする。古代インドの叙事詩ラーマーヤナは9世紀以降東南アジアの広範囲に広まり、国や地域による独自の特徴を取り入れつつ発展してきた。ヴィシュヌ神の転生である英雄ラーマ王子が誘拐された妃シーターを取り戻すべく猿の武将たちの助けを得て魔王と戦う物語を描くこの叙事詩は文学、上演芸術、美術、映画など伝統的・現代的な芸術形態において広く知られるテーマの源泉であり続けている。ラーマーヤナ芸術についてはこれまでに多くの先行研究の成果が見られ、その中には東南アジアを含むアジア芸術に焦点を当てた成果もある(Iyenger 1983, Kam 2000, Krishnan 2013, Miettinen 1992, Roveda 2016)。これらの成果も参照しつつ、この研究では現代東南アジアにおけるラーマーヤナの演劇的上演に焦点を当てる。影絵、人形劇、仮面劇、舞踊劇、創作舞踊などの上演芸術の形態に加えて映画、コンテンツカルチャー、コミックなども取り上げる。したがって、この研究で対象となるのは、より正確には「ドラマティック・アート」と総称されるものに近いだろう。

現代の東南アジアにおいて、観光、文化遺産登録、ディアスポラ、ポピュラーカルチャー産業、文化交流事業や文化外交など多くの文化的な

★1―本書で取り上げる東南アジアの演劇的上演には歌、朗誦、ダンスなども含まれる。独特な形態のひとつとして、男性の多声合唱と身体動作によって演じられるバリ島のケチャ *kecak*が挙げられる。ケチャの上演はラーマーヤナの物語と関連を持つものも多く見られる。ケチャにおける声のパフォーマンスは、サンヒャン・ドゥダリ *sanghyang dedari* と呼ばれる儀礼における伝統的なトランスダンスに由来する。1930年代、ドイツ人芸術家ヴァルター・シュピースはバリ島のブドゥル Bedulu の人々とともにラーマーヤナを取り入れた上演をプロデュースした(Picard 1990: 60)。

局面を考える際にラーマーヤナは重要な位置づけを持っている。

たとえば観光客向けの上演では、この叙事詩の東南アジアにおける人気の高さと各地の地域的伝統に根差した多様な表現が見られる。観光客はラーマーヤナの物語が示す戦い、恋愛、忠誠などをめぐる普遍的価値観を受け入れるとともに影絵、人形劇、仮面劇、舞踊劇、朗誦や歌などの形態を通してその表現の多様性を享受する★1。多彩な登場人物、独特な衣装、ダンス、声と音楽などをフィーチャーするラーマーヤナ演劇のスペクタクルは、社会学者アーリの述べる「強烈な楽しみへの希求」(Urry 1990: 3)に基づく「観光のまなざし」に応え得る観光文化の代表的な対象として位置づけられる。観光文化はまた各地の価値ある文化遺産のひとつとしてラーマーヤナを位置づける機会も提供してきた。同様の事例は、国際的あるいは地域間の文化交流、ディアスポラのコミュニティにおける文化的イベントなどにおいても見ることができる。このようなコンテクストにおいては当該地域を代表し得る文化表現が模索され、多様な観点に基づき文化的要素を効果的に表現する方法に関する論争や課題も見られる★2。

ユネスコによる無形文化遺産登録のように文化表現が国家の文化遺産として価値づけられるコンテクストにおいても、現代東南アジアにおけるラーマーヤナ演劇の重要性が示される。2018年にタイの仮面舞踊劇コーン *khon* が人類の無形文化遺産の代表リストに選定された。この仮面舞踊劇のレパートリーはラーマーヤナである。ユネスコのページにおけるこの芸術ジャンルの記述は以下のようになっている。

> 仮面舞踊劇コーンは、一方ではシャム／タイの宮廷によって培われてきた高文化を代表し、その一方で異なる社会的背景を持つ多くの観客によって楽しまれ解釈され得る演劇的上演を代表する(UNESCO page)。(https://ich.unesco.org/en/RL/khon-masked-dance-drama-in-thailand-01385)

有名なボナ村を含むいくつかの村でケチャの上演をプロデュースした後、シュピースとバリの芸術家たちは1937年にラーマーヤナ物語を上演する形態を確立した。この芸能における男性演者たちがラーマーヤナにおける猿の軍勢にたとえられているため、この上演は観光文化においては「モンキーダンス」として知られている。

★2—観光客など外部の観客に向けてラーマーヤナ演劇をわかり易く提示する方法にはさまざまなものが見られる。第6章では観光というコンテクストにおける物語の提示方法の特徴が検討される。

上記の記述は、宮廷芸術としてのコーンの洗練度と、多くの観衆のための上演の人気との双方について言及している★3。

ラーマーヤナ演劇は東南アジア共通の文化遺産としても位置づけられてきた。1971年にインドネシアにおいて国際的なラーマーヤナのフェスティバルとセミナーが開催されて以降、多くのイベントが開催され、地域における叙事詩の多様な上演と解釈の機会が提供されてきた。4の[3]に後述するようにこのイベントの目的は各地の多様性の提示から叙事詩に基づく新しい共同創作へと次第に変化していった。1997年以降、ラーマーヤナは東南アジア諸国連合(ASEAN)の政治的・経済的結束が模索される中で文化的結束のシンボルとしても見なされてきた(Tiongson 2019)。

ラーマーヤナはまた東南アジアにおける現代アート作品の主要なテーマになってきた。演劇研究者のコーエンは東南アジアの影絵の現代アーティストたちの活動を描き、彼らを「ポスト伝統的芸術家」として位置づけた(Cohen 2016)。伝統芸術家の子孫や弟子で海外での教育を受けた世代に焦点を当てて、コーエンは彼らが「上演文化のコードを把握し受容してきた形式の中に生きながら、それらを地域独自の課題あるいはグローバルな事象に向き合うために再創造している」と述べる(Cohen 2016: 191)。彼は現代の影絵のアーティストたちのさまざまな活動を描いている。すべての事例においてラーマーヤナと直接の関連が示されるわけではないが、いくつかの芸術活動はラーマーヤナとも密接な関わりを持つ。「ポスト伝統的芸術家」を現代アートシーンにおけるリーダー的存在として位置づけたコーエンの視点は示唆的である。この本の中で影絵に基づくアニメーションの委嘱作品を創作したナナン・アナント・ウィチャクソノもコーエンの論考の中で「ポスト伝統的芸術家」として位置づけられている1人である(Cohen 2016: 202-203)。

現代アートシーンにおいてはラーマーヤナ演劇と直接あるいは間接の関連を持つ作品が見られる。インドネシアのガリン・ヌグロホ監督によって創作されたラーマーヤナの現代的解釈に基づく映画『オペラ・ジャワ

★3—タイと周辺国における文化遺産に対する知識人たちの認識と文化遺産指定のプロセスについては日向による第7章を参照。シンガポールのインド人ディアスポラコミュニティにおけるラーマーヤナ演劇の事例については竹村による第5章を参照。

★4—映画『オペラ・ジャワ』については青山による詳細な分析(青山2010)を参照。また青山によるこの本のコラムも参照。ラーマーヤナと間接的に関わる現代舞踊の作品としては、コラムに記したタイのダンサー、ピチェ・クランチェンの作品についての記述を参照されたい。

Opera Jawa』においては、物語はジャワの伝統的舞踊劇ラングエンドリヤン *langendriyan*の形式によって進行する。マルティヌス・ミロト、エコ・スプリヤント、ジェコ・シオンポなどのコンテンポラリーダンサーが主要登場人物としてダンスと演技を披露し、人形遣いのスラメット・グンドノが歌を披露するなど、代表的アーティストが登場する。セッティング、オブジェ、音楽、衣装などのスタッフに多くの現代アーティストたちが参画したことも指摘される（青山 2010）。この作品は映画の形態としてだけでなく舞踊劇としても各国で上演されオブジェなどの展覧会も開催された。新たな解釈によって脚色され伝統的な叙事詩とは異なる結末を提示しており、ラーマーヤナに基づく現代アート作品として位置づけられる★4。

ラーマーヤナに見られる伝統性と現代性の探求を通して、東南アジアのアーティストたちは叙事詩に基づくあるいは叙事詩と関連を持つ芸術作品を創作するさまざまな方法を模索してきた★5。そしてそのテーマと形式は現代世界の多くの人々に受け入れられてきた。

この研究では、ラーマーヤナ演劇を多元的な価値観が交渉されるプラットフォームとして位置づけ演劇をはじめとするドラマティック・アートの多元的な意味と表象に焦点を当てた検討を行う。この叙事詩が演じられる現代的コンテクストの事例を通して、ラーマーヤナの演劇形態に内包されるイデオロギーや道徳観についても考察する。この研究では文化遺産指定、ポピュラーカルチャー産業、ディアスポラコミュニティ、観光化、文化外交、文化伝承、文化表象と展示、儀礼における上演などのコンテクストに注目する。具体的にはタイのコンテンツカルチャーにおけるヒーロー像、バリの影絵上演において提示される道徳観念、カンボジアのラーマーヤナ演劇の普及と伝承、シンガポールのインド人ディアスポラコミュニティにおけるラーマーヤナの変動する解釈と受容、インドネシアとタイの観光文化における物語の表象、タイにおける文化表象の歴史と仮面舞踊劇コーンに関する知識人たちの認識の歴史的経緯、日本の博物館展示におけるラーマーヤナの表象などを取り上げる。

★5—インドネシアの合唱音楽の作曲家・指揮者のケン・スティーヴンは、次回作の構想としてラーマーヤナに基づくオペラ作品を想定していることを語っている。彼はこの本のためにその最初の試みとして「シーターの火の試練」に基づくアカペラの小品を提供している（“Voices- A Festival of Song 2020 in Conversation with Roldan, Vizconde-Roldan, Steven & Maniano” in “Muziksea-The Gateway of the Southeast Asian Choral Music”, 5th December 2020 in Esplanade, Singapore）https://www.esplanade.com/offstage/arts/voices-muziksea-the-gateway-to-

第1章では、2においてラーマーヤナの物語の概要を記し多様な演劇表現のテーマとしての特徴を検討する。3では東南アジアの文化的現状を検討し現代東南アジアの文化的次元におけるラーマーヤナ芸術について考察する。4では事例の検討を通してラーマーヤナに基づく芸術表現の多様な位置づけについて検討する。最後に5において本書の構成と各章の内容を提示する。

2……芸術形式におけるテーマとしてのラーマーヤナ

演劇と叙事詩に関する考察においては上演の中で提示される演劇表現の特質について検討する必要がある。演劇表現にはナレーション、セリフ、朗誦、詩、歌唱などを含む多様な言語的表現とともにダンス、演技、音楽、さらに衣装、舞台設定や舞台美術などの非言語的表現が含まれる。これらは、人間の聴覚と視覚のいずれかあるいは双方に訴える表現となる。

演劇形態の言語的表現はしばしば定型化され様式化された方法で演じられ、時には反復や誇張などが強調される。書かれたテクストと演劇上演における言語表現の違いが顕著に見られる現象は、オングがその著書『声の文化と文字の文化』で指摘している通りである(Ong 1982: 139-155)。マレー文学研究者のアミン・スウィーニーもマレーの影絵であるワヤン・シャム*wayang Siam*において定型化や反復などを多用する様式化された言語表現が見られることを指摘する(Sweeney 1991: 19-20)★6。

東南アジアのラーマーヤナ演劇には多様な形態があり、言語表現が重要な位置を占める上演形態、最小限の言語表現を用いる上演形態、言語表現を用いない上演形態が見られる。多くの演劇形態においてダンス、演技、舞台設定、衣装、仮面、人形などの視覚的要素が強調される。音の要素、音楽や歌なども重要となる。演劇上演におけるコミュニケーションの形態は人間の視覚と聴覚の双方に関連する多様な要素を含む。その点において芸術上演を「観る」ということは多様な感覚を通し

southeat-asian-coral-music
http://www.youtube.com/watch?v=PmYQxF-Z168&feature=emb_rel_pause
2020年12月17日アクセス。

★6―マレーの影絵芝居の言語使用の研究に基づき、スウィーニーは言語と表現の様式化された方法を提示し、他の伝統演劇、さらには伝統医療や霊媒の語りなどの分野における類似性も指摘している(Sweeney 1991: 19)。

てその上演を「体験する」ことである。それは書物を読む経験とは異なり、また日常生活において言語的コミュニケーションを行う経験とも異なる[★7]。演劇上演においては、難解な言語表現を理解しない多くの人々によって表現内容が共有される場合もあり、また定型化された言語表現や視覚的な表現のインパクトによって特定の権力の存在意義を権威づける効果が見られる場合もある。

この研究では演劇表現をこれらの多様な要素が統合されたものとして位置づける。演劇における物語、言語表現、視覚的要素は演劇上演が示す価値観やイデオロギーとも深く関連している。この節では主にラーマーヤナ演劇において提示される叙事詩の含むイデオロギーと道徳観についての多様な解釈を取り上げる。その際、演劇表現との関連についても必要に応じて言及する。

［1］物語のあらすじと主要登場人物

ラーマーヤナの主要な筋立ては、コーサラ国アヨーディヤーのラーマ王子とランカー国の魔王ラーヴァナとの戦いを軸に展開する。ラーマ王子とシーター姫、ラーマの義弟ラクシュマナが森を放浪中に、魔王ラーヴァナはラーマ王子の美しい妻シーターを誘拐する。猿の軍勢の助けを借りて、ラーマ王子は魔王を斃しシーターを救出する。

インドの詩聖ヴァールミーキ作とされるサンスクリットの7巻本が広く知られている。この物語は紀元前4世紀頃から紀元後4世紀頃にかけて成立したとされ、2万4000詩節からなる長大な叙事詩として知られている。詩節はシュローカ *sloka* と呼ばれ、16音節2行の32音節を1単位とする。朗誦される詩の形式で書かれ、口頭で伝承されてきた。

上記に挙げたあらすじは、7巻本の第2篇から6篇において描かれている。ラーマ王子のヴィシュヌ神の転生としての誕生を描く第1篇（*Bala Kanda*）とヴィシュヌ神としての昇天を描く第7篇（*Uttara Kanda*）は、後世になってからラーマの神性を強調するために別の作者によって付加された

★7—ここで述べるように上演を観ることと書物を読むことの違いについてはオングによる指摘と同様である（Ong 2002）。一方で様式化された上演を観ることと日常における言語コミュニケーションの間にも違いが見られる。

ことが指摘されている(Sen 1976: x, Richman 1991: 8)。

ラーマーヤナの物語は東南アジアの広範囲に普及し、多様なヴァージョンにおいて伝承されてきた。インドネシアでは、インドの詩人バッティによるラーマ物語の異本が9世紀頃の古ジャワ語の翻訳を通して知られている(青山 1998: 144)★8。この古ジャワ語テクストは作者不詳で、「ヨーガの達人」を意味するYogesvara という情報のみが知られており、翻訳者は不明となっている。青山は「ヴァールミーキ版にほぼ忠実な筋を持つこの作品が早い段階に出現したことが、インドネシアにおいて、その後も古典的ラーマ物語が根強い正当性をもつことになった理由のひとつだと考えられる」(青山 1998: 144)と述べる。『カカウィン・ラーマーヤナ』と題され、この翻訳はジャワ文学史上の傑作で、東南アジア最古の文学として知られる。第3章において梅田が記述しているように、『カカウィン・ラーマーヤナ』はバリ島の影絵芝居の上演の重要な源泉として位置づけられている。このテクストの存在はジャワ島とバリ島における演劇表現に多大な影響を与えてきた。また書かれたテクストの他に、中部ジャワの遺跡プランバナンにおいてはラーマーヤナを描く9世紀頃のレリーフが残されている★9。

ラーマーヤナは遺跡のレリーフ、絵画、彫刻、書かれたテクストなどを通して伝承されてきた。また舞踊劇、影絵、人形劇、仮面劇、朗誦、歌謡などの演劇的上演形態を通しても伝承されてきた。この叙事詩は東南アジアにおける芸術の重要なテーマであり続けた。叙事詩の名称は地域によって異なり、インドネシアではラマヤナ、タイではラーマキエン、カンボジアではリアムケーの名で知られている。

多くの登場人物がいるものの、ここでは主要な登場人物を厳選してそのサンスクリット語の名称を以下に挙げた。

〈**ラーマ**〉…………コーサラ国アヨーディヤーの王子
〈**ラーヴァナ**〉……ランカー国の魔王

★8―ケルンによる古ジャワ語のラーマーヤナの英語訳に関するイントロダクションにおいてロブソンは ラーマーヤナ・カカウィンはヴァールミーキ版に帰する最初の古ジャワ語のテクストであるとされるが、バッティによるバッティカーヴィアに関連しており、かなりの部分がこれらのヴァージョンに依拠し、また独自の創作の部分も見られると述べている(Robson 2015: 2-3)。
★9―青山は古ジャワ語のラーマーヤナの複数テクストとプランバナン遺跡のラーマーヤナのレリーフとの照合と分析を通して、当時のジャワにおける死生観についての考察を行っている(青山

〈**ラクシュマナ**〉…ラーマの異母弟
〈**ハヌマーン**〉……白猿の武将
〈**シーター**〉…………ラーマの妻。ヴィデーハ国の王女

この他に猿の王スグリーヴァ、猿の武将アンガダ、ラーヴァナの息子インドラジット、ラーヴァナの弟クンバカルナとヴィビーシャナ、怪鳥ジャターユなども重要な位置づけを持つ。主要登場人物と各地での名称については口絵16頁の一覧表を参照されたい。

ヴァールミーキ版の7巻本の概要、演劇で上演されることが多く見られる場面、ジャワ島の影絵における主要登場人物の写真は、第1章の付論に詳述した。

［2］ラーマーヤナに基づく芸術形態に表象される規範とイデオロギー

ラーマーヤナの物語は普遍的テーマである恋愛、冒険、戦いなどを描く。また伝統的価値観に関わる特徴としては勧善懲悪の道徳観に加えて、王の権威、宗教や信仰の重要性、男女間のジェンダー規範、主君や年長者への忠誠、王族や武将の人徳、社会の成員の協働などを見ることができる。

上記の価値観の多くは現代社会における課題に適用されるものもあり、また政治的言説の中で重視されるものもある。

この叙事詩の中には王族や武将の理想像が提示される。父王の権威を守ために自ら森への放浪を選択するラーマ王子の行動は、武将であり王子であるラーマの人徳として提示される。高徳な王の理想像としてラーマが位置づけられるのは、前述のようにラーマがヒンドゥーのヴィシュヌ神の転生として位置づけられていることにも起因する。叙事詩における英雄ラーマは神の系譜を引き継ぐ人間界の王として存在する。こうした王族や武将の理想像は、創作作品における理想的リーダー像にも適用されていく。ティオンソンによって指摘されるように、ASEANの

2019)。この研究からは当時普及していたテクストと遺跡のレリーフとの相互関連について知ることができるとともに、レリーフに見られる死の描き方には当時の統治者によって「ラーマの恩賜による転生」の要素が反映された状況についても知ることができる。

ラーマーヤナの共同創作において提示されたリーダーシップもその例の1つであるだろう(Tiongson 2019)。これについては4の[3]にて検討する。

王子としての人徳に加えてラーマは理想的男性性も提示している。武力の強さ、知性、見目麗しい外見などの側面が示される。これらの男性の理想像はヒロインのシーターによって表現される女性性、献身、貞節、優雅さ、美しさなどの特性と相互補完的なものである。男性性と女性性は伝統芸術と現代芸術の双方において主要なテーマとされてきた。叙事詩に示されたジェンダー規範に対抗する表現を行った作品もある。4の[1]において記述するインドネシアのコミック作家 R. A. Kosasih (1919-2012) による作品の中では、魔王ラーヴァナの姪に当たるトリジャタという女性がシーターを助ける活動的で強い女性として描かれる(Fukuoka 2015)。1で述べた映画『オペラジャワ』においてはヒロインがダンサーとしての自我に目覚めていくプロセスも描かれている。

また政治的言説の中でラーマーヤナが体現する伝統的価値観に焦点が当てられたケースとしては、1997年のアジア通貨危機の際に行われたインドネシアの影絵と人形劇ワヤン *wayang* の上演の事例が挙げられる。この上演では、ラーマーヤナの中で表現される社会の成員間の協力によって危機を打破するという点が強調された。東南アジアの通貨危機に際して、当時の大統領スハルトの政権はインドネシアの7つの地域で演劇上演を主催した(コンパス紙　1998年1月19日)。上演に際しては「ラーマ大海に橋を架ける *Rama Tambak* 」と題するエピソードが採用された。このエピソードはラーマ軍が魔王の国へ攻め入るために海に橋を架けるという内容で、特に猿の武将たちの活躍と貢献が強調される内容を持つ。メンバー間の協働と貢献を描くエピソードは、スハルト大統領がインドネシアの第2代目大統領に就任するに当たって、「新体制」(オルデ・バル *orde baru*)と呼ばれる体制を築く際にインスピレーションを得た演目として位置づけられている。この上演について考察したクラークによれば、「ラーマ大海に橋を架ける」において示されるのは、主君と主君に尽くす家臣とのあり方を示す *kawula gusti* と呼ばれるジャワのイデオロギーである(Clark 2001: 169-171)。上演を主催した側の意図は、スハルト体制を主君と位置づけ、インドネシアの人々を家臣と位置づけることによって、人々のスハルト体制に対する献身的な協力と犠牲の重要性を喚起し経済的危機を乗り切るための可能性を示すことであった。この上演は経済危機に対する「精神的解決 spiritual solution」として位置づけられた(Clark 2001: 168)。その一方で、上演の中では必ずしもその意図は的確に表現されなかった。クラークは上演に関する批判的見解や当時の文筆家たちの表現活動を検討し、「ラーマ大海に橋を架ける」と*kawula gusti*のイデオロギーとの関連についての解釈の食い違いを考察している(Clark 2001: 169-171)。この事例では、スハルト体制崩壊直前のインドネシアにおいて文学者やジャーナリストたちが体制批判の表現活動をラーマーヤナのイデオロギーを参照しながら行っていたことが示される。

その他の要素、たとえば家族や地域共同体における年長者への忠誠の価値といった要素も、ラーマーヤナ演劇において強調される。魔王ラーヴァナの弟であるクンバカルナの戦死の演目は、ジャワ島とバリ島の影絵において広く知られている。兄の悪行を知りつつもクンバカルナは王国のために負け戦に挑んでいく。この演目はしばしば魔王のもう1人の弟であるヴィビーシャナの物語と対比的に言及される。美しい容姿のヴィビーシャナは正義を重んじて、最終的に兄ラーヴァナの元を去り、ラーマ軍へ寝返ることになる。一般的な観点から見ればヴィビーシャナの行動は正当なものと位置づけられるが、ジャワ島とバリ島の多くの人々は兄に最後まで忠誠を尽くしたクンバカルナに軍配を上げる。このエピソードの多様な解釈については梅田による第3章と平松による第2章で論じられる。

このように、ラーマーヤナは王や武将の理想像、勧善懲悪などの普遍的規範とともに、ある特定の地域において「伝統的」とされてきた規範をも含むため、その規範や価値観を再解釈する多くの創作作品を見ることができる。

もう1つの古代インドの叙事詩であるマハーバーラタが主にインドネシアに普及したのと異なり、ラーマーヤナは東南アジアの広い範囲で普

★10—マハーバーラタの普及は主にインドネシアのジャワ島とバリ島において顕著に見られる。ジャワ島とバリ島の影絵やジャワ島西部の人形劇においてはマハーバーラタから派生した膨大なエピソード群が存在する。

及した[★10]。この叙事詩の広範にわたる影響の要因の1つは宗教的親和性にあると考えられる。主人公のラーマ王子は、マハーバーラタのクリシュナ、仏陀などと共に、ヒンドゥーのヴィシュヌ神の転生として位置づけられる。タイの伝承においては、ラーマーヤナとジャータカ物語（本生譚）との融合のように、ヒンドゥーと仏教の融合を体現するいくつかの要素も見られ、高徳なラーマのイメージは仏教におけるもっとも功徳を積んだ存在としての王のイメージとも重ね合わされる[★11]。

一方でこの叙事詩は、イスラームが広まったマレーシアやインドネシアなどの地域においても芸術表現の主要な源泉となってきた。イスラーム的価値観の影響のゆえに物語の中でヒンドゥーの神々の位置づけが貶められるケースが見られるものの、イスラーム圏においてもラーマーヤナは人々の哲学の重要な源泉であり続けている。インドネシアのジャワ島ではイスラーム布教の際に、聖人たちがラーマーヤナを含むヒンドゥーの叙事詩を演じる影絵や人形劇を積極的に利用したとされてきた。

物語が内包する規範や価値観、また宗教的な親和性のゆえにラーマーヤナに基づく芸術形態は東南アジアの広い地域で受け入れられていった。

［3］演劇的上演のテーマとしてのラーマーヤナ

明快な筋立てと分かりやすい物語の構成、王子、王女、猿や魔王といった見ごたえのある登場人物たちのゆえに、ラーマーヤナは演劇的上演に適した特性を持っている。前述のように、もう1つの古代インドの叙事詩マハーバーラタの複雑な筋立てと比較すると、ラーマーヤナは物語の筋立てが明快であり、特徴ある登場人物が活躍するため、演劇的上演の題材として広く受け入れられた。ラーマーヤナが東南アジアの広範囲に普及したのは、マハーバーラタがインドネシアなど一部の地域で独自の発展を遂げたこととは対照的であるだろう。ラーマーヤナの物語と登場人物たちの特徴は、上演の中で音楽、語り、ダンス、演技、衣

★11—ラットニンはラーマ1世王のヴィシュヌ神の転生としての位置づけについて「シャム世界を悪の敵から救いこの地の平和と繁栄を維持する偉大なる維持者」として記述している（Rutnin 1996: 53）。

装、美術や舞台設定などを通して強調される。

第6章において後述するように、インドネシアの有名な歴史的遺跡プランバナンにおいて観光客向けに上演される舞踊劇の中では、中部ジャワ様式の音楽とダンスが採用された。上演の中では、猿の武将ハヌマーンが使者として魔王の王国に行き、そこで捕らえられ火をつけられて飛び回りながら王国の各所を燃やす場面などが強調される。実際に舞台上の稲村にトーチで火がつけられ、ハヌマーン役のダンサーが火を飛び越して宙返りをするなどの演技が披露され、観客はステージ上で燃える火をリアルに感じながら上演を観ることができる。舞台上でのダイナミックな演技や火を効果的に使用する上演のやり方は、観光地として知られるバリ島のケチャ *kecak* の上演においても見られる。

タイの仮面舞踊劇コーンの観光客向けの上演では、洗練され様式化された上演と精巧なデザインがフィーチャーされる。宮廷芸術として発展した経緯から、タイのコーンにおいては、豪華な衣装や舞台装置、仮面、そして様式化された優雅なダンスを観ることができる。登場人物の身に着ける精緻な装飾や衣装、猿や魔物が身に着ける仮面などの要素によって、宮廷芸術に由来するコーンの特徴が示される。

このように、エピソードや登場人物の特徴は、各地の上演様式において効果的に提示される。

物語の内容については、ラーマーヤナの大筋に基づいて各地で独自のエピソードが発展してきた。インドネシア・ジャワ島の上演芸術においては、ラーマーヤナの物語世界にはヴァールミーキ版に近い古典的な系統と16世紀に伝わったスラット・カンダ *Serat Khanda* と共通する系統の2つが見られることが指摘されている(青山 1998: 150)。青山は、ジャワ人のあいだでは双方の系統が受け入れられているのに対して、インドネシアを代表する伝統としては古典的系統が取り上げられる傾向を指摘する(青山 1998: 150)。古典的系統の物語は観光客向けの上演などで見ることができる。その一方で、後者の系統はより錯綜した人間関係や筋立てを特徴としており、伝統的な影絵や人形劇の中で主要なレパートリーを構成している。これらの物語は神秘主義などのジャワ独自の思想体系も反映している。ジャワの影絵の中で演じられる魔王ラーヴァナ誕生のエピソードは、イスラーム的な価値観とジャワ神秘主義との相克を体現している。ジャワ島の影絵の研究を行ったシアーズは、魔王誕生のエピソードの18世紀から19世紀における変化のプロセスを分析し、このエピソードにおいて提示される神秘主義の不適切な開示が正統的イスラームの立場からの批判の対象となったことを指摘した(Sears 1996: 65)。

一方で、東南アジア大陸部において、ラーマーヤナの物語は仏教の思想とも統合していった。タイの上演芸術に関する研究の中でラットニンは仮面舞踊劇コーンのエピソードは、善が悪を打倒するという仏教的なテーマを含むことを指摘する(Rutnin 1996: 7)。またラットニンは伝統的なコーンの上演では、上演に先立って善を表す白猿と悪を表す黒猿の短いエピソードが演じられ、その後のコーンの上演で実際に悪の王であるトッサカン(魔王ラーヴァナ)がラーマ軍に倒されるという展開が示されると述べている(Rutnin 1996: 8)。

前述したインドネシア・ジャワ島の影絵における魔王ラーヴァナ誕生のエピソードは、イスラームと神秘主義の相克を通して魔王の誕生を運命づけられたものとして描いていた。そのような運命論的な魔王の捉え方に対して、タイのコーンにおける魔王の位置づけは仏教的思想に基づく勧善懲悪の価値観に支えられている。

東南アジアの各地において、登場人物の位置づけや物語の展開は独自の発展を遂げ、多様な派生的エピソードが発展し、それらをハイライトするシーンが演劇の中でフィーチャーされてきた。このように異なる地域に適応していったという特性のゆえに、ラーマーヤナ演劇は東南アジアの多くの場所で文化的な多様性と近親性の双方における重要なシンボルとして位置づけられてきた。1970年代以降に多くのフェスティバルが開催されてきたことに加えて、国際的また地域間での文化交流プログラム、実験的パフォーマンスや芸術教育プログラムなどにおいても重要な位置づけを持っている。

3……ラーマーヤナ演劇の現代東南アジアにおける位置づけ

この節では、東南アジアにおける国家建設の歴史的軌跡を辿りつつ、ラーマーヤナ演劇を東南アジアの現代の文化的状況に位置づける。

東南アジアは地理的にはアジアの南東部の広い範囲を占めており中国の南、インド亜大陸の東、オーストラリアの北西に位置する。通常は大陸部と島嶼部に分けられる。現行の国名に沿って分けると大陸部はカンボジア、ミャンマー、タイ、ラオス、ヴェトナムから成り島嶼部はインドネシア、マレーシア、シンガポール、フィリピン、ブルネイ、2002年独立の東ティモールから成る。この地域は生物学上また文化的側面の両面において多様性が顕著な特性となっている。

［1］現代東南アジアにおける文化的な次元

東南アジアはその歴史を通して外部世界からの多様な文化的要素の受容と文化変容によって形成された独自の文化的多様性によって知られてきた。中国、インド、西アジア、アラブ世界、また西洋諸国からの文化的な影響を受けてきた地域である。その多様性のゆえに東南アジアに文化的な統一性を見出すのは難しい。民族集団、言語、宗教などの多層性や混成性がこの地域の特徴である。人々の宗教的な生活においてはアニミズムや祖先崇拝の基層の上に多様な宗教伝統が累積されていった。外部世界との文化交流の歴史においてはイスラームの影響を強く受けてきた地域、また仏教が人々の生活の基盤となっている地域、キリスト教が広まった地域をはじめ、多様な宗教が見られる。宗教的な多様性もまた東南アジア文化の特徴の1つである。

植民地支配は東南アジアのほとんどの地域に影響を及ぼしてきた。植民地支配によってもたらされた文化をはじめとする多様な外来文化との遭遇は、東南アジアの文化形成に影響をもたらしてきた。植民地都市においては、ハイブリッドの新たな芸術ジャンルの形成がなされた。植民地支配の過程においてキリスト教に改宗していった多くのコミュニティも見られる。文化的・社会的資本を備えた多くの現地の人々は、植民地支配の中で確立された制度、政治構造、産業や教育のシステムに参入し、その力を持って独立とナショナリズムの運動へと向かっていった。アンダーソンは、ナショナリズムの醸成とそのイメージの普及に当時の印刷資本主義を通して普及した小説や新聞などのナショナルメディアが重要な役割を果たしたことを指摘した。彼はまた若いナショナリストたちが経験した都市への教育の巡礼の重要性も指摘している（Anderson 1983: 17-40, 109-112）。

植民地支配の領域と境界は、東南アジアの行政地域の形成に多大な影響をもたらした。独立と近代化は東南アジアの国家形成における重要な要素である。国家建設の方向性や程度に違いが見られるものの、文化的な要素は各地で重要な要因として位置づけられてきた。歴史的遺跡、宗教建築、民族衣装などの視覚的要素に加えて、さまざまな上演芸術形態もまた国家建設のプロセスにおける重要な文化的アイテムとしてとして位置づけられてきた。ラーマーヤナに関する芸術は、東南アジアにおける広範で深い浸透が見られるため、この地域の文化状況に関する考察において重要な文化表現の形式である。国家建設の歴史の中でラーマーヤナが王権思想と結びついたケースも見られる。ラーマーヤナが「叙事詩」であり登場人物が神の化身あるいは転生として位置づけられていることもその要因の1つであるだろう。ラーマ王子、猿の武将ハヌマーンなどは神の系譜を受け継いでおり、神の世界と人間界をつなぐ英雄的存在としても位置づけられる。神格を持つラーマが王権思想と結びつくのは、叙事詩の持つ性質に起因するところもあるだろう。ラーマーヤナに基づく芸術形式は、東南アジアのいくつかの地域で国家の代表的文化として位置づけられる宮廷芸術のスタイルを発展させてきた。タイにおけるラーマーヤナ演劇の位置づけの変遷については日向による第7章において、カンボジアにおける事例はサムアン・サムによる第4章において考察されている。

［2］東南アジアのグローバリゼーションにおける文化的次元

東南アジアにおける文化的な現状について考える際には情報のグローバル化やテクノロジーの発展は主要な検討課題であるだろう。グローバリゼーションは「緊密に関連し合う世界の状況であり、そこでは資本、人、モノ、イメージ、イデオロギーの急速なフローによって世界がより緊密な相互作用の情報網となり、時間と空間に関する我々の感覚が凝縮され世界をより縮小し離れた距離をより短縮するような感覚がもたらされる」(Inda and Rosaldo 2002: 4)と定義される。グローバリゼーションの文化的な次元について考える際には、多様なメディアの発展、消費活動の活性化による文化の商品化、観光化や移民、地域開発の影響、教育の近代化などの多くの要因をその背景に見ることができる。これらの発展の過程においては、多様な文化表現の形態が既存の境界を超えて普及し、特定の文化的ジャンルと地域との結びつきがその妥当性を失っていく。人類学者のアパデュライはこうした状況を「グローバルな文化のフロー」と呼び、文化的な景観が分節化され絡まり合っていることを指摘した。そしてこの状況を「脱領域化」と呼び、グローバリゼーションの主要な傾向として位置づけた(Appadurai 1996: 32-43)。こうした背景においては、文化的な正統性や文化の画一化の議論とともに、主要な文化産業が周縁文化を侵略していく「文化帝国主義」の議論も見られる(Steger 2009: 72-78)。一方で、グローバリゼーションの状況はより複雑化しており「グローバル対ローカル」あるいは「西洋対第三世界」という図式はもはや適用不可能であることも指摘される(Inda and Rosaldo 2002: 15-26)。

文化の混成性が特徴である地域として、東南アジアにおいてはさまざまな規模の文化のフローが歴史的に見られた。新たなハイブリッドの芸術ジャンルが形成され、メディアを通してあるいは地域的枠組みを超える上演を通して普及してきた。グローバルヒストリーの議論の中では、こうした状況はけっして現代に限られるのではなく、歴史的に見られたことが指摘されてきた(cf. Steger 2009: 17-37)。ラーマーヤナ演劇の伝承の歴史は地域横断的な文化のフローを体現している。12世紀のクメール版ラーマーヤナは14世紀にはアユタヤ(アユッタヤー)によるクメールの侵略によってアユタヤに伝えられた。1767年には多くのアユタヤのアーティストたちがビルマに連れて行かれ、タイ版のラーマーヤナ演劇がビルマに伝えられた。現在東南アジアの各地に存在するラーマーヤナ演劇の特徴や系譜を考察する際に東南アジア文化のグローバルヒストリーにおける状況を考えることは重要な観点である★12。

こんにちの東南アジアに顕著な現象は、メディアの発展、モノや情報の急速なフロー、経済発展、教育システムなどのゆえに文化的表現の画一化された価値観やスタンダードが見られることである(福岡 2018: 28-29)。これらの価値観やスタンダードと伝統的価値観や地域独自の観点との間には緊張関係も見られる。広く普及するスタンダードは従来の

★12―第7章において日向が指摘するように、タイ版のラーマーヤナ演劇はカンボジアに再び伝えられこんにちまで両国の上演の伝統は影響を与え合って発展してきた。タイとカンボジアのラーマーヤナ演劇のように、歴史的に深い関わりを持つ一方で現在の発展状況に違いが見られるケースにおいては、その文化的正統性をめぐるさまざまな論争も見られる。グローバルヒストリーのプロセスは現代の文化状況に影響を与えてきたと言えるだろう。

伝統的な芸術表現の変化に影響を与えるとともに東南アジアのアーティストたちがグローバルなアートシーンにおいて活動を行うことを促進するという側面もある。1において述べたように東南アジアの現代アートシーンにおいてもラーマーヤナに基づく多様な文化表現を見ることができる。こうした状況の中で重要なことは、多くの人々がグローバリゼーションの状況の中で標準化される価値観やスタンダードと向き合いながらも彼らの文化的表現における独自性を探求しているということだろう。この状況の中で、ラーマーヤナに基づく表現形態は、画一化された価値観と東南アジア各地のアーティストたちによる表現との相克を体現する文化的プラットフォームとして位置づけられる。

［3］現代東南アジアの文化的シーンにおけるラーマーヤナ

上記のようなグローバル化の状況が顕著な中では、地域的境界を超えて演じられる文化的実践について考える必要があるとともに、メディアの発展・文化の商品化と文化的実践との関連についても認識する必要がある。東南アジアにおけるラーマーヤナ演劇の発展の考察においては地域の内部と外部の双方における多様な文化表象に焦点を当てることが重要となる。これらの文化表現は観光化における上演、現代アート界における叙事詩に基づく実験的創作、ディアスポラのコミュニティにおける上演、文化遺産としての芸術伝統の保存と継承、多様なコンテクストにおける表象などを含む。これらの文化表象の機会においてラーマーヤナは人々がこの叙事詩におけるテーマの再解釈を通して多様な意味を共有するための重要なプラットフォームとなり得る。ラーマーヤナを宗教的、文化的、社会的価値の尽きせぬ源泉として位置づけその可能性を考えるアプローチを行いながら、東南アジアのアーティストたちは彼らの文化的なアイデンティティを探求し表現しようとする。文化表象とラーマーヤナ演劇の多元的な意味との間の関係を考えることは現代東南アジアの文化状況を考える上で重要なテーマとなる。

文化的地域としての東南アジアの現状についても考える必要があるだろう。東南アジアの範囲は歴史を通してさまざまなやり方で定義されてきた。東南アジアという地域カテゴリーの始まりであった第2次世界大戦中の一地域としての位置づけは、外部の視点からのこの地域のコントロールをねらいとした定義であった。一方で1990年代にはASEANが当初5ヵ国で始まり、その後10ヵ国の連合へと発展していった★13。これは社会主義へ傾倒していた国々とより自由主義を指向していた国々との連帯によって実現した。連合した地域としての東南アジアは現在、世界の他地域との関係を保ちつつ内部でも国家間あるいは地域間の交流がなされている。

このような文化的・政治的な輪郭の変遷の中で、ラーマーヤナは東南アジアの文化的な結束のシンボルとしても見なされてきた。前述のように、ラーマーヤナに埋め込まれた宗教的親和性の特質によって、宗教的に多様な地域である東南アジアに、この叙事詩が浸透していった。この叙事詩が書かれたメディアを通してのみならず演劇的上演を通して普及したことも、文化的外交においては重要な点である。その普及の歴史を通して、さまざまに異なるこの叙事詩の表現形式が見られた。各地の多様な演劇形態において表象されるラーマーヤナは東南アジアという地域の文化的多様性を体現しつつ、共通のプラットフォームとしても位置付けられてきた。

4……現代東南アジアにおけるラーマーヤナ芸術の多元的位置づけ

現代東南アジアにおけるラーマーヤナ芸術の多元的な位置づけを考えるためにここでは3つの事例を検討する。[1]コミックを通した物語の普及、[2]ディアスポラのコミュニティにおける文化イベント、そして[3]ASEANにおけるラーマーヤナの共同創作の事例である。

[1] 大衆文化を通したラーマーヤナの普及：R. A. コサシによる物語の再解釈

インドネシアのコミック作家コサシ(1919-2012)の作品におけるラーマーヤナの物語は、この叙事詩の再解釈と大衆文化を通したオリジナル

★13―東南アジアの10ヵ国はASEANの加盟国であるが、東ティモールは今日までオブザーバーとしての位置づけとなっている。

★14―シアーズはその著書*Shadows of Empire*においてコサシの作品について興味深い記述を行っている(Sears 1996)。この記述に触発されて筆者はコミック作品の収集と作者へのインタビュー調査を通して作品の検討を行った。詳しくは(福岡 2009、Fukuoka 2015)を参照。またコサシ

の物語の普及を考える際の示唆的な事例である★14。この事例は伝統演劇の上演とコミックにおける表現との相互関係も示している。コサシの作品は1950年代に出版され、1960年代から1980年代にかけてインドネシアで親しまれた。彼の作品はワヤン・コミック *komik wayang* と呼ばれた。これは1954年（推定）の最初の作品がマハーバーラタのワヤンにおけるエピソードを採用していたこと、また登場人物たちの衣装が西ジャワの舞踊劇ワヤン・オラン *wayang orang* のものであったことなどに起因する。作品はインドネシア語で書かれており、セリフに加えて多くの説明文やナレーションが入っているのが特徴である。いくつかのヴァージョンを検討してみると、コサシが改変を重ねて独自のヴァージョンを創り上げていったことが分かる。テレビを通したアニメーションなどの視覚メディアが普及していなかった1960年代から1980年代にかけて、彼の作品はインドネシアの特にジャワとバリで重要なメディアとして普及した★15。またシアーズが指摘するように、コサシはジャワやスンダやバリなどの地域的特性に傾倒することなくラーマーヤナの全体像を提示した（Sears 1996: 276）。コサシのユニークな功績は、ラーマーヤナとマハーバーラタの物語の全体像を時系列に沿って再構成したことである。その際に彼は幼少期から親しんだ人形劇をはじめとする演劇上演の中のエピソードを取り入れつつ改変を加えていった。それに加えて、コサシ自身による人形劇のエピソードの大胆な改変も見られる。これは猿の武将ハヌマーン誕生のエピソードなどに見ることができるが、こどもの読者や当時のインドネシアの人々の価値観を考慮したコサシ自身の改変であった。彼は出身地であったジャワ島西部のボゴールで人形劇の上演に親しんだ経験を持つ。ラジオ放送などを通してジャワ島の他地域の影絵の上演にも親しんだ。それらの文化的経験に基づいて、彼はいくつかのエピソードあるいはそれらの一部を創作の中に取り入れていった。一方で、コサシのコミックを読んだ人形遣いの中には、その表現に影響を受けて自分の上演を変えていった人たちもいた。

のコミックにはマハーバーラタの作品群も見られる。マハーバーラタの作品を中心としたコサシの作品の分析については（福岡 2016: 145-164）を参照。

★15―ここでは、バンドンで1975年に出版されたヴァージョン（Kosasih 1975）を対象とした。

コサシは登場人物たちの行動や語りを通して道徳観を提示することも行った。その結果、当時の多くの知識人や芸術家がこの作品を読み、自身のこどもたちにこの作品を読ませて、インドの叙事詩の全体像とともに登場人物たちの道徳的な意識を教えようとした。

コサシが行った改変には別の背景も見られる。2－[2]で述べたように彼は魔王の姪に当たるトリジャタという女性を主体的で活動的な人物像として描き、ジェンダー規範の反転を提示している。こうした表現の背景には彼が幼少期に親しんだ欧米のコミックの影響も見られ、そこで描かれる表象を反映したものと捉えることもできる。

コサシによるヒンドゥーの神々の描写も特定の地域的なバイアスを避けるために重要な要素であった。ジャワ島の影絵や人形劇はイスラームの布教の際の重要なメディアとして用いられたという背景のゆえに、これらの芸能におけるヒンドゥーの神々はしばしばこの世に混乱を引き起こす存在として描かれてきた。しかしコサシはヒンドゥーの神々についてのこうしたネガティブな描き方を採用しなかった。ヴァールミーキのヴァージョンに比較的忠実な立場を取り、ヴィシュヌ神の転生としての高貴なラーマの姿を強調した。これによって多くの読者にインドのオリジナルのテクストの魅力を伝えたことも彼の功績である。

このようにコサシはインドの叙事詩に基づき、影絵や人形劇のエピソードも取り入れながら独自の物語を創った。彼の改変と創作は聴衆がジャワ人やバリ人やスンダ人などに限られていた影絵や人形劇のエピソードを取り入れつつ、インドネシアにおけるラーマーヤナを「標準化」した結果であると位置づけられる。

物語以外の要素については彼のコミックの画像描写も重要であった。インドネシアの漫画家G・M・スダルタ(1946-2019)はコサシの作品における画面の切り方、登場人物たちの描き方などを高く評価した。スダルタによれば、登場人物たちの横からの描写や斜めからの描写が多く、登場人物たちが対峙するシーンなどが多い点などは影絵や人形劇の場面構成の影響を受けている。また登場人物たちの風貌は、八頭身のプロポーションである一方でアジア人の顔立ちであり、そうした点が多くのインドネシア人に受け入れられたと指摘する(インタビュー　2008年7月8日)。1950年代当時、インドネシアには映画以外の画像メディアへのアクセスはほとんど見られなかった。テレビの普及も1970年代後半以降であった。したがってコサシが創作活動を始めた1950年代から1960年代は人々の画像メディアへのアクセスは非常に限られていた。そうした状況下でコサシの作品は、親しみやすい物語と低コストでの調達可能性も相まって広く普及した。

コサシの作品は、ヴァールミーキによる古典的なヴァージョンのラーマーヤナを基本として、ジャワ島の影絵や人形劇における近世的なエピソードを取り入れた独自のヴァージョンである。彼の作品は影絵や人形劇などの伝統演劇を知る人々に対しては、インドにおけるオリジナルの物語の全体像を示した。それに加えて、登場人物たちによって描かれる高潔な魂や生き方を通して、ラーマーヤナに体現される価値観についての知識は広く一般の読者に高い人気をもって受け入れられた。ラーマーヤナ物語の全体像を特定の地域様式に傾倒することなく提示し、物語の道徳観や価値を強調したことはコサシの顕著な功績である★16。

［2］シンガポールのマレー人コミュニティにおける ラーマーヤナ演劇の上演

ラーマーヤナ演劇を通した文化的要素の表象の事例として、シンガポールのマレー人コミュニティにおけるラーマーヤナの上演を取り上げる。この上演の主要な目的は多くの人々にマレー人コミュニティの代表的な文化伝統であるジャワの伝統を提示すること、またコミュニティ内における芸術伝統の保存と伝承の効果的な方法を考えることであった。

2016年8月にシンガポールのジャワ人協会とマレー文化遺産センターによって「遺産Pusaka」と題する一連のイベントが行われた★17。イベントが開催された地区はカンポン・グラム Kampong Gelam/Glamの名で知られている★18。シンガポールには多様な出自を持つ人々が居住しており、ジャワの文化伝統はマレー人の文化伝統の1つとして位置づけられる。

ラーマーヤナの演劇上演はこのイベントの閉幕の一環として行われ

★16—竹村による第5章ではインドの代表的コミックシリーズ〈アマル・チトラ・カタ〉によってこどもたちを含む読者たちがラーマーヤナの価値観を受容したことが指摘されている。

★17—このイベントは、2016年のシンガポール国際芸術祭（SIFA）の関連イベントであった。「潜在的可能性 *Potentialities*」と題した芸術祭は8月11日から9月17日まで国内各地で開催された。マレー文化遺産センターでは、5月29日から8月28日までシンガポールのジャワ文化についての特別展示が開催された。その閉幕式の際にラーマーヤナ演劇が上演され、シンガポール在住ジャた。上演されたのは舞踊劇と影絵を組み合わせたもので、演者はインドネシアからの芸術家、現地の人々、マレー人コミュニティの人々、国立シンガポール大学のガムラン演奏グループなどから成る混合チームであった。影絵は物語の進行を説明するために背景に効果的に使われた。上演は古典的なラーマーヤナの筋立てに沿って、セリフやナレーションなどの言語的な要素を用いながら行われた。物語の筋立てとしてはインドネシアのジャワ島で観光客向けに演じられる舞踊劇と共通している。一方で、影絵を効果的に背景に用いた点は独自の工夫であった。影絵とライブのガムラン音楽を演じたことはジャワの文化的要素が強調された工夫であったと考えられる。

ジャワ文化の要素が強調されたと同時に多くの人々が理解できるような工夫もなされていた。上演の中ではジャワ語でなくインドネシア語が用いられており英語の字幕が投影された。

イベントの期間には影絵作りのデモンストレーションやジャワ舞踊のワークショップも開催された。これらのデモンストレーションやワークショップは、コミュニティのジャワ出身のメンバーにとっては自らの文化的出自を多くの人々に提示する機会となったと同時に、外部からの観客にとってはシンガポールのマレー文化の中のジャワの文化伝統について知る機会となった。影絵と舞踊劇の上演は、独自のスタイルのラーマーヤナ演劇をマレー人コミュニティのメンバー、ジャワ出身の人々、シンガポールの人々、観光客を含む多くの人々が共に観る機会ともなった。ジャワの文化的なアイデンティティの提示、ワークショップなどを通した文化的要素の継承の試み、シンガポールの多くの人々や観光客のための文化的なイベントの実施などの要素を含むものであった。

さまざまな人々が共同で特別なヴァージョンのラーマーヤナ演劇の形態を創り出したという点も重要である。独自の共同創作を通して共通の文化的遺産を保存し異なる文化的背景を持つ人々とそれを共有する試みの事例の1つとして位置づけられる★19。

ワ人、国立シンガポール大学のガムラン奏者、現地の人々、ジャワから招聘されたアーティストたちが参加した。各国からのアーティストが参加した。芸術祭においては、インドネシアのコンテンポラリーダンサーであるサルドノ・クスモをフィーチャーしたイベント「サルドノ回顧 *Sardono Retrospective*」が開催され、マレー文化遺産センターにおける映像上映とパフォーマンスが行われた他、ロバートソンキー地区のアートスペース72－13においてサルドノの新作「黒い太陽 Black Sun」が上演された。

［3］東南アジアにおける理想的なリーダー像の探求：1997年以降の共同制作

特定の地域における事例に加えて近年顕著に見られるのは、ラーマーヤナの独自の解釈に基づく地域間あるいは国際的な共同創作の事例である。1971年開催の国際ラーマーヤナフェスティバル以降、、多様なフェスティバルが東南アジアにおいて実施されてきた。

Realizing Rama（ラーマを実現する）と題するフェスティバルはASEAN文化情報委員会によって1997年に始まったが、共通のプラットフォームとしてのラーマーヤナに基づく文化的な共同制作と位置づけられた(Tiongson 2019)。クラークはASEANに共有される文化的価値を反映した1997年のラーマーヤナ舞踊劇の上演について、以下のように記述している。

> そのねらいは、加盟国に由来する多様なダンスの単なる寄せ集めを提示するような通常のASEANの文化的実践を超えていく試みであった。加盟国の代表的な脚本家、振付家、作曲家、ダンサーたちによる創造的な共同作業において、彼らに共通のテーマとしてラーマーヤナを選び新たな文化実践の望みを託したのである(Clark 2020: 217)。

ここでクラークが指摘するように、1970年代のラーマーヤナフェスティバルは各地で歴史的に培われてきた独自のスタイルを紹介し合う機会であった。近年ではこうしたフェスティバルは参加者たちがこの叙事詩を共に再解釈することを目指す共同的なプロジェクトとしての性格を帯びてきている。1997年の脚本家であったティオンソンは共同創作の内容について記述している。それによれば、ASEAN各国からのさまざまなアーティストたちが伝統的ラーマーヤナの再解釈を通して「無私無欲のリーダー像 selfless readership」の実現のプロセスを提示するための

★18―カンポン・グラム・ヘリテージ・トレイルにおいてこの地区は以下のように紹介されている「カンポン・グラムはマレーの王族たちが居住した地域で、最も重要なモスクであるスルタン寺院Masjid Sultanがある地区である。ジャワ人、スマトラ人、バウェアン人（Bawean島からの人々）、バンジャル人（ボルネオのカリマンタンの南東海岸からの人々）、アラブ人、中国人、インド人などのかつての居住地であった。こんにち居住はしていないものの、これらのコミュニティの痕跡は、建造物の特徴、長期のビジネスの形態、地名などにおいて見ることができる。」

共同創作を行った。彼はそのダンス上演の重要性を「ASEANに特有のもの」と指摘する(Tiongson 2000: 27)。ティオンソンは「無私無欲のリーダー像」について次のように述べている。

> Realizing Rama は無私無欲のリーダー像のテーマを探求しており、それはこれらの国々が直面する喫緊の課題を克服する助けとなるものである。それらの課題とは汚職や収賄の蔓延、労働搾取、女性やこどもの現状、環境破壊、薬物違法売買、貧困問題などを含む(Tiongson 2000: 27)。

プロジェクトの監督 Nestor O. Jardinの元で製作スタッフが構成され、インドネシアの作曲家 Rahayu Supanggah、フィリピンの芸術監督・振り付け家 Denisa Reyes、タイの振り付け家 Phatravadi Mejudhonなどが参加した。

このようにラーマーヤナ演劇は東南アジアのアーティストたちの間で共同創作が行われる重要なフィールドとなってきた。*Realizing Rama* のプロジェクトは、アーティストたちがラーマーヤナを再解釈し現代東南アジアにおいて求められる理想のリーダー像を探求した事例である。この叙事詩に基づいて東南アジアの人々が文化的なアイデンティティを探求していくプロセスはこの研究の中の主要なテーマの1つである。

上記に示したような、物語の伝統的な価値を広く普及するメディアとしての役割、移民社会における文化的要素の源泉としての位置づけ、新たな共同創作のプラットフォームとしての意義などに関する事例はラーマーヤナに基づく芸術形式の多元的意味を提示している。地域の文化的要素、物語の内容、現存する芸術形式や言語的表現などの提示方法をめぐって、ラーマーヤナ演劇の上演には多様な可能性が見られる。

★19—第5章において竹村はシンガポールにおけるインド人ディアスポラのコミュニティにおけるラーマーヤナの上演について詳述している。

5……この本の構成

以下にこの本の構成について述べる。この研究では現存する作品や上演の分析を通した叙事詩のテーマの解釈や共有のプロセスの考察とともに、創作によって示されるラーマーヤナの再解釈についても考察する。

口絵カラーページには委嘱作品として創作された芸術作品が3作掲載されている。現代のアーティストたちはラーマーヤナに関する多様な解釈を通して作品創作に向き合ってきた。3人のインドネシア人アーティストに、この本の内容や目的を伝え、作品創作の委嘱を行った。書物の中に作品を含めるという形態を採用したのは、上演芸術に関する学術的書物のあり方を模索した結果である。付録の音源資料や映像資料を伴う書物はこれまでにも上演芸術の研究において試みられてきた形態であった。そうした試みを踏襲しつつ、この本では参考資料にとどまらない学術書の重要な一部分としての創作作品の位置づけを強調した。この本の最後には、アーティスト独自の解釈に基づく作品の構想と作品解説も記載した。現代東南アジアにおけるラーマーヤナ演劇の展開の現状を示すものとして創作作品を位置づけた。また2020年以降の世界的パンデミックの状況下で、上演芸術の創作活動の可能性を模索した結果でもある。本来であれば、現地調査を行い、現地で作品創作のプロセスを観察し撮影をするという形が望ましいと考えられるが、この本の原稿を書き始めた2020年4月には既にパンデミックの状況下で海外調査は困難であった。そこで電子メールやオンラインミーティングなどを通してこの本の内容について説明し、作品の依頼を行い、アーティストたちのラーマーヤナに対する関心を表現し得るやり方を議論した。ここに掲載された作品はそうしたプロセスから生み出されたものである。

インドネシアの女形ダンサー、ディディ・ニニ・トウォはカンボジアにおける人魚ソヴァン・マチャーの物語に触発されジャワの影絵における人魚ウラン・ラユンと猿の武将ハヌマーン対エビガニの怪物レカタ・ルンプンの物語を仮面舞踊劇の形態で演じた。人魚の物語は「ラーマ大海に橋を架ける *Rama Tambak*」と題するエピソードに関連するスピンオフの1つである。ディディは、このエピソードには多種類の海の生物を含む多様な登場人物の活躍が見られるため、多くのスピンオフが生み出される可能性を秘めたものであると指摘する。この作品はカンボジア版のエピソードの翻案であると同時にジャワのエピソードの翻案として位置づけられる。

インドネシアの人形遣いでありアニメーターであるナナン・アナント・ウィチャクソノは、ラーマの晩年に焦点を当て、戦いを回想しつつ苦悩するラーマが次の転生となる人物を探そうとするエピソード「ラーマ転生す *Rama Nitis*」を描くアニメーション作品を創作した。このエピソードは一般的には検討されることがあまりないラーマーヤナの最終部分となっており、ラーマーヤナともう1つの古代インドの叙事詩であるマハーバーラタをつなぐエピソードとして位置づけられる。

インドネシアの若手作曲家ケン・スティーヴンは、「シーターの火の試練 *Sinta Obong*」に焦点を当てた合唱曲を創作した。この場面はラーマーヤナの中でもドラマティックな場面として知られている。ラーマとの再会に際してシーターが自らの身の潔白を証明するために火の祭壇に入っていく場面を、合唱を通して描き出した作品である。この曲は今後、彼が創作する予定のラーマーヤナに基づく作品の第一段階として位置づけられる。

作品情報については、冒頭カラーページと巻末の作品解説を参照されたい。年齢、出身、専門分野も異なる3人のアーティストたちは、彼らの伝記的軌跡と文化的経験に基づきラーマーヤナについての独自の解釈を提示しながら作品を創作した。これらの作品からはラーマーヤナ演劇の多元的な意味と表象を知ることができるだろう。

作品に続く本論は以下のような3部構成となっている。

第1章の付論では、ヴァールミーキによる7巻本の物語について概観し、その内容と特徴、演劇において頻繁に演じられるエピソードなどについて記述した。また主要登場人物については、国立民族学博物館の協力により、収蔵しているジャワ島中部の影絵の人形の画像を紹介した。

第1部「ラーマーヤナの多元的解釈」においては、タイのコンテンツカルチャー、バリの影絵上演、カンボジアの芸術形式の検討を通してラーマーヤナの物語に内包されるイデオロギーや道徳観に関する多様な解釈についての考察がなされている。

平松(第2章)は、猿の武将ハヌマーンをフィーチャーした1970年代の映画と魔王の弟クンパカン(クンバカルナ)をフィーチャーした1980年代の映画を検討している。ハヌマーンの登場するウルトラマンシリーズの映画は1970年代のタイにおける反日運動の状況下で日本の円谷プロダクションとタイのチャイヨープロダクションによって行われた共同創作の成果として位置づけられる。またクンパカン(クンバカルナ)の戦いを描く映画の検討からタイ版のラーマーヤナであるラーマキエンの庶民化のプロセスを指摘する。

梅田(第3章)は、バリの影絵におけるラーマーヤナのエピソード「クンバカルナの戦死」に焦点を当て、バリの人々が重視する価値観である年長者への忠誠や献身、道徳観、「死」の描き方などを考察する。研究者としてのみならずバリの影絵の人形遣いダランとしての視点も重視しつつ、梅田は、クンバカルナの戦死の彼自身の解釈も提示する。

サムアン・サム(第4章)は、ラーマーヤナに基づくカンボジアの多様な芸術形式を検討する。伝統的なジャンルから現代的ジャンルまでを網羅し、カンボジアにおけるラーマーヤナ芸術の重要性を検討する。ラーマーヤナ芸術の歴史的な考察が示される。

第1部にはインドネシアの歴史と文化を専門とする青山によるコラムも掲載されている。青山の研究成果はこの本の中でも引用しているが、コラムにおいてはラーマーヤナを題材とするインドネシア映画についての検討が提示される。

第2部「多様化する上演コンテクスト」では、国際的フェスティバル、ディアスポラコミュニティ、観光文化など人々のアイデンティティの指標としてラーマーヤナ演劇が位置づけられる文化的なコンテクストが考察される。

竹村(第5章)は、シンガポールのインド人ディアスポラのコミュニティにおけるラーマーヤナの変動する価値観に焦点を当てる。現在のシンガポールの文化政策とラーマーヤナに関するイベントの現状に基づき、インド人ディアスポラのダンスグループによって創作されたラーマーヤナの上演を分析する。これらの分析を通して、竹村はシンガポールにおけるインド人ディアスポラにおけるラーマーヤナの価値観や解釈の現状を検討する。

福岡（まどか）（第6章）は、観光というコンテクストにおけるラーマーヤナ演劇に焦点を当てる。観光化と文化表現との関わりについての先行研究を概観した後、インドネシア・ジャワの舞踊劇、バリ島の上演芸術ケチャ、タイの仮面舞踊劇などの事例を検討し、観光化という状況におけるラーマーヤナ演劇の多様な表現の可能性を考察する。

第3部「表象されるラーマーヤナ」では、東南アジア間あるいは日本と東南アジアの文化外交における文化政策と文化表象に焦点を当てる。

日向（第7章）は、20世紀の近代世界におけるラーマーヤナの仮面舞踊劇に関する表象の歴史と知識人たちの認識の過程を検討する。タイ版のラーマーヤナであるラーマキエンと仮面舞踊劇コーンの歴史的検討を通して、東南アジアの近隣の国々との関係性における叙事詩の表象の変化と知識人たちの文化遺産としての認識について考察する。

福岡（正太）（第8章）は、日本の博物館展示の検討を通して、日本におけるラーマーヤナの理解に焦点を当て、第2次世界大戦前の文学中心の認識から今日の芸術中心の認識に至る変化を指摘する。また、展示資料から各地におけるラーマーヤナの造形の多様性を指摘する。

これらの作品と論考によって、現代東南アジアにおけるラーマーヤナ演劇の多元的な意味の様相を示すことができるのではないかと考える。

【引用文献】

青山亨. 1998.「インドネシアにおけるラーマ物語の受容と伝承」金子量重・坂田貞二・鈴木正崇編『ラーマーヤナの宇宙――伝承と民族造形』春秋社. 140-163.

青山亨. 2010.「映画『オペラ・ジャワ』に見るラーマーヤナの変容」（特集〈かたち〉の変容）『総合文化研究』東京外国語大学総合文化研究所（13）: 37-60.

青山亨. 2019.「プランバナン寺院ラーマーヤナ浮彫が語る『死』の諸相―テクスト伝承との比較から―」肥塚隆（責任編集）『アジア仏教美術論集　東南アジア』中央公論美術出版社. 113-137.

福岡まどか. 2009.「インドネシアにおけるラーマーヤナ物語の再解釈―R. A. コサシのコミックを事例として」『東南アジア―歴史と文化』（38）: 106-140.

福岡まどか. 2016.『ジャワの芸能ワヤン―その物語世界―』スタイルノート.

福岡まどか・福岡正太編. 2018.『東南アジアのポピュラーカルチャー――アイデンティティ・国家・グローバル化』スタイルノート.

Anderson, B. 1983. *Imagined Communities: Reflections on the Origin and Spread of Nationalism*. London: Verso.

Appadurai, A. 1996. *Modernity at Large: Cultural Dimensions of Globalization.* Minneapolis: University of Minnesota Press.

Clark, M. 2001. Shadow Boxing: Indonesian Writers and the Ramayana in the New Order, *Indonesia* 72, 159-187.

Clark, M. 2010. The Ramayana in Southeast Asia: Fostering Regionalism of the State? In Krishnan G.P.(ed.) *Ramayana in Focus: Visual and Performing Arts of Asia.* Singapore: Asian Civilizations Museum. 216-225.

Cohen, M. I. 2016. Global modernities and post-traditional shadow puppetry in contemporary Southeast Asia. *Third Text*. 30(3-4). 188-206.

Fukuoka, M. 2015. Reinterpretation of the Ramayana in Indonesia: A consideration of the comic works of R. A. Kosasih. *Bulletin of National Museum of Ethnology*, 40(2). 349-367.

Inda, J. X. and Rosaldo, R. 2002. Introduction: A World in Motion. Inda, J. X. and Rosaldo, R. eds. *The Anthropology of Globalization: A Reader*, MA: Blackwell Publishing. 1-34.

Iyengar, K. R. S. ed. 1983. *Asian Variations in Ramayana.* New Delhi: Sahitya Akademi.

Kam, G. 2000. *Ramayana in the Arts of Asia*. Singapore: Select Books.

Kosasih, R. A. 1975. *Ramayana* A, B, C, Bandung: Penerbit Erlina.(In Indonesian)

Krishnan, G. P. ed. 2013. *Ramayana in Focus: Visual and Performing Arts in Asia.* Singapore: Asian Civilizations Museum.

Lindsay, J. 1991. *Klasik, Kitsh, Kontemporer: Sebuah Studi tentang Seni Pertunjukan Jawa*, Yogyakarta: Gajah Mada University Press.(In Indonesian)

Mattani, M. R. 1996. → see Rutnin

Miettinen, J. O. 1992. *Classical Dance and Theatre in South-East Asia*. Singapore: Oxford University Press.

Ong, W. 1982. *Orality and Literacy: The Technologizing of the Word*. London: Methuen.

Picard, M. 1990. Cultural tourism in Bali: Cultural performances as tourist attraction. *Indonesia*, 49, 37-74.

Richman, P. 1991 Introduction: The Diversity of the Ramayana Tradition, In P. Richman ed. *Many Rāmāyaṇas: The Diversity of a Narrative Tradition in South Asia.* Berkeley: University of California Press. 3-21.

Robson, S. 2015. *Old Javanese RĀMĀYAṆA*, Research Institute for Languages and Cultures of Asia and Africa. Tokyo: Tokyo University of Foreign Studies.

Roveda, V. 2016. *In the Shadow of Rama: Murals of the Ramayana in Mainland Southeast Asia.* Bangkok: River Books.

Rutnin, M. M. 1996. *Dance, Drama, and Theater in Thailand: The Process of Development and Modernization*, Chiang Mai: Silkworm Books.

Sears, L. J. 1996. *Shadows of Empire: Colonial Discourse and Javanese Tales*. Durham: Duke University Press.

Sen, M. L. 1976. *The Ramayana: Translated from the Original of Valmiki: A Modernized Version in English Prose*, Calcutta: Firma KLM Private Limited.

Steger, M. B. 2003. *Globalization: A Very Short Introduction*. New York: Oxford University Press.

Sweeney, A. 1991. Literacy and the Epic in the Malay World. In J.B. Flueckiger and L.J. Sears eds. *Boundaries of the Text: Epic Performances in South and Southeast Asia*. Center for South and Southeast Asian Studies. Ann Arbor: The University of Michigan. 17-29.

Tiongson, N. G. 2000. Realizing RAMA, Realizing ASEAN, *SPAFA Journal* 10(2). 26-27.

Tiongson, N. G. 2019. Transforming tradition in the dance drama Realizing Rama 1997-2006: Documenting the process of "inter-creation" in an ASEAN production, *Perspectives in the Arts & Humanities Asia*. 9(2).3-28.

Urry, J. 1990. *Tourist Gaze: Leisure and Travel in Contemporary Societies*. London: Sage Publication.

Column

ダンサー、ピチェ・クランチェンによるダンス作品

福岡まどか

◉2020年2月、タイのコンテンポラリーダンサーであるピチェ・クランチェンによるダンス・デュオ「No. 60」がTPAM 横浜にて上演された。この作品はタイ伝統舞踊のテーパノン theppanon と呼ばれる59のコアとなる基本形に基づく作品である。この作品のタイトルであるNo.60 は、59の基本形をマスターした後に表現される新たな段階の探求を提示している。ピチェ・クランチェンはタイ仮面劇コーンのダンサーとして研鑽を積んだことで知られる。創作活動を通して、伝統の規制からの解放を模索してきたダンサーであるが、その解放は伝統を捨て去ることではなく、伝統に根差す新たな段階の探求でもある。仮面舞踊劇コーンをはじめとする伝統舞踊のわざと知識についての深い洞察に基づき、ピチェ・クランチェンはダンスカンパニーの女性ダンサーとともに新たな創作の可能性を提示した。この作品はラーマーヤナの物語を演じる作品ではないが、ラーマーヤナ演劇の伝統とも関連を持つ創作作品として位置づけられる。共演の女性ダンサー、コーンカーン・ルンサワンは舞踊劇ラコーンの踊り手として研鑽を積んだ。この作品は多くのアーティストが参画した共同制作でもあり、シンガポールのサウンドデザイナーであるツァイ・タン、また台湾のドラマトゥルグであるタン・フクエンなどを含む多くのアーティストが参加している。2020年の台湾公演を経て2021年にはシンガポールで上演された。

No. 60 Pichet Klunchen,
Kornkarn Rungsawang
Sound designer and
musician: Zai Tang,
Dramaturg: Tang Fu Kuen,
CG designer: Jaturakorn Pinpech
Lighting designer: Ji Hsuen Tseng,
Company manager: Sojirat Singholka,
production manager: Cindy Yeong.

第1章〈付論〉

ヴァールミーキ版の7巻本の概要と東南アジアにおけるその展開

福岡まどか

はじめに

ヴァールミーキの作とされる7巻本のラーマーヤナは現在広く知られるサンスクリットのヴァージョンである。このテクストは、2万4000詩節からなる壮大な叙事詩として知られる。基本となる1詩節 *sloka*は16音節が2行の32音節から成るとされる。詩節の形式で成立したこの叙事詩は、語りの形式を通して伝承されてきた。

以下に記述するのはヴァールミーキ版とされるヴァージョンの各巻の概要である。これらの概要はセンによる英語訳(Sen 1976, 1978)、岩本裕による日本語訳と解題(岩本 2000[1980])、リックマンによる概説(Richman 1991)に基づく。サンスクリットの登場人物名や王国名などのアルファベット表記はセンによる表記法(Sen 1978)において用いられているものを採用した。またそのカナ表記は岩本による記述(岩本 2000[1980])を参考にして表記した。

1……各巻の概要

第1篇 少年の巻 *Balakanda*

アヨーディヤーのダシャラタ王は王子を得ることを願ってアシュヴァ＝メーダの供犠を行った。同じ頃に天界の神々は魔王ラーヴァナに脅かされていた。そのためヴィシュヌ神はダシャラタ王の息子として転生することを決意する。ダシャラタ王の第1王妃カウサリヤーはヴィシュヌ神の転生であるラーマ王子を産む。第2王妃カイケーイーはバラタ王子を産み、第3王妃スミトラーはラクシュマナとシャトゥル＝グナを産む。長兄のラーマ王子は父王の寵愛を受け、また弟のうちラクシュマナに慕われる。

青年期を迎えたラーマとラクシュマナはヴィシュヴァーミトラ仙とともにヴィデーハ国へ旅をする。ヴィデーハ国のジャナカ王には大地から授かったシーター（田の畦道の意）という名の王女がいた。王国には不思議な弓矢があり、ジャナカ王はその弓を引くことができた者だけがシーターを妻とすることができると宣言する。ラーマ王子が弓矢を引くと雷鳴がとどろき、弓は2つに割れた。ジャナカ王は喜びシーターとラーマの結婚を許可する。知らせを受けて、ダシャラタ王は他の王子たちとともにヴィデーハ国を訪れ結婚式に参加する。他の王子たちもジャナカ王の類縁の王女たちと婚姻する。

第2篇　アヨーディヤーの巻 *Ayodhyakanda*

老齢となったダシャラタ王は長兄ラーマに王位を継承するための準備をするようヴァシシュタ仙に要請する。しかし第2王妃カイケーイーはこれに反対する。かつてダシャラタ王が戦場で負傷した際に王はカイケーイーの看病によって一命をとりとめた。その際、王は2つの望みをかなえる約束をした。したがってカイケーイーはラーマを14年間追放すること、自分の息子バラタを王位に就けることを要求する。ラーマ王子は父王が破約の罪を犯さないよう自ら放浪の旅に出ることを決意する。妻シーターと義弟ラクシュマナもラーマとともに出ていくことを決意する。人々の同情を後にして3人は森へ追放される。

ダシャラタ王はこの喪失に耐えられず息絶える。父の死を知ったバラタ王子は兄を探しに出かける。バラタはラーマに自分の母の非を詫び、ラーマに王国へ戻ってくれるように頼む。ラーマが断ったため、バラタはラーマの履物を玉座に置き、ラーマの留守中に代理として王国を治めた。

第3篇　森林の巻 *Aranyakanda*

ラーマ、シーター、ラクシュマナはダンダカの森で生活し、王子たちは森の修行者たちを守るために羅刹を退治して過ごしていた。ある時ラーヴァナの妹シュールパナカーがラーマを見初めて求婚するが、ラーマはこれを拒絶し弟ラクシュマナを薦める。だがラクシュマナもシュールパナカーを拒む。断られて怒ったシュールパナカーはシーターを飲み込もうとする。ラーマの命令でラクシュマナはシュールパナカーの鼻と耳を削ぐ。彼女は海を渡って兄である魔王ラーヴァナの王国へ行き仕返しを依頼する。そして彼女はラーマの美しい妻であるシーターを誘拐するよう兄をそそのかす。

ラーヴァナは旧友のマーリーチャに手助けを要請する。マーリーチャは金色の鹿に変身しシーターの注意を惹く。ラーマとラクシュマナが鹿を追っている間にラーヴァナは老いた修行僧に変身しシーターを誘拐する。ラーヴァナはシーターをランカー国へ連れていく。

ダシャラタ王の旧友であった怪鳥ジャターユは、さらわれたシーターの悲鳴を聞き彼女を助けようとするがラーヴァナに斃される。

シーターの行方を捜していたラーマとラクシュマナはジャターユに出会う。シーターがラーヴァナに誘拐されたことを告げてジャターユは息絶える。

第4篇　キシュキンダーの巻 *Kishkindhyakanda*

悲しみに暮れるラーマとラクシュマナはパンパー湖で猿の王スグリーヴァと出会う。スグリーヴァは兄ヴァーリンによって王国キシュキンダーと妻を奪われた窮状を彼らに話す。ラーマはスグリーヴァがシーター救出を助ける返礼として彼を助けることを約束する。ラーマはヴァーリンを倒しスグリーヴァが王位を取り戻すのを助ける。スグリーヴァはラーマを助けるために猿の兵士たちを召喚する。猿の武将ハヌマーンは、ジャターユの弟サンパーティに出会いラーヴァナの向かった先を調べ、シーターが海を隔てたランカーに連れ去られたことを突き止める。

第5篇　美麗の巻 *Sundarakanda*

ハヌマーンは巨大なマヘーンドラ山から飛び立ちランカー国へ向かう。王国を偵察するために彼は小型の猿に変身しラーヴァナの宮殿に忍び込む。城を偵察した後、ハヌマーンはアショーカの森の庭園に幽閉されたシーターを見つける。彼はシーターにラーマから預かった指輪を渡しラーマが救出に向かっていることを告げる。

その後ハヌマーンは巨大な猿の姿に変身し護衛の女官たちを怖がらせ庭園を破壊する。ハヌマーンはラーヴァナの家臣たちを負かすがラーヴァナの息子インドラジットに捕えられる。ハヌマーンは彼らにシーター解放を要求するために来たと告げる。ラーヴァナはハヌマーンを殺そうとするが、弟のヴィビーシャナは使者を処刑してはならないと忠告する。解放されたハヌマーンは尾に火をつけられ、ランカー国を飛び回り王国を焼きながらラーマの元へ戻ってくる。

第6篇　戦闘の巻 *Yuddhakanda*

ラーマは戻ってきたハヌマーンに感謝する。彼はランカーを向かうことを決意するが海を渡る必要があった。スグリーヴァの忠告によって、ラーマ軍は海に橋を架ける。ラーヴァナは軍隊を集めてラーマを妨害しようとする。ラーヴァナの弟ヴィビーシャナは兄の命令に従わずに追放され、ラーマ軍勢に寝返る。ヴィビーシャナの進言により、ラーマは海の神に祈り助けを願う。海の神は、海の大工の後裔ナラを呼び彼に橋を架けるように命令する。猿の軍勢は岩や木を集めて大工のナラを手伝う。こうしてラーマ軍はラーヴァナの王国へ至る橋を建設する。

ラーマ軍とラーヴァナ軍の激しい戦いが始まる。ラーヴァナの弟クンバカルナは、ラーヴァナによって眠りから起こされる。戦いに出たクンバカルナはラーマ軍によって斃される。ラーヴァナの息子インドラジットは魔術に長けた戦士であり、ラーマ軍を倒そうとするが、激しい戦いの末、ラクシュマナに斃される。

怒りにかられたラーヴァナは戦場に出てラーマと戦い始める。

ラーマはブラフマー神から授かった武器でラーヴァナを倒す。ラーヴァナの葬儀が行われる。ラーマはヴィビーシャナをランカーの王位に就ける。

シーターと再会したラーマは、長い間ラーヴァナの元にとらわれていたシーターを拒む。その身の潔白を証明するためにシーターは火の祭壇に入るが、火の神アグニが無垢なシーターを救い出しラーマに託す。シーターとラーマはめでたく再会する。

ラーマ一行はアヨーディヤーに帰還しラーマは王位を継承する。

第7篇　後続の巻 *Uttarakanda*

アヨーディヤーの人々の間で、長くラーヴァナに囚われていたシーターが王妃となることについての疑念が生じ、ラーマはラクシュマナに命令してシーターを森へ追放する。シーターはヴァールミーキの庵に身を寄せそこでクシャとラヴァの双子の王子を産む。

ヴァールミーキはこどもたちにラーマーヤナを語り聞かせる。2人の朗誦を聞いたラーマは、彼らが息子たちであることを知りシーターを呼び戻し貞節を証明するように要請する。

シーターが「我が身の潔白を証明するために大地の女神は我を受け入れよ」と唱えると、地中から女神が現れてシーターを抱いて大地へ姿を消していった。

悲しむラーマは、天界でシーターと再会できるとブラフマー神に慰められる。ラーマは王国を2人の王子に託し、天界に帰還しヴィシュヌ神の姿に戻る。

7篇の最初では、魔王ラーヴァナの羅刹としての誕生の経緯とブラフマー神からの庇護についても語られる。

苦行僧ヴァールミーキはナーラダ神からラーマの物語を聞く。ブラフマー神は彼に物語を詩節シュローカの形式で記すように忠告し、ヴァールミーキは弦楽器に合わせて歌えるような詩を創作し、後世に伝えるためにラーマの双子の王子クシャとラヴァに教えた。

したがってヴァールミーキはラーマと同時代の人物と推定される。

2……文献解題の検討

岩本の解説によれば、第1篇のラーマの結婚に関する物語はその半分ほどであり、その他の部分はバラモン教の神話とヴィシュヴァーミトラ仙とヴァシシュタ仙によって語られた伝説となっている(岩本 2000[1980]: 240-241)。第1篇の最初の部分は、詩聖ヴァールミーキが詩節(シュローカ *sloka*)を使って物語を語るようになった経緯も描かれている。また岩本は、宮廷内の王位継承争いとラーマの追放が描かれる第2篇を最も人間的な部分として位置づけ、第3篇以降の猿の国や魔王の王国、彼らの戦いなどが描かれるメルヘンを描く部分と対照をなしていることを指摘する(岩本 2000[1980]: 244-245)。

ここで岩本が指摘するように、人間模様が描かれる部分と猿や魔王が登場するメルヘンとしての要素を描く部分の双方が見られることがラーマーヤナの特徴である。人間の生の現実を描くとともに非現実的な要素も多く提示しているという点は、この叙事詩が仮面劇や人形劇を含む多様な演劇の形態の中で演じられてきたことの根拠のひとつであるだろう。

現在広く知られている大筋は、第2篇から6篇の内容に基づいている。ラーマのヴィシュヌ神としての誕生を描く第1篇とラーマが再びヴィシュヌ神に戻り天界へ帰還する経緯を描く第7篇は、後世になってからラーマを神格化するために他の作者によって付加されたとされている(岩本 2000[1980]: 258, Richman 1991: 8, Sen 1976: x)。第7篇におけるシーターの貞節に関する記述が第6篇と重複した不整合なものであることを指摘しつつも、岩本は後世の読者にとっての第7篇の重要性を認めている(岩本 2000[1980]: 258)。センもまた物語は第6篇で終了しており、最終篇の第7篇は別の詩人によって付加された可能性を指摘しつつ第7篇を排除しないと述べている(Sen 1976: x)。

3……演劇において上演される場面

現在、東南アジアの演劇形態の多くにおいては上記ヴァールミーキ版の第2篇から第6篇の内容が物語の主要な部分として位置づけられている。これらの概要を全体的に演じるものもあり、またその一部を強調して演じるものも見られる。

以下にインドネシア・ジャワ島の演劇の中で広く知られるいくつかのエピソードを挙げその内容を記す。またこれらに関連するこの本の論考や作品情報も記載する。

[1] ハヌマーン使者に発つ Anoman/Hanoman Duta

ラーマ王子の使者として魔王ラーヴァナの国へ赴きシーターの居場所を突き止めるハヌマーン。シーターにラーマが救出に向かっていることを告げ、その後魔王の庭園を破壊して暴れまわる。捕らえられたハヌマーンは処刑されそうになるが、魔王の弟であるヴィビーシャナの提言により処刑を免れる。尾に火をつけられたハヌマーンは飛び回って魔王の王国中を焼きながら、ラーマの元へ帰ってくる。

→ハヌマーンの活躍を描くこの場面は、第6章でも触れる。

［2］**ラーマ大海に橋を架ける Rama Tambak**

ラーマ軍は、魔王の国を隔てる海を埋めたてようとする。ラーマが神器の弓矢を射て海水をなくそうとすると、海の神が現れる。ラーマ軍は海に橋を架けることにする。ラーヴァナ軍のエビガニなどによる妨害を受けるものの、猿の武将たちを中心とする成員たちの協働により、岩や木を用いて大海に橋が架けられ、ラーマ軍は魔王の国に攻め入る。

→このエピソードに基づく創作として、猿の武将ハヌマーンと人魚の恋愛物語が知られている。これは第4章のサムアン・サムによるカンボジアのラーマーヤナの中でも記述されている。またインドネシアの女形ダンサー、ディディ・ニニ・トウォによる創作舞踊もこのエピソードを土台としている。

［3］**クンバカルナの戦死 Gugurnya Pahlawan Kumbokarno**

戦況が厳しくなる中、眠りについていた魔王の弟クンバカルナが起こされる。兄の悪行を批判しつつも王国のために戦いに出るクンバカルナ。多くの戦士たちが犠牲になる中で、クンバカルナはラクシュマナとラーマの放つ矢によって戦死する。

→このエピソードは第3章の梅田によるバリ島の影絵の上演の考察の中でその多様な解釈のあり方が検討されている。

［4］**シーターの火の試練 Sinto Obong**

戦いが終わり、シーターがラーマと再会するが、ラーマは魔王に囚われていたシーターを受け入れようとしない。シーターは悲しみつつ自らの身の潔白を証明すべく火の祭壇に入る。火神が無傷のシーターを救い出しラーマに差し出す。ラーマとシーターはめでたく再会する。

→このエピソードは上記［2］の作曲家ケン・スティーヴンによる合唱作品においてその題材とされている。

上記のエピソードに加えてジャワ島の影絵や人形劇などでは、魔王ラーヴァナ誕生の経緯、猿族の系譜など、ヴァールミーキ版に見られないエピソードも演じられる。これは第1章で述べたように16世紀に伝わったスラット・カンダの系統と共通する物語群の影響による。青山が指摘するように、ジャワ人のあいだではヴァールミーキによる古典的系統とスラット・カンダと共通する系統の双方が受け入れられているのに対して、インドネシアを代表する伝統としては古典的ヴァージョンが取り上げられる傾向が見られる(青山 1998: 150)。古典的系統は観光客向けの舞踊劇上演などで見ることができる一方で、後者の系統は地域共同体における影絵や人形劇の主要なレパートリーを構成している。

だが観光芸能においても両者のヴァージョンが見られるケースもある。たとえば観光客向けに上演される影絵の中では、ヴァールミーキの系統とスラット・カンダに由来する系統の双方のエピソードが見られるが、上演においては猿の武将たちのダイナミックな戦いや活躍などがフィーチャーされる。中部ジャワのジョグジャカルタの王宮近くのソノブドヨ博物館で観光客向けに毎晩行われる影絵の上演は2時間にわたる上演を8夜連続で観ると主要な筋が分かるように構成されており、その中にはハヌマーンやアンガダという猿の武将、またハヌマーンの息子であるトゥガンガにまつわるエピソードなどが見られる(福岡 2016: 56-59)。

またジャワ島中部の影絵のレパートリーにおいては、ラーマが転生先を探す物語をはじめとしてラーマーヤナとマハーバーラタをつなぐエピソードも存在する。この本の冒頭の委嘱創作作品の中では、影絵の人形遣いでありまたデジタル・ダランであるアニメーターのナナン・アナント・ウィチャクソノによる作品が「ラーマ転生す Rama Nitis」というエピソードを土台にした創作となっている。

東南アジア大陸部のタイやカンボジアには、上記[2]のようにラーマ軍が大海に橋を架ける物語の中に猿の武将ハヌマーンと人魚との恋物語が見られる。サムアン・サムによる第4章にこのエピソードについての記述が見られる。

このように見せ場となる多くの場面、見ごたえのある登場人物の造形や演技などを通してラーマーヤナは演劇上演の中で多様な表現がなされてきた。

4……インドネシア・ジャワ島中部の影絵における主要登場人物とその画像

以下にインドネシア・ジャワ島中部の影絵における主要登場人物とその画像を挙げる。この画像が示すように貴公子、魔王、猿、羅刹、鳥などの多彩な存在が登場することは、ラーマーヤナが演劇の題材として広く受け入れられてきた理由の1つであるだろう。多彩な存在の登場は、

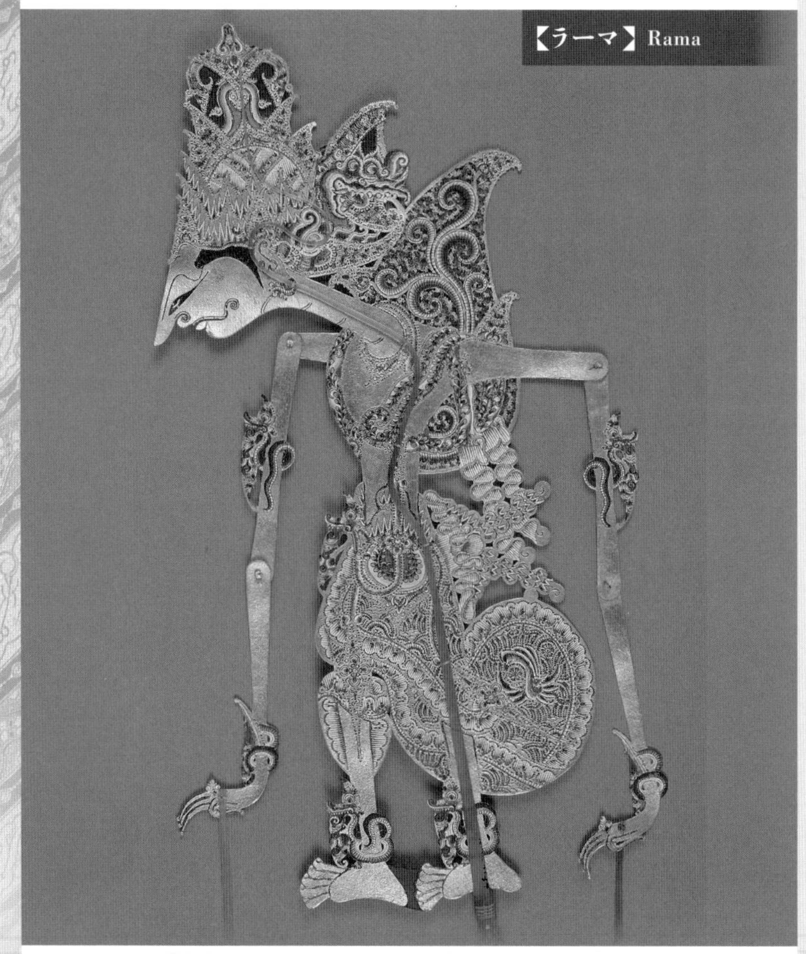

①—ラーマRama　コーサラ国アヨーディヤーの王子
（ジャワでの名称：ラマウィジャヤ Ramawijaya ／ロモRama→タイでの名称：プラ・ラーム→カンボジアでの名称：プレア・リアム）国立民族学博物館所蔵

人間以外の存在を具象化しやすい影絵や人形劇などにおいてラーマーヤナが広く受け入れられてきた理由でもあると考えられる。
現在、国内でラーマーヤナの登場人物の画像を網羅的に収集しているのは大阪の国立民族学博物館である。ここでは主にインドネシア・ジャワ島の影絵人形の画像を中心に国立民族学博物館の提供による写真を提示し、各登場人物を紹介する。

②—魔王ラーヴァナ Ravana　ランカー国の魔王
(ジャワでの名称:ラワナ Rahawana→タイでの名称:トッサカン
→カンボジアでの名称:リアップ)国立民族学博物館所蔵

【ラクシュマナ】Lakshmana

③―ラクシュマナ Lakshmana
ラーマの異母弟
（ジャワでの名称:
レスマナLesmana、
レクスマナLeksmana
→タイでの名称:プラ・ラック
→カンボジアでの名称:
プレア・レアック）
国立民族学博物館所蔵

【シーター】Sita

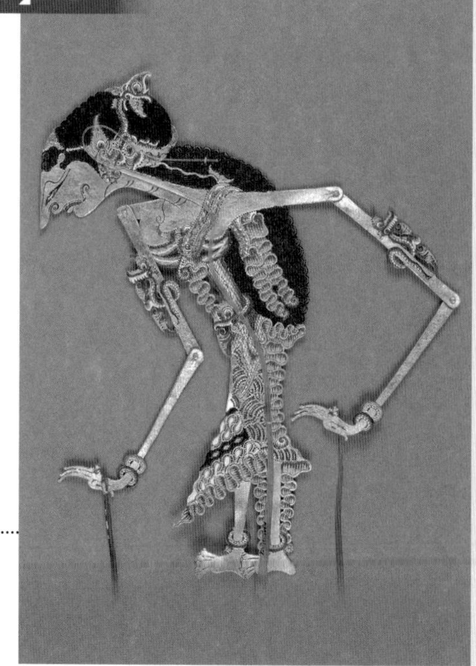

④―シーター Sita
ヴィデーハ国
ミティラーの王女
（ジャワでの名称:
シンタ Sinta、シント Sinto
→タイでの名称:ナーン・シーダー
→カンボジアでの名称:
ネアン・セダー）
国立民族学博物館所蔵

【ハヌマーン】Hanuman

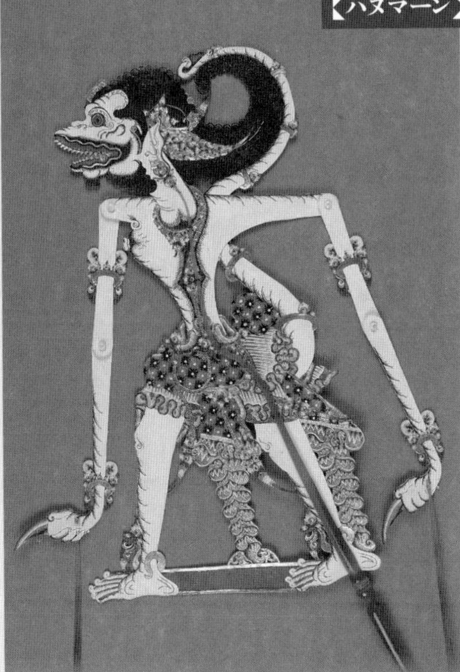

⑤—ハヌマーン Hanuman
キシュキンダー国の猿の武将
(ジャワでの名称:
ハノマン Hanoman、
アノマン Anoman)
国立民族学博物館所蔵

【スグリーヴァ】Sugriva

⑥—猿の王スグリーヴァ Sugriva
キシュキンダーの王
(ジャワでの名称:
スグリワ Sugriwa
→タイでの名称:スクリーブ
→カンボジアでの名称:
ソクリーブ)
国立民族学博物館所蔵

【クンバカルナ】Kumbhakarna

⑦—魔王ラーヴァナの弟
(ジャワでの名称:
クンバカルノ Kumbakarno、
クンボカルノKumbokarno
→タイでの名称:クンパカン
→カンボジアでの名称:クンパカー)
国立民族学博物館所蔵

【ヴィビーシャナ】Vibishana

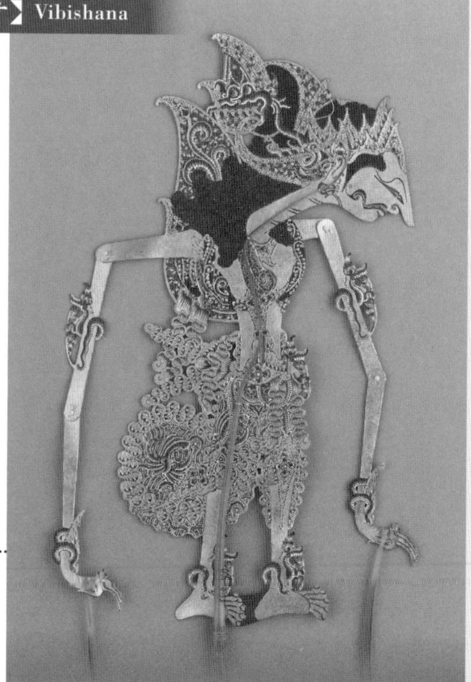

⑧—ヴィビーシャナ Vibishana
魔王ラーヴァナの弟
(ジャワでの名称:
ウィビサナ Wibisana
→タイでの名称:ピペーク
→カンボジアでの名称:ピペーク)
国立民族学博物館所蔵

【ジャターユ】Jatayu

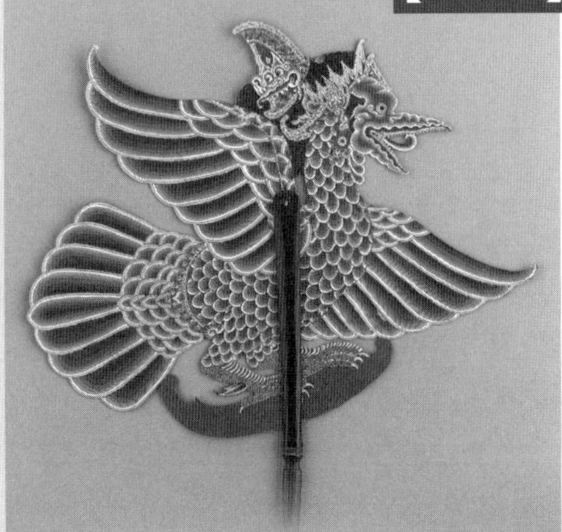

⑨―怪鳥ジャターユ Jatayu
（ジャワでの名称：ジャタユ Jatayu
→タイでの名称：ノック・サダーユ
→カンボジアでの名称：チャターユ）
国立民族学博物館所蔵

【引用文献】

青山亨. 1998.「インドネシアにおけるラーマ物語の受容と伝承」金子量重・坂田貞二・鈴木正崇編『ラーマーヤナの宇宙――伝承と民族造形』春秋社. 140-163.

福岡まどか. 2016.『ジャワの芸能ワヤン――その物語世界』スタイルノート.

岩本裕. 2000[1980].『ラーマーヤナ』第1巻. 平凡社.

Richman, P. ed. 1991. *Many Rāmāyaṇas: The Diversity of a Narrative Tradition in South Asia*, Berkeley: University of California Press.

Sen, M.L. 1976. *The Ramayana: Translated from the Original of Valmiki: A Modernized Version in English Prose*. Calcutta: Firma KLM Private Limited.

Sen, M.L. 1978. *The Ramayana of Valmiki*. New Delhi: Munshiram Manoharlal Publishers Pvt. Ltd.

Column

映画『オペラ・ジャワ』に見る「ウッタラ・カーンダ」の伝承

青山亨

◉ガリン・ヌグロホ監督が2006年に発表した『オペラ・ジャワ』は、映画という媒体で演出されたラーマーヤナとして極めて作家性にあふれた独創的な作品である。その一方でインドネシアの多様な文化的要素が織り込まれており、「理解不能」という(裏返しの褒め言葉ではあるが)評価があることも確かである。この作品の主題については別のところで述べているので(青山2010)、ここでは「ウッタラ・カーンダ」の伝承から作品の理解に迫ってみたい。

◉ラーマーヤナの第7巻「ウッタラ・カーンダ」(後続の巻)は、ラーマのアヨーディヤー帰還のその後を語る物語として知られている。しかし、実はその4割に及んで、聖仙の語りを通じて、誕生からラーマと出会うまでのラーヴァナのさまざまな所業が描かれている(中村2013)。ジャワでは「ウッタラ・カーンダ」はすでに10世紀に古ジャワ語に翻訳されているが、14世紀には、ラーヴァナの物語を抜き出して、彼とアルジュナ(マハーバーラタの登場人物とは別人)の対決のエピソードに焦点を当てた『アルジュナウィジャヤ』という独立した作品が創られている。

②—DVD「オペラ・ジャワ」ジャケット

◉ラーヴァナの物語は、その後、イスラーム期になると、19世紀初頭にスラカルタ宮廷で活躍したヨソディプロ父子によって現代ジャワ語の作品に翻案され、ワヤン劇の題材としても広まるようになった。現代ジャワ語の翻案は、舞台となる王国の1つの名前から『ロカパラ』の名前でも知られており、この他にも古ジャワ語の原典から変化しているところが多い。

◉ここで特に注目したいのは、ラーヴァナの母スケシのエピソードである(Sears 2004: 281-82)。ロカパラ国の王ダナラジャは、アルンカ国の羅刹スマリに美しい娘スケシがいると聞き、父である聖仙ウィスラワを使わして求婚を申し出る。スマリは承諾の条件として、神秘的奥義「サストラジェンドラ」を伝授するよう要求し、ついに聖仙はスマリとスケシに奥義を説き明かしてしまう。奥義の開陳は神々の逆鱗に触れ、その結果としてスケシが生む最初のこどもは凶暴な羅刹ラーヴァナとなる。ラーヴァナは母スケシにとって究極の知識を得たために支払った代償と言えよう。

◉映画『オペラ・ジャワ』の終章においては、主役たちが舞台から退場したあと、『ロカパラ』と同名のスケシが、残された者たちを率いて、亡くなった者たちへの鎮魂の儀礼を主宰する。このとき、彼女は、秘儀的な言語であるラテン語でレクイエムを唱え、死者の安寧を神に祈願する。終章にレクイエムの場面を置いたのはすぐれてガリン・ヌグロホの独創である。しかし、スケシこそがその主宰者であるべきことは、ジャワ文化に今も息づく「ウッタラ・カーンダ」の伝承を参照することで初めて明らかになるのである。

【引用文献】

Sears, Laurie J. 2004. Mysticism and Islam in Javanese Rāmāyaṇa Tales. In *The Rāmāyaṇa Revisited,* ed. by Mandakranta Bose. New York; Tokyo: Oxford University Press. 275–292.

青山亨. 2010.「映画『オペラ・ジャワ』に見るラーマーヤナの変容」『総合文化研究』13: 37–60.

中村了昭訳. 2013. ヴァールミーキ『新訳　ラーマーヤナ 7』平凡社.

第2章

タイのラーマーヤナ、「ラーマキエン」の現代的展開——チャイヨー・スタジオ製作映画を中心にして

平松秀樹

◉対象地域＝タイ

◉主要登場人物名＝（　）はサンスクリットの人物名

ハヌマーン Hanuman／クンパカン Kumphakan（クンバカルナ Kumbhakarna）／
プラ・ラーム Phra Ram（ラーマ Rama）／トッサカン Thosakan（ラーヴァナ Ravana）／
プラ・ラックPhra Lak（ラクシュマナ Lakshmana）／
イントラチット Intrachit（インドラジット Indrajit）／スクリープ Sukureep（スグリーヴァ Sugriva）／
パーリー Palee（ヴァーリ Vali）／ピペークPhiphek（ヴィビーシャナ Vibhishana）／
ナーン・シーダー Nang Sida（シーター Sita）
プラは「王子」、ナーンは「妃」の意

はじめに

タイのラーマーヤナは「ラーマキエンRamakian」と呼ばれ、「ラーマの栄光」という意味である（カンボジアのリアムケー Reamkerと同じ意味）。タイでは、コーンkhon（仮面舞踊劇）やナン・ヤイ nang yai（大型影絵芝居）としてのラーマキエンがアユタヤ時代より王室によって保護されてきたが、現代になるとリケー like（田舎芝居）やナン・タルンnang talung（影絵芝居）などによって庶民にも楽しまれてきた。近年では人形劇として外国人にも馴染みやす

★1—Joe Louis Theatreが演目に取り入れて、外国人観光客にもわかりやすいように上演している。ハヌマーン人形が観客の肩を叩くなどの演出といった工夫も見られる。Joe Louis Theatreは何度も存続の危機があったが、現在はバンコクのチャオプラヤー川沿いに位置する観光施設アジアティーク（Asiatique the Riverfront）にある劇場で観劇することができる。外国人向けという点に関しては、コーンも老舗のチャルームクルン劇場（サーラー・チャルームクルン宮廷劇場）英語名Sala Chalermkrung Royal Theatreで観光客向けのラーマキエンのダイジェスト版を上演している。ストーリーに詳しくない外国人観客でも飽きずに楽しめるように、40分程度の中にアクロバティックな演技をする場面を主体に盛り込んでいる（本書第6章も参照）。あまり知られていないが、この上演はワット・プラケーオ（エメラルド寺院）の入場券を持っている外国人は、セットとして無料で観られるようになっている（タイ人は持ってなくても無料）。一方、本来のきわめて長時間にわたるコーンのラーマキエンは、国立劇場で不定期に上演される。

★2—ラーマキエンの現代社会への影響力はこうした外的な面にとどまらず、人々の内的な面にま

い人気の出し物となっている★[1]。また、映画化やアニメ化もされている。登場人物の中では特にハヌマーンHanumanの人気が突出していて、こどもたちも大ファンである。白猿神ハヌマーンの入れ墨をした主人公が神秘的パワーを得て活躍する映画も多い★[2]。

①—日本販売版DVD「リトル&ジャイアント」ジャケット

本稿では、日本に映画留学した経験のあるソムポート・セーンドゥアンチャーイが製作した、日本の現代ヒーローであるウルトラマンとタイの伝統的英雄であるハヌマーンが共闘する映画「ハヌマーンと7ウルトラマン」*Hanuman vs. 7Ultraman*(1974)、およびラーマキエン中の「クンパカンの戦い」の段を描いた「スック・クンパカン」*Suek Kumphakan*(1984)に焦点をあてて取り上げ、タイにおけるラーマーヤナ受容の一例としての特徴を考察し、その現代的展開の意義を明らかにしたい。

1……タイにおけるラーマーヤナの受容

チャイヨー・スタジオによる映画作品の具体的な考察に入る前に、タイにおけるラーマーヤナ受容の歴史的背景を確認しておきたい★[3]。現在タイにおいては、ラーマ1世時★[4]に編纂された『劇詩ラーマキエン』(Bot Lakhon Ramakian)(1797)が文章としての「正典」の位置を占める★[5]。大半の文献がアユタヤ(アユッタヤー)朝の滅亡とともに消失・散逸したため、ラーマーヤナがタイでいつごろから「ラーマキエン」と呼ばれていたのかは定

で達しているとの分析もなされている。たとえば「タイ現代ドラマであっても、個々の要素はラーマーヤナ、ジャータカといった古典文学の焼き直しであり、観る側もそうしたコードを前提として解釈している」といった興味深い指摘がある(Hamilton 1992)。

★3—タイにおけるラーマーヤナ受容に関しては、主に(岩本1980、1985)(大野1999、2000)(Iyengar 1983)などを参照した。

★4—在位1782-1809年。当時ラーマ1世の王宮と弟の副王宮にそれぞれ属する舞踊団がラーマキエンの催しを合同でするのが恒例になっていたが、しばしばエスカレートして本当の紛争に発展しそうになったらしい。というのも国王の側がプラ・ラーム(ラーマ王子)側で、副王の側がいつも夜叉側で退治されると決まっていたことへの不満がその一因とのことである(Rutnin1996:63)

★5—本稿では、「タイ国のラーマーヤナ」として「正典」化された中央タイのラーマキエンに焦点を当てるが、北タイや東北タイなどの「地方」にも独自のラーマーヤナ物語が存在することを忘れてはならない。その中には、ラーマ王子が菩薩であったといったバージョンも存在する。

かでない。タイ語のKianという言葉は、サンスクリット語のKirtiから来ているが、これはクメール語のReamkerを経由して入ってきたという説が有力である(岩本1985:317)。ラーマーヤナの物語自体がタイへ伝来したのがいつであるかについても、民話の伝来などと同様に年代を確定することは極めて難しい。物語自体はかなり古くよりインドより渡来していたであろう。一般に民話の伝播は商人たちが媒体となった可能性が大きいが、口承のラーマーヤナ物語はバラモンたちが祭式の詠唱用に持ち込んだ。

『劇詩ラーマキエン』はヴァールミーキValmiki版ラーマーヤナだけでなくタミル版やベンガル版あるいはマラヤ版も援用して、チャクリーChakri王朝と呼ばれる現王朝を創始したラーマ1世★6の勅令により編纂されている。全般的にタイの文化は南インドのタミル地方の影響が強いが、ラーマ1世版の成立以前にすでにタイに伝えられていたラーマーヤナもタミル地方の口承のラーマーヤナ物語の影響を受けていた可能性が強い★7。興味深いことに、幼少よりイギリスで教育を受けたラーマ6世★8は、タイのラーマキエンとValmiki版ラーマーヤナとの齟齬に着目して、『ラーマキエンの起源』といった本を上梓し、自らその根源を突き詰めようとしている。その中では、ベンガル地方(古代Anga国)のサンスクリット語ラーマーヤナ★9やヴィシュヌ・プラーナ、ハヌマーン・ナータカなどの影響を強調している(Rama VI 1975:173)。いずれにせよ、アンコール帝国からアユタヤ朝に伝わったことがほぼ確実視されているナン・ヤイなどと異なり、口承物語としてのラーマーヤナの伝来は、古よりの通商ルートである、南インドからタイ南部へ至る海路(加えてビルマ経由の陸路)によってもたらされたと考えるのが妥当であろう。現在のタイ地域におけるタイ族以前の居住民であるドヴァーラヴァティーDvaravatiのモーンMon族

★6—ラーマ○世という言い方は主に外国向けの呼称で、ラーマ6世が導入した。
★7—12世紀にタミル語で書かれた*Iramavataram*(*Kamp Ramayanam*)もそうだが、それ以前にタミル地方に伝わっていた断片的な口承ラーマーヤナがタイにも伝わっていた可能性があるであろう。
★8—ラーマ6世は幼いころより文学的才能を示し、生涯において東洋・西洋の多くの文学作品の翻訳・翻案をしたのみならず、自ら膨大な創作作品を残している。また側近や近衛兵をメンバーとする個人劇団も創設して、自ら役を演じている。
★9—ラーマ6世によれば、タイのバラモンはベンガル出身が多いとのこと(Rama VI 1975:173)。
★10—タイ語でThawarawadi (Sanskrit: Dvāravatī) とよばれる。その文化の担い手となったMon族は仏教を信奉し高い文化水準を誇っていた。ドヴァーラヴァティーの実態に関してはまだほとんど解明されていないのが、現在の研究水準の実情である。今後の研究の進捗によるその解明がまたれる。モーン族経由の可能性については(吉川1973:97)も言及している。
★11—日本では「ウルトラ6兄弟と怪獣軍団」というタイトルで、1979年に日本語吹き替えで劇場

を通して伝わった可能性も残されている[10]。しかしながら、先述のように民話の伝来ルート同様に、その詳細を解明することは現在の研究段階では極めて困難である。

2……「ハヌマーンと7ウルトラマン」(1974)[11]

それでは具体的な映画作品の考察に移りたい。まず、「ハヌマーンと7ウルトラマン」を取り上げて考察する。

[1]「ター・ティエン」

「ハヌマーンと7ウルトラマン」はソムポート・セーンドゥアンチャーイ Sompote Saengduenchai(1941–2021)が創始したチャイヨー・スタジオ[12]による製作である。ソムポートは、日本に映画留学して、円谷英二のもとで特撮を学んだ。タイの映画界に特撮を導入した、いわゆる「タイ映画における特撮の祖」とでも言うべき存在である。お寺で少年時代を過ごし、バンコク銀行の歌舞部門などでカメラマンとして働いていた後、奨学金を得て1962年に東宝に映画留学し、円谷英二に師事したほか黒澤明の下でも学んだと本人は語っている[13]。1万点以上の関連グッズを展示し“ウルトラマン・ランド”と呼ばれている自宅には、東宝のインターンとしてアシスタントを務めた黒澤明監督『天国と地獄』(1963)や、『赤ひげ』(1965)撮影中の加山雄三の写真も残っている。

およそ2年間日本で学び、タイに帰国してテレビドラマの製作などに加わったのち、最初の映画作品「ター・ティエン」*Tah Tien*(1973)を発表した。王宮近くチャオプラヤー川を挟んで向かい合っているワット・アルンWat Arun(暁の寺)とワット・ポー Wat Pho(涅槃仏寺)をそれぞれ守護

公開された。実際に劇場まで足を運んで鑑賞したという人も多い。それに先立つ1974年に、タイのチャルームクルン劇場で公開された際は、長蛇の列となるほどの人気を博したらしい。現代映画の1コマで、劇場に飾られた「ハヌマーンと7ウルトラマン」の看板の下で人々が活況を呈している当時の様子が挿入されることがよくある。

★12—チャイヨー Chaiyoというタイ語は「勝利」を意味する。ソムポートによれば、第13代首相を務めた政治家で文人でもあるクックリット・プラーモート(1911-95)が名付け親とのことである。一般にChaiyo Productionsと記されることが多いが、本人は「Pro.」は間違いで「Studio」が正確な名称だと言っているので本稿ではそれに従う。なお、クックリットが名付けた際はChaiyo Scopeであったとのこと。チャイヨー・スタジオは、映画としては全16作を製作している(そのほか古典文学に基づくテレビドラマなどがある)。ソムポートについては、日本では映画評論家の四方田犬彦による「タイの怪獣映画王ソムポート」という興味深い紹介がある(四方田 2003:253-262)。また、クックリットについては、タイ知識人のラーマーヤナ演劇に対する認識を論じた日向の論考(第7章)

する夜叉が対決するという、タイの伝説に基づいた作品である。のちの作品と比べると特撮技術はいまだ幾分稚拙ではあるものの、持ち味のコミカルなストーリー展開でこの伝説を再構築して、かなりの収益をあげた。Wat Arunを守護する夜叉(Yak)の1柱はラーマキエンの魔王トッサカンThosakan(Ravana)である★14。夜叉たちは元々は悪者であったが、改心して仏教に帰依するようになったとされている。152枚の大理石のラーマキエン浮彫があることでも有名な名刹ワット・ポー付近に位置する、船着き場の名前がター・ティエンであり、この映画のタイトルともなっている。ちなみに、この暁の寺の夜叉は次作*Jumborg Ace & Giant*(1974)にも登場し、宇宙空間でジャンボーグAと闘う。

[2]「**ハヌマーンと7ウルトラマン**」

「ハヌマーンと7ウルトラマン」は、*Jumborg Ace & Giant* と同じ年に公開されたチャイヨー・スタジオによる第3作目の映画である、前2作品と比べると構成や映像を含めた映画としての完成度はかなり高くなっていると言ってよいだろう。日タイ共同作品ではあるが、実質的にはほとんどソムポートが製作したとのことであり、いくつかの特撮場面の製作は日本の円谷プロのスタジオで行っている。この映画には、タイ版ラーマーヤナたるラーマキエンからの引用がうまく取り入られている。風神の子ハヌマーンの誕生場面と、槍に当たったプラ・ラック(ラック王子、Lakshmana)を治すために、ハヌマーンが薬草を取りに行く場面である。前者は、映画の冒頭で、風の神ヴァーユVayuがスワーハSuwaha★15の口にシヴァ神のエネルギー(精)を注ぎ込み、スワーハの口からハヌマーンが誕生する。後者は、プラ・ラックがクンパカンKumphakan

も参照。

★13―本稿におけるソムポートの見解は、筆者による3回のインタビューをもとにしている(2018年3月27日:(於)The Japan Foundation Bangkok、8月13日:(於)ソムポート氏宅、2019年3月5日:(於)ソムポート氏宅)。

★14―トッサカンは通常夜叉とされるが、羅刹あるいは阿修羅とすることもある。夜叉、羅刹、阿修羅はタイでは相違が明確ではなく厳密に区別されることはまれで、一般的にはしばしば同一視される。ラーマキエンに登場するトッサカン一族の夜叉は、ワット・プラケーオ(エメラルド寺院)では本尊のエメラルド仏が安置されている布薩堂を守護している。ワット・プラケーオの回廊には178面のラーマキエン壁画がある。

★15―スワーハは、ラーマキエンでは、母親の不倫を父に告発したために母親に呪詛され、口を開けたまま不動で片足で立ち続ける苦行をすることとなった(大野2000:126)。厳密に言えば、タイでは、風の神がシヴァ神のエネルギーをスワーハの口に注ぎ込んだので、ハヌマーンはシヴァ神

(Kumbhakarna)の槍に倒れた際に、ハヌマーンが、昇って日を照らすのを遅らせるように太陽神に頼みに行ったあと、薬草サンカラニー・トリチャワSankharaniTrichawa(Sanjivani)(太陽光にあたると効き目がなくなる)を取りに行くシーンである。映画ではサンカラニー・トリチャワを花の精に擬人化させて、ハヌマーンから逃げ回る姿がおちゃめに描かれていて、こどもたちが喜びそうなシーンである。

②—DVD「ハヌマーンと7ウルトラマン」ジャケット

タイのこどもたちは学校の教科書等でラーマキエンを学ぶが、この薬草の名前が試験に出ることもあるらしい。しかし、問題に答えられる子は少なく、ラーマキエンに関する質問の全般的な難解さによって、古典文学のテストに落第する生徒も多いらしい。この映画を観ていたならば、サンカラニー・トリチャワという名前を何回もハヌマーンが叫ぶのでいやでも記憶に残り、試験で及第点をもらう大きな後押しとなるであろう。ちなみに、ラーマキエンではハヌマーンが薬草を取りに行く場面は2ヵ所存在する。1回目は今挙げた場面で、2回目はトッサカンの息子で偉大な神通力を持つイントラチットIntrachit(Indrajit)の放った矢(NagaPash)にプラ・ラックが倒れて、ハヌマーンが前回とは別の山へ薬草を取りに行く際である。前者は山をしっぽでくるりと巻いて薬草(映画では花)だけを持ち帰るが、後者は山全体をハヌマーンは引き抜いて持ち帰る。

映画「ハヌマーンと7ウルトラマン」のストーリーとしては、正義感の強いタイ人少年が仏像泥棒の3人組を見つけて追いかけるが、銃で額を撃たれて死んでしまう。それをM78星雲から見ていたウルトラの母が、荼毘に付されている少年の亡骸を救い上げM78星雲へと移動させ、その身体に白猿神の英雄ハヌマーンの魂を吹き込み、“ウルトラハヌマーン”を誕生させるのである。ここで、注目すべきは、M78星雲に住むウ

の息子であると言えるが、一般には風神の子とされる。

★16—少年を移動させる時、ウルトラの母の巨大な手が突然空から現れる。これは、慈悲のこころで善良な衆生をいつでも救済する用意のある、仏陀の「大きな手」の暗示とも読み取れる。

★17—ソムポートは、子供たちに仏教の教え、特に「善行善果・悪行悪果」を肝に銘じてもらうために、わざと怖くしたと解説している。タイのラーマキエンのテーマは、ダルマ(仏法に則った正義)が非ダルマに打ち勝つことであると、一般に言われる。

ルトラ兄弟たちは、「仏教を篤く信奉する」とナレーションで紹介されていることである。タイにおいてはウルトラマンは敬虔な仏教徒であることは特筆すべきである[★16]。

次に"ウルトラハヌマーン"に注目してみたい。よく話題になるのがその飛び方である。ウルトラマンやスーパーマンのように手を前に出して平行に飛ぶのではなく、立ったまま脚を卍型にして水平飛行する。この卍型の原型になっているのはタイの天人(Thewada、Skr:Devatā)たちの飛び方である。天人たちが脚を卍型にして天上を浮遊している図が、多くのお寺の壁画に描かれている。"ウルトラハヌマーン"が、天人のようにチャオプラヤー川上空を移動していく姿はかなりシュールであり、日本のウルトラマン・シリーズでは想像もつかない構図である。また、"ウルトラハヌマーン"はかなり残虐で、「仏教を蔑ろにするやつは許さない」と言って、仏像泥棒たちを掌で握りつぶしたり、足で踏みつぶしたりする。元のラーマキエン中のハヌマーンの性格を踏襲しているとも捉えることもできるし、仏像を盗むことは普通の泥棒よりも罪は大きくそれゆえ罰も重いとするタイの伝統的価値観の反映であるとも解釈できるであろう[★17]。

仏像泥棒を成敗した後、"ウルトラハヌマーン"はウルトラ6兄弟[★18]と共闘して怪獣を退治する。太陽が異常接近したため地球が灼熱化し、雨を降らせるために打ち上げようとしたロケットが人為ミス[★19]で誤爆して、地下に眠っていた怪獣たちを起こしてしまっていた。少年が"ウルトラハヌマーン"に変身し、先に怪獣と闘うが窮地に陥る。それをウルトラ6兄弟がM78星雲からやってきて助けるのである。仲間がやられて最後に一体となった怪獣を、6兄弟とハヌマーンの7名がこれでもかと

★18―タイ語のタイトルが、ウルトラの母を含めて7ウルトラマンとなっている理由は、6はタイ語で「ホック」と発音し「転ぶ」と同じ意味にもなり、映画が転んではいけないためということである。

★19―科学の力を過信する男性博士が、再点検の指令を伝えた女性助手の言葉を聞き入れず、発射ボタンを押した。

★20―日本では、後期のウルトラマン・シリーズそのものが、リンチやいじめを描いているという批評も上がっている(SUPER STRINGSサーフライダー 21 1991:62)。

★21―そのほかに、タイ、ラオス、カンボジアなどで人気のあるエピソードとして、ハヌマーンが敵側の人魚スパンナ・マッチャ Suphannamatcha(Suvannamaccha)を口説く場面と、その間に生まれた子であるマッチャヌMacchanuと対決し和睦する場面がある。マッチャヌはお尻に魚のひれが付いた白い子猿である。母がトッサカンの娘であったためハヌマーンの敵側として登場する。最初は双方とも親子であると気づかない。ハヌマーンがマッチャヌの母親と父親の名前を訊ねた結果、自分が親であることが判明する。しかし自分が父親だと名乗っても子猿は信じない。ハヌマー

やっつける場面が、いじめやリンチではないかといったコメントが日本で見られるが、そうした反応は日本だけの現象である★20。

最後に残った怪獣はゴモラであるが、ソムポートによれば、これは実はラーマキエン中の「トラパー・トラピー TrapaTrapee」というエピソードに登場する水牛トラピーから着想を得てそれをモデルにしたということである。「トラパー・トラピー」の話自体はこの映画には出てこないものの、ここで説明して置きたい。水牛の親子が対決するこの逸話は、タイのラーマキエンだけでなく、ラオスにも存在する(Iyengar 1983)。ラオスや東北タイにはその名も「クワーイ・トラピー Khwai Trapee」(水牛トラピー)というタイトルのラーマーヤナバージョンが存在し、この地方での人気の高さがうかがえる★21。このエピソードは暴君であった父王である水牛Trapaを倒した息子のトラピー自身が暴君になってしまい、自己の力を誇示し不遜にも神猿王のパーリー Palee(Vali)に対決を挑むという話に連結する。パーリーは自分の弟に、洞窟での決闘の結果濃い血が流れてきた場合は水牛王の死であり、逆に薄い血が流れてきたら自分の死と考え洞窟の扉を密閉するよう命じた。ところが、雨のため洞窟から流れてきた血が薄かったため、水牛王ではなく兄のパーリーが死んだと勘違いした弟スクリープSukureep(Sugriva)が洞窟の扉を封鎖した。そのため兄は弟が故意に自分を閉じ込めたと勘違いして、その後の兄弟の争いにつながる。洞窟を脱出した兄王によって追放された弟スクリープを助けて、ラーマ王子がパーリーを討つという展開である★22。話をゴモラに戻すと、トラピーは4つ足動物だが、2足歩行の怪獣ゴモラになった理由は、予算削減のために4名の人員が必要な4つ足ではなく、2名ですむように両足で立たせた、とのことである。

もう1つ、ラーマキエン自体の議論とは離れてしまうが、ウルトラマンの面貌のモデルについても解説しておこう。日本では弥勒菩薩とアルカイック・スマイルのミックスということに一般的にはなっているが、タイではスコータイの仏像の面ということになっている。ソムポートがス

ンは腕を4つにし、口から星を出してようやく息子の疑念を晴らす(この姿はよくデッサンされる有名なシーンである)。この演目は、バンコクで開催されたAsean Plus Ramayana Festival 2016においてラオスチームが演じて、タイ人の観客が大いに盛り上がっていた(詳しくは平松2018bを参照されたい)。

★22—物語のラーマキエンでは、パーリーとスクリープの決闘の際の動きがあまりにも速く、外見もそっくりなため判別するのが難しく、ラーマ王子は矢を射ることができない。そこで弟スクリー

コータイの立像から着想を得て、それを師匠の円谷英二に進言したとのことである。ソムポートの自宅にはスコータイの仏像の面がウルトラマンの面に変わっていくデッサンや、円谷英二氏と相談している場面の写真などが残っている。そう言われてみると、確かにスコータイ立像の流麗とした佇まいやその穏やかな面持ちはウルトラマンによく似ている、というのがタイ人日本人を問わず、スコータイ仏を実際に見た多くの人の感想である。このことは円谷英二と息子の皐が亡くなった後の円谷プロとチャイヨー側との決裂の原因となり、所有権をめぐっての裁判にまで至っている。ウルトラマンの版権に関してはいまだにはっきりとした決着がついていない、日本の最高裁では円谷側が敗訴、タイの最高裁ではソムポート側が敗訴という、逆転現象が起き、その後、日タイ以外の国にもこの紛争は波及している。

［3］ハヌマーンとウルトラマンの共闘の意味

さてここで、作品を解釈をする上での重要な要素である製作者の狙い、すなわちハヌマーンとウルトラマンの共闘の意味を考えたい。本作品が公開されたのは1974年であるが、70年代はタイで民主化運動が盛り上がり、映画公開前年の73年には時の政権が倒れる政変いわゆる「10月14日事件」が起きている。こうした運動の高まりの中で、一方では日本製品ボイコットなどの日本バッシングが高潮していた（平松2010:19）。1974年の田中角栄首相の訪タイに対しても激しいデモが起きるなどしていた★23。当時、日本の観光客は日本の飛行機で来て、日系ホテルに泊まり、日系デパートで買い物をして、タイに全くお金を落とさないといった批判がなされていた。タイで最初にエレベーターを導入した日系のタイ大丸デパートが、客寄せのためにタイ伝統の格闘技であるムエタイを即席リングで行わせたが、格闘前に必ず行われる最も大切なワイ・クルー（師に対する感謝の踊り）の儀式を無視したため、タイの文化を尊重しないものだと激しい批判の対象になっていた。ソムポートはこうした事

プの手首に白い布を巻いて見分けることを思いつき、兄猿の方を討つ。ちなみにヴァールミーキ版では首に花輪を掛け，カンボジアのリアムケーでは花輪を頭に載せる。インドの諸版でも識別の方法は様々である（大野2000：129および394）。なお、コーンのラーマキエンでは、インドラ神の子であるパーリーは緑色、太陽神を父に持つスクリープは赤色の仮面と衣装を着けているので、こうした心配はいらない。

★23—面白いことに、無事タイに入国した田中首相には、ハヌマーンのお面を被っている写真が残

態を危惧し、かつ自分の師である円谷や黒澤明に感謝の意を表すために、日本を代表するウルトラマンとタイを代表するハヌマーンがともに手を取り合って悪と戦うという設定を思い至った。闘いが終わったあとは、ウルトラ兄弟は跡を濁すことなく、感謝されて速やかに自分の国へと帰っていく★24。ぎくしゃくした日タイ関係の改善に資することを願い、日タイの友好への思いをこの作品に託したのである。以上はソムポートによる解説をもとにしたものであり、こうした説明に対しては、後付けの可能性もあるという批評もあるかもしれない。しかしながら、ウルトラマンとハヌマーンが共闘するというシナリオの発想自体が極めて画期的なものであるとの評価は、覆すことができない事実であろう。

さらに言えば、日タイのヒーロー・キャラクターのコラボレーションというだけではなく、特撮という新手法でラーマキエンというタイの正統的伝統文化における英雄を蘇えらせた点での評価も認めなければなるまい。

3……「スック・クンパカン」Suek Kumphakan★25（クンパカンの戦い）（1984）

次に、ラーマキエンとしてはタイ初の実写化映画であるチャイヨー・スタジオ製作「スック・クンパカン」について述べていきたい。

［1］特撮

「ハヌマーンと7ウルトラマン」に続く「ハヌマーンと5仮面ライダー」*Hanuman and the Five Riders*（1975）★26や、タイに伝わる仏教説話を基にした「プラロット・メーリー」*Phra Rod Meree*（1981）、民話をもとにした「クンチャーン・クンペーン」*Khun Chang Khun Phaen*（1982）などの製作を経て、第14作目の映画作品として1984年に発表されたのが「スック・クンパカン」である。本映画では、

③—DVD「スック・クンパカン」ジャケット

されている。

★24—最後にハヌマーンは、コーンの舞台でするような踊りを披露しながら、ウルトラ兄弟の1人1人とハグやキスをして、お別れをする。ハヌマーンは手で顔の涙をふるっているようにも見える。日本の現代文化によって生まれたウルトラマンが、異国タイの地で伝説の英雄ハヌマーンにハグされる気持ちはどのようなものであろうか。

★25—英語タイトルはThe Noble War 2527。

コーン舞台でラーマキエンが演じられる際とほぼ同じ模様の衣装が使用されている。使用する古典音楽の調べもコーンでのものを踏襲している。しかしながらコーンで演じられる時のような重厚さは漂わず、初めから終わりまで軽快なテンポで、トッサカンの弟であり知恵者のクンパカンとラーマ王子側の戦いが進んでいく。言うまでもないが、クンパカンKumphakan (Kumbhakarna)は、一族の長である兄のトッサカンによって追放されラーマ王子側の参謀となった知将ピペークPhiphek(Vibhishana)の兄でもある★27。本作の特徴としては、「ハヌマーンと7ウルトラマン」と同様に、特撮の導入とコミカルな展開を基調としていることが挙げられる。特撮シーンに関しては、「ハヌマーンと7ウルトラマン」に比べると全体としてかなり抑え気味である。しかしながら、ハヌマーンが単独で、あるいはスクリープと2人で、またはそれにオンコットOngkhot (Angada)を含めた3人が並んで、例の卍型の脚ポーズで空中移動していく姿は、「ハヌマーンと7ウルトラマン」以上にシュールな雰囲気を醸し出している。

「スック・クンパカン」では、「ハヌマーンと7ウルトラマン」においてハヌマーンが薬草を取りに行くのと全く同じ特撮映像が使用されている。前述したように円谷のスタジオで撮ったものである。「ハヌマーンと7ウルトラマン」では太陽神と薬草のシーンだけであったが、「スック・クンパカン」では、クンパカンが投げた槍(Mokhasak)にプラ・ラックが倒れる場面も描かれている。ソムポートは大半の作品において、ある映像場面を別の映画作品にも組み込んでいく手法を用いる。本作で、クンパカンが川の中での祈禱瞑想をハヌマーンに邪魔されて、せき止めていた川の水が噴き出して下流に流れていきワニが出没するシーンがあるが、このカットは有名なワニ退治の民話をもとにした作品「クライトーン」Kraithong(1980)で使われていたものである。こうした特撮場面がある一方で、ハヌマーンが変身した腐った犬の肉片に、鳥に変身したオンコットが乗っかり、つつきながら川を流れてくるシーンは、良香を好み

★26—「ハヌマーン vs. 7ウルトラマン」の続編的作品。ストーリーは、ハヌマーンに殺され地獄に落ちた仏像泥棒が、閻魔大王(Yomarat)による審判中に、悪の首領キング・ダークによって派遣された部下によって手先とするために救い出され、地上に戻り仮面ライダーを苦しめる。ハヌマーンが、今回は窮地の5人のライダーを助ける。

★27—タイのラーマキエンでは、ピペークはランカー島を追放されたのち、ラーマ王子側の陣営で捕まる。事情を知ってプラ・ラームが味方に受け入れる。

悪臭を嫌うクンパカンを苦しめる有名な場面であるが、肉が極めてリアルであり、おそらくは本物の肉に本物のウジをたからせて使用していると思われる。「格調高い」コーン舞台でのラーマキエンなどでは見ることのない演出となっている。

［2］コミカルな物語進行

コミカルな物語進行は、すでに何度も述べたようにチャイヨー・スタジオの持ち味と言えるが、「スック・クンパカン」では「ハヌマーンと7ウルトラマン」以上に前面に打ち出されて描かれている。この映画では智慧者のクンパカンが、赤猿王のスクリープに蘭の木を抜かせて体力を消耗させて打ち負かすシーンにおいてその本領が発揮されている。ラーマキエンを映画化するにあたって、数ある段の中から「クンパカンの戦い」の段を選出した理由としては、コミカルな演出をするためのうってつけの場面として、まずこのスクリープとクンパカンの力比べのエピソードが、インスピレーションとして製作者の頭に巻き起こったのかもしれない。勇者クンパカンの挙動もかなりコミカルで、コーンの舞台で演じられるような厳かな趣は感じられない。

残酷な運命に抗えず敵同士として闘うことになった兄弟の悲愴な姿が、「スック・クンパカン」場面の主題の1つであるとも解釈できる。コーンの舞台★28ではクンパカンがラーマ王子の矢に打ち取られて瀕死の状態になる最後の場面で、倒れた兄のそばに弟のピペークがとんでいき、弟が悲しみに嗚咽しながら、絶命する兄の足元に跪拝する。避けることのできぬ冷厳な定めの中での兄弟愛の強さ尊さが示され、観客が固唾を呑んで見守るシーンである。兄弟の永遠の別れとして厳粛かつしめやかな雰囲気のなか、ゆっくりと演じられるこの場面も、映画ではコミカルにせわしなく終わる。クンパカンは高潔な正義の士★29であり、本来は兄トッサカンの非道を憂いて、ラーマ王子側との大義のない戦争を是とせず、闘いに参加することを望まなかったのであるが、兄への「ガ

★28―コーンにおける「クンパカンの戦い」については、「Ocean Media, *The Khon Performance, Khon Ramawatan section2 disc1, Part: The War with Kumphakan*」を参照した。また、「クンパカンの戦い」の段は、近年の年末恒例になっている、シリキット前王妃（現王母）プロジェクトによるラーマキエン公演（2007年）でも演じられたことがある。同公演は例年、「スーパー歌舞伎」的な大道具を使用したアクロバティックな演出をして、大量のエキストラを動員する。そのなかでは女性の出場者も多い。

④―コーンの上演。2019年7月バンコクのチャルームクルン劇場。(撮影＝福岡まどか)

タンユー Katanyu」(孝心、知恩・報恩)を貫くために、意に反して出陣したのである。ガタンユーは親や年長者に対する孝心であり、クンパカンはそれに殉じたのである。ガタンユーは、場合によっては「親孝行」★30とも訳すことができるが、タイ社会の中での最も重要な価値観である(平松2018a:60)。

コーン舞台では、ヴィシュヌ神の化身たるプラ・ラームがその正体を明らかにして、息絶えようとするクンパカンに対して次のように高らかに宣言する。「汝は高潔な正義(Yuttitham)と真実(Sachatham)の士であり、かつ孝心(Katanyu)を体現している。ゆえに許しを与え、絶命後は楽土(Sukhavadi)に赴くであろう」。このようにコーンではクンパカンの具える ガタンユーの功徳を強調して幕を閉じるが、映画ではこの言葉は出てこない。1981年公開の映画「プラロット・メーリー」を、現代の子供や若者たちにガタンユーの大切さを知ってもらうために製作したとソムポートは言っているので★31、ガタンユーの価値観を看過するとは思えない。「スック・クンパカン」に入っていないのは不思議である。

また、コーンでは、プラ・ラームが立ったままのクンパカンの太腿に

★29―トッサカン一族をはじめする夜叉の貴顕たちはそれぞれ冠(Mongkut、Skr: Makuṭa)を被っているが、クンパカンは被っていないのが特徴的である。権威権力をかざすことのない正義の士たるゆえんであろうか。また、クンパカンの戦いに関しては、バリ島の影絵芝居における同様の場面を既述した梅田の論考(第3章)も参照。

★30―この場合は儒教ではなく仏教の教えの中にある徳目。

足を乗せて立ち上り、背をピンと立てたまま身を逸らせながら反転して、威風堂々とした「勝利のポーズ」を見せる。日本における歌舞伎での「見得を切る」ポーズのように、絵画によく描かれる有名なシーンであるが、この映画では取り入れていない。舞台では失敗の許されない一度きりの試みで、一瞬の緊張がピンと張り詰める高難易度シーンだが、映画ではその緊張感が出せないため採用しなかったのかもしれない。

以上、チャイヨー・スタジオ製作「スック・クンパカン」と伝統的なコーンでの同一場面を比べてみると、前者はコミカルさを軸に話をわかりやすく庶民化していると言える。クメールから伝わって以来、正統的な伝統文化としてコーンやナン・ヤイの形で王室で保護されてきたラーマキエンが、このようなコミカルな形で演じられても非難を受けない時代状況になったことには留意する必要があるであろう★32。

結びにかえて

チャイヨー・スタジオの功績を考えた時、タイ映画界に特撮を導入した功績がまず挙げられるのは言うまでもない。しかしながら、さらに見過ごしてはならないのは、「ハヌマーンと7ウルトラマン」および「スック・クンパカン」において、ラーマキエンの「庶民化」に大きく貢献したことではないだろうか。高尚過ぎて庶民が気軽に鑑賞するには敷居が高かった舞台芸術（コーンやナン・ヤイ）としてのラーマキエンを、いわば漫画や劇画を見るような親しみやすさで、庶民にとってより身近なものとして気軽にアクセスできる突破口を切り開いたと言ったら少し大げさであろうか。娯楽としてのラーマキエンの庶民化に多大な貢献をしていると結論付けてもあながち的外れではないであろう。

現在では、ラーマキエンを自由に演じるという気風は加速しているように思われる。低俗と言われる田舎芝居のリケーにおいても演じられるようになった。一方で、女性が演じることができる役柄もかなり自由になってきたという現代的展開も見られる。伝統的には、コーン舞台おい

★31―「プラロット・メーリー」に関しては（Hiramatsu 2020）を参照されたい。

★32―ただし、「スック・クンパカン」でも、ラーマ王子やラック王子にはコミカルな挙措はみられない。逆に、「厳粛な」コーンにおいてであっても猿軍団はコミカルに動く。先ほどはコーンのしぐさを歌舞伎の見得と対比させたが、どちらかというとコーンでの動きは、猿軍団以外は静かな挙措

て、ヒロインのナーン・シーダー Nang Sida (Sita) などの女性役あるいは金色の鹿の役などを除いては、女性が演じることはなかったが、現在では女性がさまざまな役を演じる方向へ向かっている。たとえば、タイ国際航空内にあるコーン倶楽部では、女性がプラ・ラックを演じるに至っている。こうした「自由化」がさらに進み、いかに現代社会の状況にアレンジした形で、タイにおけるラーマーヤナ受容が展開していくか、今後が楽しみである★33。

【引用文献】

岩本裕. 1980.「解題ラーマーヤナ」ヴァールミーキ『ラーマーヤナ1』(岩本裕訳)平凡社. 225-350.

岩本裕. 1985.「解題ラーマーヤナ(2)」ヴァールミーキ『ラーマーヤナ2』(岩本裕訳)平凡社. 269-362

宇戸清治.1993.「北部タイ地方のラーマ伝説:『プロンマチャック物語』」『東京外国語大学論集』(47). 227-300

大野徹. 1999.『インドのラーマーヤナ』大阪外国語大学東南アジア古典文学研究会.

大野徹. 2000.『東南アジア諸語版『ラーマーヤナ』の比較研』大阪外国語大学東南アジア古典文学研究会.

SUPER STRINGSサーフライダー 21 編著. 1991.『ウルトラマン研究序説』中経出版.

鈴木正崇. 1998.「スリランカのラーマーヤナ」金子量重・坂田貞二・鈴木正崇編『ラーマーヤナの宇宙——伝承と民族造形』春秋社. 221-244.

円谷英明. 2013.『ウルトラマンは泣いている』講談社.

平松秀樹. 2010.「タイにおける日本文学・文化及びポップカルチャー受容の現状と研究——『ミカド』『蝶々夫人』から'ブライス'人形まで」『立命館言語文化研究』21(3). 17-28.

平松秀樹. 2018a.「タイ映画・テレビドラマ・CM・MVにみる報恩の規範——美徳か抑圧か『親孝行』という名のもとに」福岡まどか・福岡正太編『東南アジアのポピュラーカルチャー ―アイデンティティ・国家・グローバル化』スタイルノート. 60-81.

平松秀樹. 2018b.「アセアンのラーマヤナ・フェスティバル」福岡まどか・福岡正太編『東南アジアのポピュラーカルチャー ——アイデンティティ・国家・グローバル化』スタイルノート. 444-446.

福岡まどか. 2009.「インドネシアにおけるラーマーヤナ物語の再解釈—R. A. コサシのコミックを事例として」『東南アジア——歴史と文化』(38). 106-140.

三木栄. 1961.『タイ国の「西遊記」(ラーマ・キエン)』平凡社.

で暗示的な所作が多く、その佇まいは日本の能を彷彿させる。

★33—女性とラーマキエンに関するテーマは、また別の機会に考察する予定である。

山下博司. 2009「現代タイにおける伝統舞台劇『ラーマキエン』と文化行政——バンコクとナコーン・シー・タンマラートの文化省教育機関での調査をもとに」『東方』(財団法人東方研究会) 24. 161-173.

吉川利治. 1973.「タイ国における『ラーマーヤナ』受容の態様」『東南アジア——歴史と文化——』3. 97-105.

四方田犬彦. 2003.『アジア映画の大衆的想像力』青土社.

Bose, Mandakranta. 2004. *The Ramayana Revisited*.. Oxford University Press. UK.

Fukuoka, M. 2015. Reinterpretation of the Ramayana in Indonesia: A consideration of the comic works of R. A. Kosasih. *Bulletin of National Museum of Ethnology*. 40(2). 349-367.

Hamilton, A. 1992. Family Dramas: Film and Modernity in Thailand. *Screen*. 33(3). Autumn, 259-273.

Hiramatsu, H. 2020. Comical Thevada and Feminine Ogre: Innovative Characters Reflecting Modern Thai Contexist, ed. Yamamoto H. *Twelve Sisters, A Shared Heritage in Cambodia, Laos, and Thailand*, Thailand P.E.N. Center. 68-73.

Iyengar, K. R. S. ed. 1983. *Asian Variations in Ramayana*. New Delhi: Sahitya Akademi.

Mattani, Mojdara Rutnin. 1996 →see Rutnin M.M.

Phuwansuwan, Suvit. 2005. *The Story of the Ramakian (Complete Version), with Wat Phra Kaew Wall Paintings*(in Thai). Bangkok: Wakhasin.

Rama VI (Phrabatsomdet Phramongkutklaochaoyuhua). 1975. *The Origin of the Ramakian* (in Thai), Bangkok: Nakorn Dhon Publisher.

Richman, P. 1991. *Many Rāmāyaṇas: The Diversity of a Narrative Tradition in South Asia*,. Berkeley: University of California Press.

Rutnin, Mattani Modjara. 1996. *Dance, Drama, and Theater in Thailand: The Process of Development and Modernization*. Chiang Mai: Silkworm Books.

第3章

残虐なる魔物か、それとも勇敢に死にゆく英雄か？
―バリ島のワヤンの演目「クンバカルナの戦死」のダランによる解釈

梅田英春

◉対象地域＝インドネシア・バリ島
◉演目＝「クンバカルナの戦死」ラーマ軍と魔王の軍勢との戦いにおいてラーヴァナの弟であるクンバカルナが出陣し、ラーマ軍と戦い倒される
◉主要登場人物名＝（　）はサンスクリットの人物名
ラーマ Rama（ラーマ Rama）／シータ Sita（シーター Sita）／
ラクサマナ Laksamana（ラクシュマナ Lakshmana）／ラワナ Rahwana（ラーヴァナ Ravana）／
クンバカルナKumbakarna（クンバカルナ Kumbhakarna）／
ウィビサナ Wibisana（ヴィビーシャナ Vibishana）／アノマン Anoman（ハヌマーン Hanuman）／
スグリワ Sugriwa（スグリーヴァ Sugriva）
◉トゥアレン、ムルダ、デレム、サングットは両軍の従者としてまた物語の進行に関わる重要な役として登場する

はじめに

バリの影絵人形芝居ワヤンは、私たちがさまざまなメディアの中で出会う中部ジャワのワヤンとはその人形も言語も、伴奏に用いられるガムランの種類も、そしてその上演形式も異なっている。バリのワヤンは、ジャワのワヤンに比べるとその規模は小さく、伝統的なワヤンでは、スクリーンの大きさは高さが1.5メートル、横幅が3メートル程度、また一座の人数はたいてい7人で、椰子油のランプのもとでの上演時間も2時間から3時間程度である★1。

本論では、このバリ島のワヤンに注目し、中でもバリの韻文作品カカウィン・ラマヤナKakawin Ramayanaの中に描かれる「クンバカルナの

★1―バリのワヤンの概要を簡潔に説明している文献としてはSpitzig（1981）, Fischer and Cooper（1996）, Dibia and Ballinger（2004）がある。また演劇学、人類学研究としてHobart（1987）, Hinzler（1981）, 梅田（2020）、言語学研究としてZurbuchen（1987）などがある。

①一猿王スグリワとクンバカルナの戦い

戦死」の物語に焦点を当て、その作品の中に記された内容と、ダラン★2により創作された台本の内容を比較することで、ダランがこの物語をどのような解釈のもとで上演しているのかを明らかにしたい。

1……カカウィン・ラマヤナ

古代インドで紀元前2世紀頃には成立していた『ラーマーヤナ』は、ヴァールミーキValmikiにより編纂された全7巻の叙事詩であり、この『ラーマーヤナ』がその後、9世紀中頃にジャワ島に伝承して26詩篇からなる韻律詩カカウィン・ラマヤナとして古ジャワ語により書かれたとされる。しかしこの内容は、ヴァールミーキのバージョンとは異なり、6世紀から7世紀にかけてインドで書かれたバッティカーヴィヤBhatti-kavyaを原典としているとされる（Zoetmulder 1974 : 227）。このバリではこのカカウィンの著者はヨギスワラYogiswaraと伝えられ、その内容は、ヴァールミーキの全7編の叙事詩のうちの第1巻から6巻までしか描かれ

★2—ワヤンの上演者。人形を操るだけでなく、登場人物のすべてのセリフを語り、歌を歌い、ガムラン奏者に指示をするなど多くの演劇的役割を1人でこなす。さらに人間の穢れを祓う宗教的職能者としての役割も果たす。なお歴史的には男性がダランを担ってきたが、近年では女性がダランを演じることもあり、女性ダランを対象にした研究も行われている（Goodlander 2016）。

ていないが、第7巻に該当する部分は、10世紀に古代ジャワ語で書かれたウッタラカンダUttarakandaとして伝承されている。またジャワ島では、16世紀以降、イスラームの諸王国が設立した時期に書かれた韻律作品『スラット・カンダ Serat Kanda』が存在し、ジャワのワヤンの演目に大きな影響を与えたが、この韻律作品はバリには伝承されなかった。このようにバリにおけるラマヤナ物語は、カカウィン・ラマヤナとウッタラカンダが原典と考えられているが、特に前者はラマヤナ物語を上演する芸能の中心となっている(Saran and Khanna 2004 : 186)。ワヤンを上演するダランは、このカカウィンを暗唱できるほどに熟読し、その中から演目が構成されるのである。

一部の知識人やダランの多くは、ロンタルlontarヤシの葉にバリ文字が刻まれた古文書を読み、その内容を理解することができたが、ほとんどのバリ人はラマヤナ物語の内容を読むことができず、口承文学として伝承されてきた。バリには、プパオサン Pepaosan★3とよばれる古ジャワ語のカカウィンの朗誦とバリ語による内容の語りを交互に行う歌唱形態があるが、バリの人びとは、このバリ語の語りを通して、ラマヤナ物語を理解したのである。

ところが1977年にバリ人の文学者イ・グスティ・マデ・ウィデイア I Gusti Made Widiaは、カカウィンのインドネシア翻訳に取り組み、1977年には、カカウィンの内容を物語の形に書き換えて一般書として出版した(Widia 1977)。さらに彼はこのカカウィンのインドネシア語、英語への翻訳を行った(Widia 1978)。また1987年には、初等教育局のプロジェクトにより新たにカカウィン・ラマヤナのインドネシア語版が出版された(Dinas Pendidikan Dasar Propinsi Bali Dati I 1987)。このことにより、バリ人を含めたインドネシア人の多くが、カカウィンを手軽に読むことができるようになった。またこのことは、バリ文字や古ジャワ語を読むことができない若い世代のダランにとっては重要な出来事だった。また海外でもカカウィン・ラマヤナの英訳が2種類出版されている

★3—マブバサンMabebasan、ムクカウィンMekekawinとも呼ばれる。プパオサンPepaosanは、バリ語の敬語、ムブバサンは、日常語に由来する言葉である。ムクカウィンは、カカウィンKakawinを語源にしている(Rubinstein 1992: 85)。

(Santoso 1980, Robson 2015)。

以下にカカウィン・ラマヤナの概要を詩篇に従ってまとめる。

第1詩篇—第5詩篇

アヨディア(アヨーディヤー)Ayodiya国ダサラタ(ダシャラタ)Dasaratha王には、長男のラーマRama、次男のバラタBharata、三男ラクサマナLaksamana、四男サトゥルグナ(シャトルニグナ)Satrugunaの4人の王子がいたが、三男と四男以外はすべて異なる王妃の子どもだった。このことが王位継承の問題の引き金となり、ラーマ王子はアヨディア国を追放され、その妻シータ姫、異母兄弟のラクサマナとともに森で生活を送る。この森でラクサマナにひと目惚れをしたランカRangka国王で魔物のラワナRawanaの妹スルパナカ(シュールパナカー)Surpanakaは未婚のラクサマナに求愛するが断られる。さらにラクサマナに魔王の娘であることを知られ、彼に鼻の頭を切り落とされてしまう。

第6詩篇—第11詩篇

スルパナカは、ランカ国王である兄のラワナに、ラーマ王子の妻シータの美しさを語り、兄がシータを誘惑するようにそそのかし、それを聞いたラワナはシータを策略によって攫い、ランカ国に幽閉する。これを知ったラーマとラクサマナ王子はともにシータ救出に向かうが、その途中で猿軍を味方につけランカ国へ向かう。特別な力を持つ白い神猿アノマンAnomanは海を越えてランカ国に赴きシータ姫の返還交渉をするが失敗する。

第12詩篇—第18詩篇

ランカ国では、兄ラワナに対して、弟ウィビサナWibisana、クンバカルナなどがその暴挙を批判し、即刻、シータ姫をラーマ王子に返還するように説得するが聞き入れられなかった。一方ラーマ軍は海を渡りランカ国との戦争準備を終える。

第19詩篇—第23詩篇

戦争が勃発し、一進一退の戦闘が繰り返されるが、その後、ラーマ軍の攻勢により、次から次にラワナ軍の武将たちは斃れていく。戦争に反対していたラワナの弟クンバカルナも、兄の命令で出陣し、大激戦の後、ラーマの矢で戦死する。

第24詩篇—第26詩篇

魔王ラワナとの最後の戦闘に勝利したラーマ王子は、シータと再会し、アヨディア国に帰還し、国王となっていた弟のバラタから歓待される。その10年の後、しばしアヨディア国に滞在していたラーマの客人たちはそれぞれの国に戻っていく。

このカカウィン・ラマヤナの内容をわかりやすく観光客向けに演じているのが、ケチャである。20世紀初頭に観光客向けに創作されたこの芸能では、シータ姫がラワナに攫われ、最後にラーマ王子が妻を取り戻す勧善懲悪の物語が描かれる[★4]。観光客にとっては内容が簡潔であるだけでなく、人間、魔物、動物というさまざまなキャラクターが登場することもあり、その演出の工夫により最後まで物語の内容を楽しむことのできる演目となっている。

2……バリ島のラマヤナを演目とするワヤン

バリのワヤンの演目は、マハバラタMahabharata[★5]が中心であり、ラマヤナは補完的な演目と言っても過言ではない。この2つの演目以外にもバリ独自の演目があるが[★6]、その上演回数は少ない。ただし、上演回数が少ないからといってその演目に対して人気がないわけではない。

バリではラマヤナを上演するワヤンのことを、ワヤン・ラマヤナと呼ぶ。この芝居を伴奏するガムラン音楽の編成は、マハバラタを上演する場合の金属製鍵盤楽器4台からなるガムラン・グンデル・ワヤンgamelan gender wayangと呼ばれる編成に、さまざまな拍節楽器が加わるグンデル・ワヤン・バテルgender wayang batelと呼ばれる賑やかな編成が用い

★4—バリでは観光客向けに各地でケチャが上演されているが、ステージによってはカカウィン・ラマヤナの異なるエピソードを上演する場合もある。
★5—全18巻で構成される長大な叙事詩。パンダワPandawa一族とコラワKorawa一族の領地をめぐる反目の物語。

られる★7。バリの人々にとっては、拍節楽器が用いられない編成のガムランで上演されるラマヤナの演目は全く物足りなく感じられるのである。ただし演奏者が増えることで、上演を依頼するための経費がかさむことから、上演される頻度は少ない(Hinzler 1981: 229-30)。

かつては舞台装置としてマイクを用いなかったため、この大音響のもとでラマヤナの演目を上演するダランは、一般的なダランの能力に加えて、ガムランの大音響に声がかき消されないほどの太く大きい声、そして激しくめまぐるしい人形の動きが加わる戦闘シーンが演じられる技術力が求められた。さらには猿の独特な声を出すことも必要だった。現在のワヤンではマイクが用いられることで声の大きさはあまり必要がなくなったが、今なお流暢にラマヤナを上演できるダランは多くない。

上演頻度が少ない理由は、その演目数にも起因している。マハバラタはその物語が長編であり、加えて、カウィ・ダランkawi dalangと呼ばれるダランが原典をもとに行う二次創作の無数の演目が存在しているといっても過言ではないが、ラマヤナの場合、バリのダランは二次創作の演目に頼らず、原典の一部を上演することが多い。もちろん創作演目がないわけではないが、原典となるカカウィンが非常に短いこともあって、その二次創作の演目数はマハバラタに比べればはるかに少ないのである。

3……カカウィン・ラマヤナに見る「クンバカルナの戦死」の内容

「クンバカルナの戦死」はバリのワヤンの上演演目の中でもバリの人々に愛される演目の1つであり(Saran and Khanna 2004: 188)、ラマヤナの演目として頻繁に上演される。またワヤン・ラマヤナのコンテストなどの課題演目としてもしばしば取り上げられる。本論文では、この演目のワヤンの上演の実際について考察を行うが、その前にカカウィン・ラマヤナの中で、クンバカルナの死がどのように描かれているのかを示したい。

「クンバカルナの戦死」の内容は、カカウィン・ラマヤナの第22詩篇の全89詩節と第23詩篇のうち第8詩節までの間に描かれている。

◉第22詩篇　第1詩節―第12詩節

第22詩篇の第1詩節は、ラワナが叔父プラハスタPrahastaの死を聞き、怒りに震える場面から始まる。そして次の戦闘にクンバカルナを出陣させようと考え、家来に戦いを拒否し眠りにつくクンバカルナを起こしてくるように命じる。家来たちは激しい楽器の音を鳴らしたり、象や馬車をクンバカルナの上に歩かせたり走らせたりして、やっとのことでクンバカルナを目覚めさせ、クンバカルナは身支度を整えて、叔父の死のショックで青白い顔をした兄ラワナに謁見する。

第22詩篇　第13詩節―48詩節

第13詩節からは、兄ラワナが弟クンバカルナに出陣を要請するまでの一連の会話を中心に構成されている。ラワナは弟が眠り続けている間に敵に激しく攻撃され、多くの仲間の武将を失ったことを静かに語る。そして第16詩節で弟のクンバカルナに出陣を命じるのである。19詩節からはクンバカルナの悲愴なる返答の場面である。最初に、この惨事は、兄が多くの忠告に耳を貸さなかった結果であることを伝え、第25詩節から40詩節にいたるまで、クンバカルナは長々と兄ラワナの非道を否定し続ける。そして、その言葉を聞いて激高する兄ラワナの言葉をクンバカルナは聞いたのち出陣していくのである。

第22詩篇　第49詩篇―89詩篇

第49詩節からは戦闘の様子を描いている。クンバカルナは猿軍と戦い始めるが、その強さに猿たちは全く歯が立たず、クンバカルナは猿の血を浴び、飲み、血だらけになりながら戦い続ける。第67節においてラーマ王子は猿王スグリワに出陣を命じる。この後、クンバカルナとスグリワの大乱闘が繰り広げられる。

第23詩篇　第1詩篇―第8詩篇

第1詩篇では、兄ラワナを見限りラーマ軍に身を寄せていた末弟ウィビサナWibisanaは猿たちの死を見かねて、兄を斃すようにラーマとラクサマナに出陣を乞う。第2詩節以降では、ラーマとラクサマナにより武具を壊され、両手、両足を矢で切り落とされ、さらには大声を出す口にまで矢を撃ち込まれ、血を流しながらそれでも転がりながら戦うクンバカルナの最期の姿が全7節にわたって続き、最後は胸を撃ち抜かれたクンバカルナが絶命するのである。

第22詩節の後半から始まる戦闘の場面の描写は極めて写実的で、残虐な戦いの有様を詳細に描いており、読み手もその内容に目を背けてしまうほどの内容である。なぜこれほどまでに残虐な死を迎えるクンバカルナを描いたワヤンの演目がバリの観衆を魅了するのだろうか？

4……ワヤンの演目としての「クンバカルナの戦死」の場面構成

ここでは、カカウィンの内容をもとに構成されるワヤンの演目「クンバカルナの戦死」の場面構成について述べる。どのダランもカカウィンの内容を熟知した上で場面構成を考えるが、1994年にバリ文化局の主催で実施された「クンバカルナの戦死」を課題演目とした全バリ州ワヤン・コンテストにおいて上演された各ダランの場面構成について、イ・ニョマン・スダナの研究報告に基づき述べる。

スダナによるとバリ8州から選抜されたダランの場面構成は大きく次の2つに分類できるという（Sedana 1994: 23-25）。

〈パターン1〉

第1場—ラーマとラクサマナが従者とともに登場し、
　　　猿軍とともに戦場へ向かう。
第2場—ラワナと2人の従者が登場し、
　　　ラワナが従者にクンバカルナを起こすように命じる。
第3場—クンバカルナはラワナと対面し、兄を説得するが
　　　受け入れられずに出陣する。
第4場—クンバカルナと猿たちの戦闘の後、ウィビサナの請願により
　　　ラーマとラクサマナが出陣し、クンバカルナは戦死する。

〈パターン2〉

第1場—ラワナとクンバカルナが対面し、兄を説得するが
　　　受け入れられずに出陣する。戦場に行く前に出陣を祝う
　　　壮行会が開催され、女性舞踊などが行われる。
第2場—ラーマの従者とともに猿たちが戦場に向かう。
第3場—アノマンがラーマにクンバカルナの出陣を伝える。
第4場—クンバカルナと猿たちの戦闘の後、ウィビサナの請願により
　　　ラーマとラクサマナが出陣し、クンバカルナは戦死する。

②—猿と戦うクンバカルナ

この2つのパターンを比較すると、その違いは第1場の場面である。パターン1は、ラーマ軍の陣営、パターン2はラワナ軍の陣営から始まっている。またパターン2では、パターン1にはない出陣を祝う壮行会の場面が追加されている。コンクールの場合は制限時間内で上演を終えなくてはならないため、各ダランはこの演目にとって核になるシーンを抽出して上演する必要があるが、この2つのパターンに共通している場面は、ラワナとクンバカルナの対面のシーンにおいて、クンバカルナが兄を説得する場面、そしてもう1つは激しい戦闘の場面ということになろう。

ワヤンの演目には、戦闘場面が不可欠とされ、最後に善側が勝利する筋書きが定番の構成である。これらはワヤンの演目構成の最低条件であるが、これに加えて、ロマンス、悲劇などの場面があることが求められる。それぞれの場面には、その場面に必要なガムランの曲があることから、演劇的な内容構成だけでなく、音楽的にも豊かな表現を生み出す

★6—Spitzing（1981: 59-83）では、マハバラタやラマヤナを含めて14種類を挙げている。
★7—Gamelan batelとよばれることが多い。
★8—1960年に設立。Konservatori Karawitan(略称KOKAR)。直訳すると伝統音楽学校となるが、伝統音楽 karawitanだけでなく、伝統舞踊、ワヤンの教育も行われた。

ことが出来るからである。カカウィンの内容を忠実に再現しようとすると、この筋の中には女性が登場しないために艶やかな場面を作ることができない。それゆえ、パターン2ではあえてカカウィンにはない、出陣の場面を挿入することで女性たちを出演させていると考えられる。二つのパターンには若干の差異はあるものの、この「クンバカルナの戦死」に関しては、バリのダランがカカウィンにできるだけ忠実に上演を行っていることがわかるのである。

5………実際の台詞に見るバリのダランの演目に関する解釈〈1〉

本節では、1977年8月10日にスカワティのダラン、イ・クトッ・マドゥラ I Ketut Madura（1949-1979）が上演した「クンバカルナの戦死」のテクスト（Bandem 1983 ; deBoer and Bandem 1992）の演目に関する解釈について論じたい。

マドゥラはダランを多く輩出するギアニャール県スカワティ村出身のダランであり、ダランの家系に誕生してスカワティ村でダランを学ぶだけでなく、国立伝統芸術高等学校★8においてダランの技術を学び、1971年にはバリで初めて開催されたダランのコンテストにおいて第1位となった。

マドゥラの上演した内容はカカウィンの内容を忠実に再現している。また前述したスダナの分類にもとづくと、マドゥラの上演台本はパターン2に当たる。以下に台本とカカウィンの内容を比較してみたい。

なおバリのワヤンでは、ラマヤナの登場人物はすべてカウィ語を用いるため、それを翻訳したり補足説明する役柄として従者が登場する。善側（ここではラーマ軍側）の従者は、トゥアレンTualenとムルダMerdahの親子、一方、悪側（ここではラワナ軍側）の従者はデレムDelemとサングットSangutの兄弟である。この登場人物についても以後、言及する。

マドゥラの上演の第1場は、ラワナ王と目覚めた弟のクンバカルナの対面の場面であるカカウィン第22詩篇、第13詩節から始まる。なお、ラワナ王の言葉をバリ語に訳し、補足説明するのはデレム、クンバカルナ側の従者はサングットである。最初のセリフは、クンバカルナが兄のもとに呼び出された理由を尋ねる内容だが、これはカカウィンには書かれていない。疲弊した顔つきのラワナは劣勢な戦況を静かに弟に伝えた後、ラーマを斃すために出陣を命じる。その後の展開は、カカウィンの内容では、兄の過ちを指摘したにもかかわらず、出陣を命じられた弟は言葉を発することなく武器を持って出陣した、としか描かれていないが、マドゥラのワヤンでは、次のセリフが加えられている。

> あなたの命令に従いましょう。私は常にランカ王国のことを
> 考えています。誰がそのために差し出されるのか？
> それが私の存在理由です。私の血は、名誉ある母から、
> そして王である偉大な父から受け継がれています。
> たとえ私が負けたとしても、私はこの国の供犠となるでしょう。
> （deBoer and Bamdem 1992 : 169）

このセリフでは、戦場に赴く理由を、兄のためではなく、戦場で斃れ、流れる自分の血が自分の国であるランカ国の供犠になるためと述べており、ダランは、既にこの時点でクンバカルナの死を暗示し、またその理由を「愛国心」に置き換えている。

この言葉がサングットによって補足説明されるが、サングットはそのセリフの中で、幾度も自分を育んでくれた母なる大地（この場合はランカ国）に借りを返すと表現し、また、大地に咲くサンダルウッドの美しい花は、いずれ枯れて地面に落ち行くが、その花はそれでも美しい香りをただよわせている、という比喩的表現を用いる（deBoer and Bamdem 1992 : 169）。また古ジャワ語で語られるクンバカルナのセリフでは自身の血で大地が浄化されると表現しているが、サングットは「血」を「花」に置き換えてバリ語に訳している。観客はバリ語を用いるサングットのセリフを通して理解することから、まさに死にゆくクンバカルナはこの時点から「美化」されて描かれているのである。

パターン2の構成をとるマドゥラの上演では、カカウィンには記されていない出陣の壮行会の場面が加えられる。この上演では、ランカ国の女官たちがクンバカルナの勝利を祈り、供物を捧げて出陣を見送る場面である。話をするのは、バリ語を話すチョンドンCondongと呼ばれる女官だけである（deBoer and Bamdem 1992 : 175-6）。この場面の挿入は、この演目の中に唯一女性が登場する場面であり、またロマンティックな場面

で演奏される曲が用いられ、女官は出陣前のクンバカルナに美しい舞踊を披露している。こうした演出は、血なまぐさい戦闘の話の雰囲気を変える演劇的な効果を狙っている。

マドゥラの上演では、ここでラーマ軍の陣営に場面が転換する。この場面では、最初にラーマ軍側の従者トゥアレンとムルダが登場し、2人の親子のバリ語による会話の中で戦況を説明し、次の戦闘司令官としてクンバカルナが攻めてくることを会話の中で示唆する。

③―バリ絵画におけるクンバカルナと猿の戦い
バトゥアン様式　作者不詳　1990-2000年代頃

その後、ラーマ軍の猿たちが最初に出陣していく。

戦闘場面では、最初はクンバカルナと小猿たちの戦いが展開し、その後、猿王スグリワとの一騎打ちとなる。スグリワは、クンバカルナの力により瀕死の重傷を負うが、その戦いで耳を噛み切られ、鼻をかじられたクンバカルナは激高し、猿たちを次々に殺し、食べてしまうという激しい戦闘場面が続く。こうした中、クンバカルナの弟ウィビサナが、ラーマ王子とラクスマナ王子に対し次のように述べる。

> お気をつけ下さい。猿たちは私の兄によって
> 殺されているのです。兄はすでにインドラ神と
> ウェスラワナにも勝利したことがあるほどです。あなたが
> 戦場に行かなければ、すべての猿は、地獄でも、地上でも、
> 天国でも勝利を収めているクンバカルナによって
> 殺されてしまいます。
> (deBoer and Bamdem 1992: 175-6)

この内容は、全く同じではないが、第23詩篇第1詩節に当たる部分である。ウィビサナを自軍に匿っているラーマ王子とラクサマナ王子の2人は、これまでウィビサナを慮りクンバカルナとの戦争を避けていたが、弟の許しともとれるこの言葉により出陣していく。

ここからはカカウィンに従い、ラーマはクンバカルナの両手、両足を切り落とした後、唇を射ち、口を封じる。それでもクンバカルナは転がりながら猿を潰し、ラーマ、ラクサマナに迫るが、マドゥラはカカウィンにない「兄クンバカルナを天界にお返しください (deBoer and Bamdem 1992: 196)」というウィビサナのセリフを加えている。

このセリフは、ラーマとラクサマナが一撃でクンバカルナを斃さなかった理由を暗示する部分と言える。手足を切り落とすなどその戦い方は残虐である一方で、ウィビサナの手前、クンバカルナを一撃で殺すことができないラーマとラクサマナの苦悩の表現といっても言いだろう。つまり「ここまで痛い目にあえば退却するかもしれない。斃さなくてもいいかもしれない」という淡い期待が、このような行為に繋がったのではないか、という解釈である。最後のウィビサナのセリフは「私に気を使わないでください」というラーマとラクサマナに対する強いメッセージなのである。一方、兄が目の前で殺される直前の弟のこのセリフは、「兄は天界に戻る」という最後の言葉に集約されているように、「正しい死である」、つまり兄の死の正当性を自らに言い聞かせているとも言えよう。

ラーマの最後の矢によって斃れた後、従者であるトゥアレンのクンバカルナの亡骸に対するこの言葉で上演は終了する。

> あなたはランカ国を守るために勇敢に戦ったのだから、
> その魂はきっと天界を見つけるでしょう。
> ウィスヌ神の化身であるラーマ王子は、あなたの魔物としての
> 性格を浄化し、真の高潔な法の行使者になったのです。
> (deBoer and Bamdem 1992 : 196)

このセリフによりラーマの行為は「魔物性」の浄化となり、正当化されるのである。つまり、クンバカルナの死は「正しい死」であり、ラーマの行為も「浄化」と位置付けられることによりハッピーエンドとなる。しか

し、実際のカカウィンの第23詩篇、第8詩篇内容を見ると、胸に矢が刺さったクンバカルナの目、口、鼻から血が流れ、最後は大音響とともに斃れ、その時に数千匹の猿が、その下敷きになり命を落としたと書かれている。しかしこの部分はけっして演じられることも語られることもない。この演目の解釈はバリでは特別なものではない。たぶんほとんどのダランがこの解釈のもとで上演し、大半の観客がその解釈に満足し、感動するのである。

このクンバカルナの死は、1906年に9月20日にバリ島のデンパサールにあるバドゥン王宮で繰り広げられたオランダ軍に対するバリ王族のププタンpuputanと呼ばれる「玉砕」を思い出さざるを得ない。オランダ軍に包囲された王族たちは、名誉を守るため「威厳のある死」を選択し、儀礼の衣装をまとって敵に向かったという歴史的事実である(コバルビアス 1991: 73-74)。多くのバリの人々はかつてオランダ軍の前に「玉砕」していったバドゥンの王族に敬意を払い、今なおこの事件があった日には儀礼が行われる。クンバカルナの死は現代のバリの人々にとり「ププタン・バドゥン」で散っていった王族の姿の投影であり、あるいは、この戦いで命を落とした王族の人々は、自身にクンバカルナを投影したのかもしれない。言い換えれば、バリ人にとってクンバカルナは「悪役」ではなく、「威厳のある死」を遂げた英雄なのである。しかし、ラーマ王子もまたバリの人々にとっては「英雄」である。トゥアレンの最後のセリフはまさに、さもすれば「悪役」のように見えてしまうラーマ王子の立場を正当化する重要なセリフだった。

6……実際の台詞に見るバリのダランの演目に関する解釈〈2〉

本節では、1993年に筆者が、ダランであるイ・ニョマン・スマンディ I Nyoman Sumandhi(1944-)から学んだ台本をもとに日本で上演した経験をもとに、演目に関する解釈について論じたい。

筆者が学んだ場面構成は、スダナが分類した演目構成のパターン1にあたる。ただし、パターン2にある女性たちが登場する壮行会の場面が加えられる。第1場は、カカウィンにはないダランにより創作されたラーマ、ラクサマナとその従者トゥアレンとムルダの対面の場面から始まる。ここでは前日までの戦況について語り、ラーマ王子は、次の戦闘司令官にはクンバカルナが来る可能性があるために猿軍に出陣を命ずる。

第2場は、ラワナが家来にクンバカルナを起こしてくるように命じる場面である。カカウィンでは、楽器を用いて大きな音を出したり、眠り続けるクンバカルナの上に象を歩かせたり、馬車を走らせたりしたと書かれている。そうした場面は、その後に続く残虐な場面とは正反対なコミカルな雰囲気を醸し出す。クンバカルナが最後にどの方法で起きたかがカカウィンには書かれていないため、ダランはそれを自由に創作することが可能である。

第3場以下は、マドゥラの上演と全く同じ構成である。ただし、上演構成は同じであっても演目の解釈のキーとなる言葉は異なっている。その背景には日本の文化的背景と歴史的経験が大きく関わっている。

日本では主君のために命を落とすことを美徳ととらえた時代があったことは否定できない。江戸中期に書かれた書物である『葉隠』には、主君に仕える者の心構えについて記されているが（菅野他 2017 : 35）その中に書かれた「武士道ト云ハ死事ト見付ケタリ」という一文がひとり歩きしてしまい、明治以降、戦争において祖国のために（天皇陛下のために）戦いによって命を捨てることは忠君愛国のシンボルとなっていった。玉砕することも、特攻隊として死にゆくこともすべては結果的に祖国のために命をすてた「美しい死」としてとらえられた時代があったことは否定できない。

クンバカルナの死もまたその文脈でとらえれば「美しい死」なのである。そもそも「美しい死」という考え方は、ギリシャの古典文学の中にさかのぼることができる。ティルタイオスはその詩の中で、祖国のために勇敢に戦った死を「美しい死 Kalos Tanatos」と表現した（Geber 1999 : 51）。しかし日本の場合は太平洋戦争での敗戦と、その歴史への反省を経て、死を美しく描くことへの賛否両論があることも忘れてはならない。

こうした文化的、歴史的背景があることを踏まえ、筆者は、ラーマ王子とラクサマナ王子によりクンバカルナが傷つけられていく中、その従者であるサングットの以下のセリフを加える。

あなたはなぜ、そこまでして戦うのですか？
いったい何のために、誰のために戦っているのですか？
あなたはこの戦いに反対したのです。ここで死ぬことに

④―バリ絵画における
クンバカルナと猿の戦い
バトゥアン様式
Ida Bagus Putu Jokohadi
1952-2016
制作年代不明

意味などありません。今なら間に合います。
さあ、ラーマ軍に降伏するのです。

この問いかけに対してクンバカルナは、サングットを見つめるだけであり、何も応えずに戦い続けるのである。クンバカルナの無言の行為は、自身の戦うことへの葛藤を表現する。そして最後にラーマの矢でクンバカルナが絶命した後にトゥアレンは、クンバカルナの死を讃美した息子のムルダに対して次のように静かに語りかけて終演する。

ほんとうにそうだろうか？ クンバカルナはいったいどれだけの
猿たちの命を奪ったのか？ クンバカルナの遺体の下には
何千匹の猿たちが潰されている。なぜその死が美しく、
威厳に満ちたものなのか？ なぜ私たちはこのような愚かな
争いを続けているのだろうか？ いつになったら、争いは
この世界から消えてなくなるのだろう？

このセリフは、最終的には「戦争とは何ももたらすことのないむなしく愚かなことである」というメッセージを伝えている。老齢な従者トゥアレンの言葉は、ラマヤナに続くマハバラタの親族間の大戦争を暗示するだけでなく、ワヤンが上演されている「今」の状況をも語るのである。

おわりに

本稿では、バリのワヤンにおけるラマヤナ物語の演目として有名な「クンバカルナの戦死」をとりあげ、その原典となるカカウィンの内容、その演目構成、そして実際に上演された台本に基づき、バリのダランと日本のダランがこの物語をどのように解釈して台本化しているかを比較考察してきた。

もっとも重要なことは、カカウィンの内容を熟知したダランは、単にその筋を追うだけでなく、その演目が上演される場所の歴史的、文化的背景を把握した上で、カカウィンの原典にはないダラン独自の解釈やメッセージをその台本の中に織り込むのである。バリの観客であればクンバカルナが最期にはラーマ王子に殺されることを誰でも知っているのであり、観客がその上演に求めることは、「死」という結末ではなく、その「プロセス」であり、苦しみ抜きながら戦わざるを得なかったクンバカルナとラーマの心のひだに触れることなのである。クンバカルナを無数の猿を殺して喰い尽くす残虐なる魔物か、それとも死を覚悟しながら戦い、国に命を捧げた勇敢なる英雄なのか？その答えはまさに、登場人物の言葉を借りてダラン自らがその解釈を表明するのである。

【引用文献】

菅野覚明ほか訳・註・校訂. 2017.『新校訂　全訳注　葉隠(上)』講談社(講談社学術文庫2448)

梅田英春. 2020.『バリ島の影絵人形芝居ワヤン』めこん

コバルビアス,ミゲル 1991『バリ島』関本紀美子訳,平凡社〔Miguel Covarrubias, 1937, *Island of Bali*, New York: Alfred A Knoph.〕

Bandem, I Made. 1981/1982. *Wimba Wayang Kulit Ramayana* (*Ketut Madra*). Proyek Penggalian/Pembinaan Seni Budaya Klasik/Traditional dan Baru. Denpasar.

deBoer, Fredrik E. and I Made Bandem (Edited and translated). 1992. "The Death of Kumbakarna" of I Ketut Madra: A Balinese Wayang Ramayana Play *Asian Theatre Journal* 9(2). 141-200.

Dibia, I. Wayan and Rucina Bellinger. 2004. *Balinese Dance, Drama and Music*. Singapore: Periplus.

Fischer, Joseph and Thomas Cooper.1998. *The Folk Art of Bali: The Narrative Tradition.* Kuala Lumpur: Oxford University Press.

Gerber, Douglas E. ed. 1999. *Greek Elegiac Poetry: From the Seventh to the Fifth Centuries BC*, Cambridge and London: Harvard University Press.

Goodlander, Jennifer. 2016. *Woman in the Shadows: Gender, Puppets, and the Power of Tradition in Bali*, Athens: Ohio University Press.

Hinzler, H. I. R. 1981. *Bima Swarga in Balinese Wayang*, The Hague: Martinus Nijhoff.

Phalgunadi, I Gusti Putu. 1999. *Indonesian Ramayana the Uttarakanda*, New Delhi: Sundeep Prakashan.

Robson, Stuart. 2015. *Old Javanese Ramayana*, Tokyo: Research Institute for Languages and Cultures of Asia and Africa, Tokyo University of Foreign Studies.

Rubinstein, Raechelle. 1992. Pepaosan: Challenge and Change, Danker Schaareman(ed.), *Balinese Music in Context: Sixty-fifth Birthday Tribute to Hans Oesch*, Winterthur: Amadeus, pp. 85-113.

Saran, Malini and Vinod C. Khanna. 2004. *The Ramayana in Indonesia*, Delih: Ravi Dayal.

Sedana, I Nyoman. 1994. *Kumbakarna Lina: Sebuah model Pengolahan Lakon*, Denpasar: Sekolah Tinggi Seni Indonesia.

Santoso, Soewito. 1980. *Ramayana Kakawin* vol.1-3, Singapore and New Delhi: Institute of Southeast Asian Studies and International Academiy of Indian Culture.

Spitzing, Günter. 1981. *Das indonesische Shattenspiel: Bali-Java-Lombok,* Köln: Dumont.

Widia, I Gusti Made. 1977. *Ramayana*, Denpasar: Guna Agung.

Widia, 1979. *Kakawin Ramayana I-IV*, Denpasar: Sumber Mas Bali.

Zoetmulder, P. J. 1974. *Kalangwan*, The Hague: Martinus Nijhoff.

Zurbuchen, Mary Sabina. 1987. *The Language of Balinese Shadow Theater*, Princeton: Princeton University Press.

Kekawin Text in Old Javanese and Indonesia. 1997. *Kekawin Ramayana I, II,* Denpasar: Dinas Pendidikan Dasar Dati I.

第4章

カンボジアにおけるラーマーヤナ演劇

サムアン・サム（翻訳＝福岡まどか）

◉対象地域＝カンボジア

◉主要登場人物名＝（　）はサンスクリットの人物名

プレア・リアムPreah Ream（ラーマ Rama）／リアップReap（ラーヴァナ Ravana）／
ネアン・セダー（シーター Sita）／ハヌマーンHanuman ／
プレア・レアックPreah Leak（ラクシュマナ Lakshmana）／
クンパカー Kumbhakar（クンバカルナ Kumbhakarna）／
アンタチットIntrachitt（インドラジット Indrajit）／ソクリープSukrip（スグリーヴァ Sugriva）
プレアは王あるいは王子、ネアンは妃　の意。文中ではリアム王子、
レアック王子、セダー妃と表記。

はじめに

ラーマーヤナは2000年の歴史を持つ古代インドの叙事詩で、詩聖ヴァールミーキによって書かれたとされている。この物語は4万8000行（サンスクリットの詩節で2万4000詩節）にのぼる膨大な叙事詩であり（Tranet 1999: 1, Narayan 1972 : xi, Gaer 1954: x, Menen 1954: 9）★1、重要な道徳的物語を含むとともにヴィシュヌ神の転生であるリアム王子 Preah Ream（ラーマ王子）の冒険を描いている。この膨大な叙事詩は史実ではなく創作として認識され、科学的書物というよりは哲学的で道徳的な書物として受け取られてきた。この叙事詩はその筋立ての中にすべての要素を含んでいる。それらはすなわち戦い、冒険、ロマンス、ファンタジー、宗教、そして神々の世界と人間の世界の双方における哲学である。ブランクは「オデッセ

★1―この点について, Natthapatra Chandavij と Promporn Pramualratana は2万5,000詩節であると述べている（1998 : 16）。

★2―“アユタヤAyuthyea” (Ayodhya) は「争いのない国・まち」の意味を持つ（Chuon 1967 : 1675）。1964年出版の『リアムケー *Reamker*（1964）においては Aiyuthyea is used in lieu of Ayuthyeaとされている。インドのラーマーヤナにおいてはコーサラ国の都アヨーディアー Ayodhyaとされ「目立たない都Invisible City」を意味する（Gaer, 1954 : 3）が、ラーマが魔王ラー

イ、イソップ物語、ロミオとジュリエット、聖書、そしてスターウォーズが同時に表現されている物語」と述べてラーマーヤナを説明している(Blank 1992 : ix)。クメール版ラーマーヤナであるリアムケーReamkerの中心的テーマはアヨーディヤー国(Ayodhya)★2のリアム王子(ラーマ)と王子の妻であるシーターを誘拐したランカー国の魔王リアップ(Ravana)との間の戦いと確執をめぐって展開する。リアム王子は弟であるレアック王子Preah Leak(ラクシュマナLakshmana)と猿の軍勢の司令官である白猿のハヌマーンHanumanと協力して戦いに挑む。リアム王子の軍勢と魔王リアップの軍勢はそれぞれ「パヴィリオン軍」と「ランカー軍」として知られている。

1……歴史的次元—インドのラーマーヤナ

インドにおいてラーマーヤナとマハーバーラタはヒンドゥーの最も貴重で神聖な文学とされているが、両者の間ではラーマーヤナがマハーバーラタよりポピュラーなものと位置づけられている。ラーマーヤナあるいはラーマの冒険物語はヒンドゥー教徒とブラフマー神信仰を強調し、儀礼や転生や神々の超能力などにも重きを置いている。ラーマーヤナはおよそ2500年前の口頭伝承としてインドの人々の間で広まり親しまれていった。サンスクリットのヴァージョンは仏暦750年に書かれたと信じられている。ヴァールミーキによって詩節の形式で創作され、トゥルシーダースTulsi Das(1532-1623)による翻案がなされたとされる(Chandavij and Pramualratana 1998 : 16, Gaer 1954: ix)★3。語り手は 詩節を朗誦しつつ病を癒し、悲しみを和らげ、死にゆく人々を導く力を得たとされている(Chandavij and Pramualratana 1998 : 16, Gaer 1954 : ix)。

ラーマーヤナの古典的テクストはヒンドゥーの宗教的実践を反映していただけでなくインドの地政学を反映していた。これらのテクストは善と悪についての物語を北部の色白のアーリア人と南(物語の中のランカー国)の褐色のタミル人との対立に重ね合わせて描いた。また4000年前にイ

ヴァナとランカー軍を倒したことにより「勝利の都」に変化しAyuthyeaとなったとされる(Gaer 1954 : 177)。
★3—ヴァールミーキは修行者で詩人とされている(Menen 1954: 85)。

ンドに住み着いたアーリア人を神々また人間として描き、魔物としてのタミール人との対立を提示したとも言われている。

ラーマの物語は通常、彼の誕生から始まり14年間の森への追放の後に魔王を退治して王国へ帰還し王位に就くところで終了する。

2……カンボジアにおけるラーマーヤナ演劇

東南アジアのインド化 Indianization はこの地域全体を通して見られるが、このインド化は武力や植民地支配によるものではなく文化的な影響によるものである。クメール版リアムケーは2つの言葉の組み合わせから成る:すなわちリアム*Ream*(Rama)はラーマを意味し、ケーKer(Kerti)は「名声」や「栄光」を意味する。リアムとケーの組み合わせ *Ream+Ker* (*Ramakerti*)は「ラーマの栄光」となる(Chuon 1967 : 1046)。様々な文献がラーマーヤナの意味を「ラーマの名誉」"In Honor of Rama" (King Rama I (2002 [1807])); 「ラーマの栄光」"Glory of Rama" (Tranet (1999), Boisselier (1989), Martini (1978));「ラーマの行程」"Way of Rama" (Chandavij and Pramualratana (1998)); 「ラーマの冒険」"Adventures of Rama" (Beach (1983), Giteau (1965), Gaer (1954), Menen (1954)); そして「ラーマの名声」"Fame of Rama" (Chuon (1967), Bernard-Thierry (1955))などとして記述している。

ラーマーヤナの成立年代については、初期の学者たちは紀元前1500年にまでさかのぼっていた。しかし近年の研究は紀元前4世紀に位置づけており、R. K. Narayan(1972 : xi). とJoseph Gaer (1954 : ix)はラーマーヤナの物語自体は紀元前5世紀より前、つまり詩聖ヴァールミーキによる統合的叙事詩として収集されサンスクリットで書かれた時よりも前にすでに存在していたと記している。 ブランクはヴァールミーキがラーマーヤナを紀元前3世紀に書いたと述べている(Blank 1992: ix)。 一方メネンはオリジナルのラーマーヤナは2500年前に書かれたと主張している(Menen 1954: 3, 20)。1964年に書かれたリアムケーに関するクメールの書物によるとヴァールミーキは仏暦 750年あるいは紀元後207年にサンスクリットの叙事詩を書いたと示される(Reamker (1964) 1: a)。トラネットは上記の文献情報と一致した見解を示し、ラーマーヤナは紀元前3世紀には存在していたがサンスクリットでヴァールミーキによって書かれたのは仏暦750年750 B.E.(207 A.D.)であるとしている(Tranet 1999 : 1)。これらのデータに基づくとラーマーヤナが実際いつ書かれたのかという正確な年代には相違や食い違いが見られる。しかしこの物語が非常に古いものであるということは確かだろう。

クメール版のラーマーヤナであるリアムケーは膨大な詩の体系であったとされている。残念なことに現在ではそのごく一部が残されているのみである。クメール版のもっとも初期のものはプノンペンで王立図書館によって1937年に出版されたものがあり、これは1巻から10巻と75巻から80巻の16の冊子から成っている。これらの冊子はH.R.H. Prince Vaddhachhayavungのコレクションにおける2つの貝葉文書と一致する。したがってこの非常に貴重な文書の5分の4ほどは紛失してしまったということになる。リアムケーはその言語、様式、芸術的想像力などの面において最大のクメール文学であるということが推測できる。マルティーニは、作者は高学歴で偉大な詩人であったため後世の作家たちの誰もその才能と力に及ばなかったと指摘している(Martini 1978: xv)。膨大な戦闘シーンから成るこの傑作は、豊富な語彙と流暢な言語表現も提示している。その想像力は活力にあふれ細部に至るまで完璧なものである。

クメール版のリアムケーはけっしてオリジナルのサンスクリットの詩の単なる翻訳ではない。それはクメールのローカルな民話からの豊富で詳細な現象も取り入れている。サンスクリットとクメールという2つのヴァージョンを比較したマルティーニは、クメール版のリアムケーは完全に独自の創作であり作者はヴァールミーキ版でない他の伝統にも触発されたと提言した(Martini 1978 : xvi)。実際、クメール版の作者はサンスクリットの傑作を創作とスタイルのためのモデルとして用いていた。マルティーニは、クメール版はインドのものよりはインドネシアのヴァージョンにより近いとも述べている(Martini 1978 : xvi)。

しかしながらヴァージョンによっては違いや不一致も見られる。それらはたとえばシーター誕生の場面などにおいて顕著である。インドのヴァージョンにおいてシーターはジャナカ王が掘り返した「あぜ道furrow」から生まれ、その名がつけられる。インドネシアのヴァージョンにおいては、シーターは魔王ラーヴァナの娘とされ、筏で漂っていたところをMaharikshikala に救出される。タイのヴァージョンにおいて、シーターはトッサカン（ラーヴァナ）とヴィシュヌの妻の転生であるモント（Mando Giri）の元に生まれる。彼女の誕生の後、ラーヴァナの弟であり占星術師のピペークPiphek（ヴィビーシャナ）はシーターが魔族を滅ぼすだろうと予言する。そこでラーヴァナはシーターを素焼きの壺に入れて流してしまう。シーターは後にミティラー国のジャナカ王に助けられ育てられる（Chandavij and Pramualratana 1998 : 20）。クメールのヴァージョンでは、セダ妃（シーター）は王族による田の耕作の際にジャナカ王 Chonuok（Janaka）によってあぜ道で見つけられその名を授かる。

［1］内容と文化表象

東南アジアには2つのヴァージョンのラーマーヤナが見られる。すなわちそれらはサンスクリット版とパーリ語版である。シーターの誕生に関して、ジャータカの“Sonandaraja”と題するジャナカ王の物語では、ハスの花の中にいた不思議な女の子を仙人が見つけ、その女の子が後に菩薩である王子の妻になるという経緯が語られる。仏教国であるクメールの解釈においては、リアム王子あるいはラーマ王子はしばしば菩薩として描かれる。リアム王子はヴィシュヌ神の化身であるノリエイ神Preah Neareay（Narayanaナラヤナ）の7番目の転生である★4。菩薩として描かれるリアム王子は道徳的な人物としての観点から卓越した才能と力、知性、エネルギー、苦難、誠実さ、決断力、愛と正義、平静などとともに描かれ、それは王子が仏陀に至るために成し遂げるべき属性でもあった。

クメールのリアムケーはクメールの文学と芸術の豊富さを示す膨大な物語である。クメール人の道徳観、思想、気質を反映しつつリアム王子は真の正しい行動を行う。物語中の奇跡や不思議な出来事にかかわらず、クメール版のリアムケーはクメール人の生の現実に対して正当性と活気を与える物語として位置づけられてきた。それは物語の筋立てと卓越した記述のすべての面において感じられる。ラーマ軍（パヴィリオン軍）とランカー軍との熾烈な戦いの表現、猿たちと魔物の激しく活気ある戦

★4—ヴィシュヌ神の10の転生は以下の通り：1）半身魚（Matsya）、2）亀（Kurma）、3）猪（Varaha）、4）人獅子（Narasimha）5）侏儒（Vamana）、6）パラシュラーマ（Parasurama）（斧を手にするラーマ）7）ラーマ（ラーマーヤナの英雄）、8）クリシュナ（マハーバーラタのクリシュナ、またはバララマとクリシュナ兄弟、9）ブッダ、10）カルキ（Kalkin）（馬に乗った騎士で未来の救済者とされる）（Boisselier 1989：115）　＊化身の種類と数について諸説あり。猪、人獅子ヌリシンハ、カメ、侏儒、魚、ラーマ、パラシュラーマParasurama、クリシュナ、ブッダ、カルキKalkiの十化身が有名。

い、またリアム王子とセダー（シーター）の愛の表現、セダー（シーター）のリアム王子に対する忠誠、親愛な兄に付き従うレアック王子の思いやりある連帯、そして継母カイケーイー Kaikeseyの反逆、などのすべての面においてである。リアムケーは自然への愛のすべての側面と共に、愛と憎しみ、喜びと怒りといった根源的な人間の感情のすべてを深く表現している。クメールの人々と芸術家は同様にリアムケーを引き継いできたのであり、それは数百年にわたり彼らの心と想像力の中に生き続けてきた。それは単なる物語ではなく彼らの生の反映なのである。人々はリアムケーから生きていく上での事例、モデル、実践を得るのである。それは美しく活気にあふれた重要で刺激的な物語であり、あたかもその物語が我々自身の物語として語られているかのように心を奪われる。

クメール版のリアムケーは本来インドの伝統に深く根差しているものの、クメール人のナショナルなアイデンティティと特徴に呼応しクメール人の指向と気質に合うようにクメール化されてきた。リアムケーはカルマ（業）についての仏教倫理を反映する社会的正義と道徳の物語でありそこには真正な行動、愛と忠誠が埋め込まれている。それらは特に登場人物リアム王子の神聖なる行為、たとえば敵方に位置づけられる猿王ピアリー Peali（ヴァーリン）や魔王リアップの葬儀を行う行為など、によって正当化される。敵でありながらリアム王子は斃された戦士たちであるヴァーリンや魔王リアップに対して亡くなった王族に対する適切な葬儀を行うことを重視した（Gaer 1954 : 165-166）。またリアム王子とセダー妃は地上にて再び結ばれる運命にあり、それは彼らがヴィシュヌ神と女神ラクシュミーの転生であることを表している。

物語全体を通して筋立てはそのクライマックスを変化させている。結婚式の部分は神の転生であるリアム王子とセダー妃の地上での結婚を表現しており、物語のもっとも魅力的な部分の1つであるだろう。一方で猿王ピアリPeali（ヴァーリン）についての部分はおそらくもっとも解釈が難しい部分である。この部分においてはリアム王子の神に帰するとされる正義や慈悲が問われるいくつかの疑問も浮上する。ソクリープSukrip（スグリーヴァ）の要請により、リアム王子は面識がなく彼自身にとっての敵でもないピアリ（ヴァーリン）を倒す。またこれは正当な一騎打ちでもなかった。その前に、彼はヴィスマムット仙（ヴィシュヴァーミトラ仙）に魔物の女性タラカを殺すよう要請されたが、タラカが女性であるという理由でこれを拒否した。

リアムケーは形式、内容、美学の面においてクメールの古典的傑作である。それはリアム王子、セダー妃、ハヌマーンの英雄的気質を通してロールモデルや適切な事例やモラルを示し、クメール人の生と社会に力とインパクトと重要性を及ぼした。

クメール版ラーマーヤナであるリアムケーにおいて、リアム王子は天界の神としてでなく神の転生である人間として地上に姿を現す。彼はしばしば喜び、悲しみ、疑いを持ち、通常の人間としての姿を見せる。彼はセダー(シーター)に見せかけた遺体(女羅刹ポンニャカーイBanhakayの変装)が浮遊するのを見て泣く。また彼は救出されたセダー(シーター)の身の潔白を疑い火の試練を受けさせる。前述のようにリアム王子は彼の敵ではない緑猿のピアリPeali(ヴァーリン)を背後からだまし討ちにする。それは赤猿ソクリープ Sukrip(スグリーヴァ)が彼を侮辱した兄に復讐を望みそれをリアムに要請したために行ったことである。

リアムケーは力強い道徳の物語であり、人々に対してリーダーシップのロールモデル、道徳観や理想を提示している。この物語はカンボジアの国家による教育の基礎としてもカリキュラムに取り入れられており、研究、分析、例証、熟慮のためのテーマの1つとしても位置づけられている。

リアムケーはクメール人のアイデンティティを成すものでもある。クメール人の共通の関心、ナショナルなアイデンティティ、気質、そして誇りを反映した代表的なものである。時代を通してリアムケーはその形式と適応性を正当化し合法化していった。そしてクメール人の人生そのものと多くの芸術形式におけるリアムケーのテーマと内容、それらを広く提示する伝統や慣習を最強化していった。

[2] ディアスポラの文化

①クメール・ルージュの時代(1975-1979)

クメール・ルージュは「赤いクメール」の意で、1975年4月17日に都市部の人々を郊外に移動させた。彼らはクメール農民の過激派共産主義者で都市部の住民たちと敵対していた。彼らが掌握した3年8ヵ月20日にわたるカンボジア史上最短の政権の圧政により、彼らは都市部の住民たち、知識階級(彼らは「資本主義者」と呼んだ)に対して激しい報復を行い、強制労働を課し処罰を与え拷問し殺害した。人々の財産を没収し、首都のプノンペンをゴーストタウン化した。彼らの血の粛清により200万以上の命が失われその80~90%が芸術家であったと推定されており、これによってクメールの文化は根絶され粉砕されるに至った。1979年1月7日、クメール・ルージュはカンプチア人民共和国(PRK)によって退けられ、ヘン・サムリンが国家元首となった。

②難民の動き

極限的な困難と拷問に耐えきれず、1976年あたりからクメール近代史上最初の難民たちの移動が見られ、最初の難民たちはカンボジアとタイの国境にあるキャンプに移動した。

③アメリカ合衆国におけるクメール難民

現在50万人近いクメール難民/移住者がアメリカ合衆国に存在し、ロングビーチ(カリフォルニア州)とローウェル(マサチューセッツ州)にもっとも集中している。彼らは1975年前後の第1波である外交官、職員、学生、またその他の職業人と1980年代の第2波 の人々でキリングフィールドから逃れた一般人のクメール難民たちである。

④新天地での新たな生活への挑戦

クメールの難民たち/移住者たちは新たな居住地で新しい生活を送る中で彼らの物理的精神的な状態と折り合いをつけるべく、さまざまな挑戦と闘争に直面した。「メルティングポット」や「サラダボール」などと表現される多民族が共生する社会で、伝統的な価値観と慣習の変化、劣等感、アイデンティティ・クライシスなどを経験し、それらはアイデンティティ形成に多大な影響をもたらした。彼ら自身の家族間でさえも若い世代のクメール青年は世代間のギャップ、誤解、喪失感、混乱を感じ、精神的・感情的なストレスを抱え、また非行や暴力に走る者も見られる。

[3] 伝承

新しい状況における多様な価値に直面する中で、「伝承」についても異なる向き合い方が必要とされる。中には伝統的な知識の伝承、いわゆる「口頭伝承」を固守する立場もあり、一方で書かれた資料や視覚的資料などを活用する新たなやり方を選ぶ立場もある。年配の世代のアーティストが亡くなるにつれて、若い世代の人々の伝統文化に対する理解や関心が低下し貴重な文化遺産を伝えていくことの必要性が薄れて伝統的な上演芸術が衰退することもある。何を継承していくべきかという点もまた問われているのである。私はここでカンボジアの内外という2つの異なる状況について検討する。

カンボジアの外部については、アメリカ合衆国でのクメール人コミュニティを検討する。クメール人コミュニティは新たにやって来る難民たちに居住地での生活に必要な支援をするための組織・連合である。クメール人コミュニティのリーダーたちは、クメール難民居住地のあるコミュニティ間で教育・文化的なプログラムを援助している。アメリカ合衆国ではクメール文化を学べる公的教育機関が見られないため、コミュニティのリーダーたちは週末や放課後の文化に関する課外活動やクラスなどを提供している。言語、音楽、ダンス、演劇などのクラスがあり、またサマープログラムやアーティスト・イン・レジデンス事業なども見られこどもたちに文化的教育を行う試みとともに展開されている。レジデンス事業は教育機関や大学などとの連携でも行われており、ダンスセンター(Jacob's Pillow)やジョージ・メイソン大学、カリフォルニア大学ロスアンジェルス校、コネティカット大学、ワシントン大学などが関わっている。さらに、カンボジアとアメリカ間での交換留学も見られる。またいくつかの地域コミュニティは、年配の師匠から生徒へ知識と伝統を受け継ぐための師弟プログラムを創設している。クメール系アメリカ人の第二世代は文化的伝統的な媒介者である。彼らは我らが誇る若い世代であり、両親からの導きにより祖先からの文化的伝統的要素を引き継ぎ適応して学ぶ人々である。彼らは言語、詩、音楽、歌謡、ダンス、そして演劇などを習得する。

カンボジア内部においてどの伝統がいかなる方法で伝承されるかということについては、伝承に関わる機関の妥当性、コンテクストの変化、必要性などに対する直接的な応答としての「形式」と「プロセス」の両面について検討する。「形式」については、ここではダンス(宮廷舞踊と民俗舞踊)、音楽、歌謡、影絵、仮面劇などを取り上げる。伝統的な伝承は公的ではない状況において行われ、知識は師匠から弟子へあるいは家族内で父から息子へ母から娘へ伝えられていく。父親や母親は息子や娘たちに最良の知識、習得に際して重要な概念、その専門分野の秘匿的知識を教えることができる。それは知識を内在化することであり、弟子たちは作品や上演を覚えて最終的には主体的解釈のもとで上演ができるようになる。たとえばクメール音楽の演奏は感覚的・感情的・主観的なものが織り交ぜられたものとして認識されている。このような習得のやり方はその初期には時間を要するものとなる。しかし最終的にはその努力は報われるのである。この方法はアーティストがより良いやり方でより心地よく自信を持って上演できる方法である。多くの場合、このプロセスはより熟練した音楽家を生み出すことにつながっていく。口頭伝承は時間のかかる方法であるが、上演と持続のための理想的方法である。難点となるのは、アーティストがすべての現存する作品を習得する時間的余裕がなくレパートリーが減少することもあるという点である。口頭伝承を越えるための新たなアプローチも試みられてきた。多くは公的な教育機関、プノンペン王立芸術大学などにおいて行われてきた。このアプローチはプリントされた資料、視聴覚資料なども活用する方法である。このアプローチは習得にかかる時間を減らすことにつながる。音楽の場合であれば、楽譜のような、何らかの形あるものを音楽家に提供することになる。これは記録によって音楽家が忘れてしまった部分などを参照することができるためには有用な方法である。一方でこの方法の難しさは音楽家が楽譜に頼って作品を覚えないことが起きてしまう点である。楽譜を読むことによって音楽家の心と注意力は書かれたページから自由になれず、クメール音楽の固有の特徴である上演における独自の装飾能力などが限定されてしまうのである。口頭伝承は流動的で主観的である一方で、楽譜の使用は部分的で客観的であるとする見解もある。楽譜は音楽を形式へと還元するのである。社会的、経済的、文化的な困難にもかかわらず、クメールの上演芸術のアーティストたちは彼らの伝統を保存し彼らのアイデンティティと誇りを維持してきた。彼らはその価値を若い世代に伝えたいと強く願い、保存と継承を続けてきた。

［4］有形文化遺産（TCH）と無形文化遺産（ICH）の指定

カンボジアは文化遺産が豊富であり、国内には1000を超える古代の石造寺院が散在しており、4000を超える古代の丘と池があり、27種類の上演芸術の形式が見られる。有形・無形双方の文化遺産でユネスコの人類の世界遺産に指定されたものは以下の通りである。

アンコールワット寺院Angkor Vatt temple（1992）、クメール宮廷舞踊Khmer court dance（2003）、クメール影絵芝居 Khmer shadow play（2005）そしてリアムケーをテーマとするクメールの仮面劇Khmer masked play（2018）。

［5］グローバル化時代におけるカンボジアの現状

クメールの若い人々が彼らのアイデンティティを維持する努力について、コンテクストの変化、グローバリゼーションの影響、文化の画一化、伝統的な価値観と慣習の変化、アイデンティティ形成の効果と影響について考える必要がある。教育と文化のプログラムは若者たちのコミュニティをサポートするために実施されている。

我々の挑戦は、コンテクストの変化、新たな生を生きること、集団間のプレッシャー／受容、自由への希求などをはじめ、現に起こっている現象なのである。我々は計り知れない価値の文化遺産とアイデンティティの維持と保存のために未来に投資し努力を重ねてきた。文化と芸術は、平和で尊重され責任ある人々となるための我々のポジティブな精神性と態度を形成するのを助けてきた。次の世代のために意義のある、色彩豊かで活気のある生活のためにより良い世界を伝えていく必要がある。

グローバル化の傾向においては、時間は金銭的価値に置き換えられがちである。グローバル社会は次第に宗教的から世俗的へ変化し、精神的世界から物質主義の世界へと移行している。グローバルなトレンドに参加し順応していくことは避けられないだけでなく必要でもある。しかし我々は古い伝統を維持しつつ新しい生活を送ることができる。我々はグローバル化のプロセスにおいて、アイデンティティとプライドを維持しつつ積極的な役割を担うことが可能である。クメール人にとっては生きている間にクメール人らしさを維持できることは重要な関心事である。それは過去においてではなく、現在の時間と空間において身体的・精神的の両面でよりよく生きることなのである。カンボジアには次のようなスローガンがある——「文化は国の魂である」。確かにクメールの文化はクメール人の魂である。我々は我々の文化を保存維持する理由をそれぞれが持っているのである。

［6］ポピュラーカルチャー

西洋音楽はポルトガルによるアジアの香料貿易にともない16世紀にカンボジアにもたらされた。しかし記録された資料は20世紀のヨーロッパ人の存在と室内楽・シンフォニーを含む西洋音楽の導入を示すのみである。1950年代、*l'Ecole Nationale de Musique*（National School of Music）の設立により、クメールの音楽家は西洋古典音楽とその調性や記譜法を習得するようになった。

西洋ポピュラー音楽やダンスはフィリピン人とフランス人によってクメールに導入された。1900年代初頭、プノンペンのクメール宮廷はフィリピンから大編成の楽団を贈られた。フィリピノの音楽家たちはクメールの宮廷音楽団に行進曲を教え、宮廷楽団にも加わり、ナイトクラブではジャズバンドを演奏した。音楽家たちはチャチャ、ボレロ、タンゴ、ボサノヴァ、ルンバなどのラテンのリズムを紹介し、またワルツ、フォックストロット、マディソン、ツイスト、その他のスローダンスをクメールのダンスに導入し、大規模バンドを編成しダンスホールで上演した。この音楽は「マニラ音楽*phleng Manil* "Manila music"」と呼ばれるようになった。

西洋音楽はまたフランス人の高等教育機関の教師によって普及し、いくつかの軍の学校において高官たちはヨーロッパ由来のダンスのフォーマルな訓練を受けた。たとえばマディソンは、1950年代の流行で、ツイストはクメールで人気のエンターテイナー Chum Kemによって、彼がフランスから帰国した1960年代の初期に広まった。

大衆的なダンスはカンボジアの至るところに存在し、老若男女を問わず流行した。社会的なイベントにも取り入れられ、エレキギター、ベース、キーボード、ドラムセット、歌からなる現代流行バンドによって伴奏された。より大きなバンドは吹奏楽とストリングスも用いた。歌われた歌はしばしばラテンアメリカから借用されたリズムとクメールのメロディーと新作の詩に基づいていた。西洋ポピュラー音楽のカヴァーも上演された。

クメールの伝統音楽が生き残りに苦戦していた一方で、カンボジアにおいてもっとも人気があった音楽の大半は西洋由来の音楽であった。これは特に若い人々の間に見られたケースであり、彼らはこれらの音楽に金銭を惜しまなかった。その結果、クメール音楽産業によってプロデュースされたポピュラー音楽は多くの需要があり、カンボジア本国においてもまた海外のアジア人コミュニティにおいても人々は触れることが出来た。一般大衆の間で増加しつつある経済力と自由によって音楽市場の自由化が進められているためポピュラー音楽の初期の時代に比べてその保護政策ははるかに少ない中で音楽産業が発展している。

［7］観光文化

クメール・ルージュ（1975-1979）と内戦の時代を経てカンボジアは経済的にもまた国内の平和・安全の面でも急激に回復してきた。カンボジアは東南アジア諸国連合（ASEAN）に加盟しその主要なメンバー国であり、外部地域との関係も維持するとともにテクノロジーやデジタルメディアなどの恩恵も受けつつ関係を発展させてきた。

もっとも重要な経済的なセクターの1つが観光産業であり、それはこの国の経済その他の分野における支えとなるライフラインでもある。豊富な文化、自然、生物多様性などとともにカンボジアは世界中の観光客を魅了し、特に手つかずの山々や海岸などと並んで、国内各所に散在する数千に及ぶ古代石碑・遺跡は多くの人々を引き付けてきた。エコ・ツーリズム、グリーン・ツーリズム、文化観光はパッケージ化がなされ、観光客がカンボジアを訪れさまざまな体験をする際の主要な目的となってきた。カンボジアの観光産業は「グリーン・ゴールド」とされており、グリーン経済の重要な要素の1つとして位置づけられる。持続可能で責任ある観光の発展は文化的、歴史的また自然に由来する資源の発展、保存、保護、管理に貢献している。さらに観光産業の進歩は国際的な場面で国家の威信を高めることにもつながっている。経済的な面ではカンボジアの観光産業はこの数十年間で急速に成長している。カンボジアは

1990年代半ば以降観光産業において成長を遂げている。その潜在的可能性を確実にとらえるためには文化的なパッケージ化が重要な役割を果たすだろう。それは観光客に対して豊富な有形・無形の文化遺産に基づくショーや上演を提供することでもあり、その中でリアムケーも重要なアイテムとなる。

3……クメール人の生活におけるリアムケーの重要性

ラーマーヤナは世界においてもっともポピュラーでエキサイティングな物語の1つである。その人気は、特にインド化された東南アジアの国々において各地域で取り入れられ各地で独自の翻案がなされてきたことからも示される。物語発祥の地であるインドにおいて研究者ナラヤンは以下のように述べている。

> 年齢、外見、教育、生活状況などにかかわらずすべての人々がこの叙事詩の主要な部分を知っておりその主要登場人物ラーマとシーターを敬愛している。こどもたちは皆寝る前にこの物語を聞く。この叙事詩を宗教的経験の一部として学び、1日ごとに特定の詩節を読む人もおり、また人生の中でこれらの全体を数回にわたって読み直す人もいる(Narayan 1972:xi)。

クメール版リアムケーは並外れた豊富なテクストと文学的語彙からなる体系である。それは偉大な作者によって偉大な想像力とともに非常にいきいきと語られ、書かれたものである。物語とその刺激は深淵であり、感情的であり、教訓と愛と悲しみに満ちている。読者は物語の中で実際に起こる事柄について具体的なイメージを得て感情移入するのである。クメール版リアムケーは多くのクメール芸術の主要テーマであり、それらは文学、彫刻、寺院のレリーフ、木版、立体的なオブジェ、絵画、巻物、版画、こどもの本、織物、シルクスクリーン、宮廷舞踊、仮面劇、影絵、歌謡、朗誦、占星術に至るまでそうなのである。

[1] クメール宮廷舞踊におけるリアムケー

クメールの宮廷舞踊は2003年にユネスコの人類の無形文化遺産に

登録された。それは1000年以上にわたりカンボジアの王宮と結びついてきた。アンコールワットの寺院の壁には1787の天女アプサラ *apsara* (celestial dancers) が彫られており、クメールの上演芸術が偉大な表現の境地に達していた時代を反映している(Cravath 2007: 13)。

クメールの宮廷舞踊は女性の伝統と見なされている。女性たちは王、女王、王子、王女などを演じ、男性が演じる猿や魔物役以外の役を演じる。衣装、冠や頭飾り、仮面、動き、しぐさなどの要素によってその役柄が同定される。

ダンサーたちは王宮で幼少時からトレーニングを受ける。伝統的には彼らは王に仕えるためだけに王宮に入るのである。ダンサーたちは6歳からトレーニングを始め、英雄譚、神話、ダンス作品、リアムケーを含む地域の叙事詩などを習得する。1970年の王政廃止以来、1975～1979年のポルポトの殺戮の時代、クメール宮廷舞踊はそのイメージと位置づけを変化させてきた。それは王宮から出てプノンペンの王立芸術大学で教えられるようになり、またクメールとタイの国境にある難民キャンプに入って来て、その後はオーストラリア、日本、フランス、ベルギー、カナダ、アメリカ合衆国など他国々のクメール人コミュニティにおいても伝承されている。この最近の環境において、クメール宮廷舞踊はコミュニティの多くのメンバー、とりわけこどもたちによって演じられ、現在では「国民的舞踊」あるいは「伝統的クメール舞踊」として位置づけられている。

このダンスの形式は伝統的には「ピン・ピアット *pinn peat*」と呼ばれる管楽器と打楽器のアンサンブルによって伴奏される。歌は主に女性の歌い手によって構成されるが、物語を語るテクストを歌いダンサーは動きとしぐさでその筋を表現する。

リアムケーを題材とするもっともポピュラーなクメール宮廷舞踊劇の演目は以下の通りである。

リアム王子の追放 The Banishment of Preah Ream
リアム王子の放浪 Preah Ream's Exile
金色の鹿の追跡 The Chase of Golden Stag
セダー妃(シーター)の誘拐 The Abduction of Sita

人魚ソヴァン・マチャー Suvann Machha
軍を率いるリアム王子 Preah Ream Reviewing His Troops
魔王リアップの戦い／ランカーでの戦い The Battle of Reap also known as The Battle of Lanka
リアム王子と息子たちの和解 Ream Leak Chup Leak also known as The Reconciliation of Preah Ream with His Children
セダー妃（シーター）の火の試練 Sita and the Test of Fire or Fire Ordeal
リアム王子と葬儀の壺の試練 Preah Ream and the Test of Funeral Urn

［2］仮面劇におけるリアムケー

リアムケーはクメールの仮面劇ラカオン・カオル*lakhaon khaol*における唯一のレパートリーである。しかし物語全体が演じられることはない。いくつかのエピソードが選ばれ上演に合わせて演じられる。最もポピュラーな演目は以下の通りである★5。

リアム王子、海に橋をかける
クンパカー（クンバカルナ）川を堰き止める
（クンパカーの戦いとしても知られる）
リアム・レアック、チュプ・レアック（リアムの二人の息子）
リアム王子と葬儀の骨壺
アンタチット（インドラジット　魔王ラーヴァナの息子）の戦い
夜の戦い

クメール宮廷舞踊が王宮と王族に属しているとされているのに対して、クメールの仮面劇はクメールの民俗の芸術形式であり村の伝統である。仮面劇はリアムケーという唯一の叙事詩を中心に発展し、コミュ

★5—クメール仮面劇についての詳細はTum Kravel Pich（1999）を参照。

ニティにおける社会的機能と娯楽としての位置づけの双方が見られる。こうした位置づけにおいて特定のエピソードが上演に際して選ばれてきた。たとえば最もポピュラーなエピソードは「クンパカー川を堰き止める」である。このエピソードは「クンパカーの戦い」と呼ばれることもある。カンダル県のヴァット・スヴァイ・アンダエット村はこの伝統に忠実な地域であり、前述のエピソードは人々の楽しみのためだけに演じられるのではなく、乾季の際に雨乞いのためにも演じられ、また疫病などが流行する際に悪霊を祓うためにも演じられる。村では定期的な上演と儀礼は4月のクメールの新年にしたがって厳格に行われる。村人たちは、巨大な魔物クンパカーは足を延ばして座って河川を遮り、流れを止めているため、乾季を意味する存在であると考えている。このエピソードは通常はクンパカーが倒されることで終了する。それは堰き止められた水が流れだし、また雨が降ることを意味する。

［3］影絵におけるリアムケー

こんにちのカンボジアには小型・中型★6・大型の3つのタイプの影絵がある。前述のように大型影絵芝居スバエク・トムは2005年にユネスコの人類の無形文化遺産代表一覧表に記載された。その上演はリアムケーを唯一のレパートリーとしている。こんにちの上演では、特にプノンペンのグループによっては1つのエピソード、すなわち女羅刹がセダー妃に化けるエピソード「漂う乙女の遺体」のみが上演されることが多いが、シエムリアップのサラ・コンサエン村に残る劇団はいまだに7夜にわたるリアムケーの上演を行っている★7。それらは以下のようになっている。

アンタチット（インドラジット）とレアック（ラクシュマナ）の戦い
ポンニャカーイ（女羅刹）／漂う乙女の遺体
絡まる矢

★6—中型影絵芝居を指すのには「影絵芝居」の代わりに「人形劇」の語を使っている。なぜならこの形式は必ずしも影絵であるとは限らないため。
★7—2000年大阪の国立民族学博物館はSala Kansaeng 劇団に依頼して7夜連続の完全版の映像記録を行った。この貴重な上演の映像は、編集され博物館内の資料として公開されている。

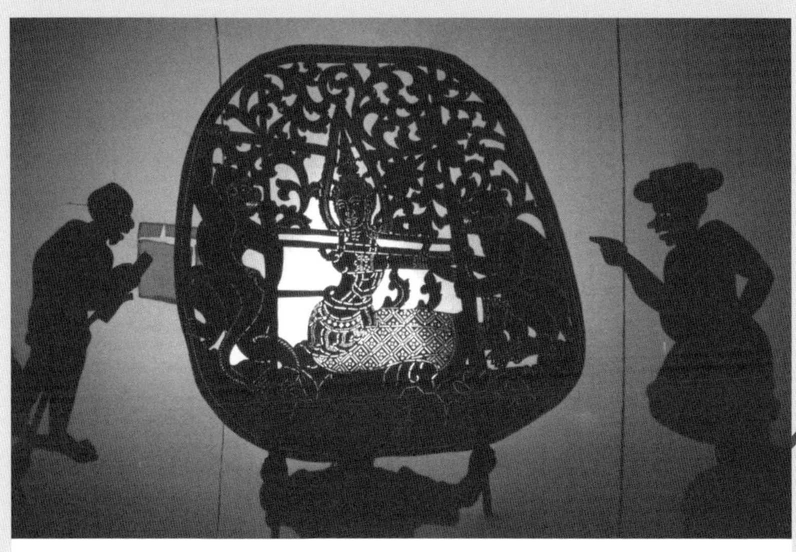

①―影絵芝居　セダー妃に化けて捕まった女羅刹ポンニャカーイ

コンパンとハヌマーンの戦い
ブラフマー神の矢
ソカチャー
アンタチット(インドラジット)の嘆き

[4] クメール彫刻におけるリアムケー

カンボジアには、1000以上のクメールの古代の石造寺院が、世界の不思議の1つとされるアンコールワットも含めて各地に散在しているが、そこでもリアムケーはレリーフとして彫刻されクメール人の生活における物語の重要性を示している。

代表的な寺院は以下の通りである。

コー・ケー Kah Ke Temple	10世紀
バンテアイ・スレイ Banteay Srey Temple	10世紀
バ・プーオンBa Puon Temple	11世紀
パノム・ルンPhnom Roung Temple (タイ)	11世紀
ピマイPhimai Temple (タイ)	11世紀
アンコールワットAngkor Vatt Temple	12世紀

バンテアイ・サムレー Banteay Samrae Temple　12世紀
トマノンThormanun Temple　12世紀

［5］クメール絵画におけるリアムケー

リアムケーの主題はクメール絵画においても顕著に見られる。寺院の壁に沿って、Vatt Bau（シエムリアップ）、Vatt Chaktotih（ウードン、コンポンスプー）などにおいて、リアムケーは装飾的に描かれている。1903年にノロドム王の庇護の下でプノンペンの王宮のPreah Vihear Preah Keo Morakod（銀のパゴダとして知られる）にリアムケーの177のシーンが装飾と彩色を施して描かれ、幅616メートルにわたり高さ2.5メートルの仏塔の壁のパネルを埋め尽くしている。

クメール絵画の主要なテーマは自然、農業、仏教、神話を含むが、その一方でリアムケーに由来するテーマとアイディアもまた物語の登場人物と場面を含めて、紙やカンバスの上にクメール画家たちによって広く用いられている。

［6］クメールの占星術におけるリアムケー

こんにちクメール人の中には占星術を信じて実践しているものもいる。彼らは未来を予見するために占星術に助けを求める。たとえば彼らがラーマやシーターのカードを引けば、彼らには幸運が訪れる。反対に彼らの引くカードがラーヴァナや カーラであれば、彼らの未来は不幸と不運に見舞われ将来は陰りに満ちたものになる兆しとなる。占星術に用いられる対応表は次頁のようになっている。

［7］語り物におけるリアムケー

語り物はかつてカンボジアにおいて娯楽と口頭伝承のポピュラーな形式であった。両親あるいは祖父母が食事時や就寝時に語り聞かせる物語が頻繁に聴かれた。寒い季節には焚火が燃やされ大人もこどももそのまわりに暖をとって集まり、年長者がさまざまな物語を語るのを聞き、楽しみ、温かく親密な雰囲気を醸成し夕暮れから夜にかけての時間を過ごしていた。

【占星術に用いる対応表】 ★年と種別の対応はクメール占星術に特有のものである。

	年	種別	カードに描かれる登場人物
1	子	神	Piphek ピペーク (Bibheka)
2	丑	人間	Preah Ream リアム (Rama)
3	寅	魔物	Khar カーラ (Khara)
4	卯	人間	Preah Leak レアック (Lakshmana)
5	辰	神	Sita シーター (Sita)
6	巳	人間	Hanuman ハヌマン (Hanuman)
7	午	神	Reap リアップ (Ravana)
8	羊	神	Piphek ピペーク (Bibheka)
9	申	魔物	Preah Ream リアム (Rama)
10	酉	魔物	Reap リアップ (Ravana)
11	戌	魔物	Preah Leak レアック (Lakshmana)
12	亥	人間	Sita シーター (Sita)

リアムケーは著名な語り手であったTa ChakkとTa Krudによって脚色・翻案され、そのヴァージョンはReamker Ta Chakk and Reamker Ta Krudとして知られるようになった。それらは1975年以前(ポル・ポト政権時代以前)には非常にポピュラーなものであった。

おわりに

ラーマーヤナにはいくつかのヴァージョンがあり、オリジナルの物語に比べると脱線や省略や付加も見られる。また地域による違いを反映してはじまりや結末にも異なるものが見られる。多くのヴァージョンはラーマの誕生から始まり彼の戴冠で終了する。したがってそれはハッピーエンディングへ向かい、ラーマ王とシーター王妃の統治は「ラーマ王の黄金時代」として知られる。コーサラの町はラーマによって「勝利のまち」と名付けられ、そこで人々は地上の小楽園のように繁栄と平和を一定期間謳歌したのである。

新たに付加された部分はリアム王子とセダー妃(シーター)をめぐる物語の後半部分から派生し(最初の部分はリアップによるシーターの誘拐である)、双子の王子クシャとラヴァの誕生、セダー妃(シーター)の火の試練、リアム王子とセダー(シーター)の天界への帰還となっている。

インドのラーマーヤナは、3−[3]に挙げた女羅刹ポンニャカーイのエピソードを含まないが、これはクメール版のリアムケーにおいてはハイライトの1つである。またインド版では人魚ソヴァン・マチャーのエピソードは演じられないが、カンボジアではこれも特にクメール宮廷舞踊において重要なエピソードとなっている。

ラーマーヤナの物語は非常に偉大でありヴァールミーキ仙はもし生きていれば再びラーマーヤナを書くことを選んだはずだと言われている。この偉大な叙事詩は数百万の人々の心をつかみ影響を与えてきた。ラーマーヤナの研究者であるブランクは、かつて若いインド人青年に「あなたの人生のモデルを提供しているのは誰か？」と問うた。若者は「ラーマ王である」と答えた(Blank 1992: 2)。 これはクメール版のリアムケーについて、クメール人の生におけるその重要性、意義、インパクトについて語られる時とまったく同じである。

この小論が、クメール版リアムケーのより深い理解と鑑賞のために読者に情報とヒントを与えることを願う。またこの偉大な物語が読み直され、語り直され、ステージやスクリーン上に再設定されるのを彼らが読み、聴き、見る時に役に立つことを願っている。

【引用文献】

Beach, Milo Cleveland.1983. *The Adventures of Rama*. Washington DC: Smithsonian Institution.

Bernard-Thierry, Solange. 1955. "Le Sens du Merveilleux et l'Héroïsme dans le '*Ramayana*'Cambodgien"France-Asie, 114-115(Numéro Spécial), 451-455.

Blank, Jonah. 1992. *Arrow of the Blue-Skinned God: Retracing the Ramayana through India.*Boston: Houghton Mifflin Company.

Boisselier, Jean. 1989. *Trends in Khmer Art*. Ithaca: Cornell University Press.

Chandavij, Natthapatra, and Pramualratana, Promporn.1998. *Thai Puppets and Khon Masks.* Bangkok: River Books.

Chuon, Nath. 1967. *Khmer Dictionary*, 5th ed. Phnom Penh: Buddhist Institute.

Cravath, Paul. 2007. *Earth in Flower*. Holmes Beach: FL. DatASIA.

Gaer, Joseph. 1954. *The Adventures of Rama*. Boston, Little: Brown and Company.

Giteau, Madeleine.1965. *Khmer Sculpture and the Angkor Civilization*. New York: Harry N.Abrams, Inc. Publishers.

Martini, François.1978. *La Gloire de Rama Ramakerti: Ramayana Cambodgien*. Paris: Société d'Édition "Les Belles Lettres."

Menen, Aubrey, 1954. *The Ramayana*. New York: Charles Scriber's Sons.

Narayan, R. K. 1972. *The Ramayana.* New York: Penguin Books.

Pich, Tum Kravel. 1999. *Khmer Mask Theater*. Phnom Penh: The Toyota Foundation.

Rama I King). 2002 [1807]. *Thai Ramayana*, 5th ed. Bangkok: Chalermnit.

Reamker. 1964. 5th ed. 16 vols. Phnom Penh: Buddhist Institute. ★8
Tranet, Michel. 1999. *Aperçu sur le Ramakerti*. Phnom Penh: Ministère de la Culture et des Beaux Arts.

★8—リアムケーの第2版は1959年にBuddhist Instituteから出版された。

I ラーマーヤナの多元的解釈

多様化する上演コンテクスト

第5章

インド人ディアスポラとラーマーヤナ

―シンガポールにおけるアートマネージメントとローカル/ナショナル/グローバルな表象

竹村嘉晃

第6章

観光文化におけるラーマーヤナ演劇

―インドネシアとタイの事例から

福岡まどか

第5章

インド人ディアスポラとラーマーヤナ
—シンガポールにおけるアートマネージメントとローカル/ナショナル/グローバルな表象

竹村嘉晃

1……ラーマーヤナをめぐる現代的諸相

インドの古代叙事詩の1つであるラーマーヤナは、歴史的にインドとの貿易や文化交流が盛んな地域へと伝播した。とくに東南アジア諸国では人々の生活や伝統に深く浸透し、土着化することでその地域の文化形成に大きく貢献した(Krishnan 1997: 9)★1。今日でもラーマーヤナがインドや東南アジア社会における多くの人たちの心の支えとなり、生活の規範として存在しているのは、それが時代に応じて、人々が理解できる言葉やかたちによって再構成・再演出されてきたからである(坂田 1997: 4)。ラーマーヤナは叙事詩として享受されるだけでなく、歌、踊り、演劇、影絵などの舞台芸術や、絵画、彫刻、建築などの分野にも取り入れられており、地域の文化と融合しながら独自の発展を遂げ、ラーマーヤナ文化圏と呼べるものがアジアの広範囲にわたって形成されてきた(Iyenger 1983; Richman 2010)。

ラーマーヤナ物語の核となるのは、アヨーディヤーのコーサラ国を統治するダシャラタ王の王子たちによる王位継承をめぐる争いだが、主要部分は紀元前2世紀には成立していたと言われている。古代の言葉をそのまま享受できる人は限られていたことから、インドでは10世紀以降に当時の人々の言葉でラーマーヤナを語り直す動きが見られるようになった。代表的なものには、南インドの詩人カンバンによってタミル語で書

★1—南アジアや東南アジアにおけるラーマーヤナに関する研究については(Bose 2004; Iyenger 1983; Richman 1991, 2000)を参照。本章では、ラーマーヤナの成立や内容のあらまし、形式などについては、岩本裕による訳本(岩本 1980, 1985)の「解題」に依拠する。

★2—そのほかにも、ジャイナ教のラーマーヤナ(ヴィマァスリの『パウマチャリヤ』)では、ラーヴァナはジャイナ教の63人の賢者の1人とされ、シータはその娘であるとされている。一方、シャクティ(母神)崇拝に基づくヴァールミーキの『アドゥータ・ラーマーヤナ』では、シータの誕生、結婚、

かれた『イマラーマーヴァダーラム（ラーマの降臨）』（9－12世紀）、東インドのクリッティバース・オージャーによるベンガル語の『シュリー・ラーマ・パンチャーリー（聖ラーマの詩の物語）』（15世紀）、北インドではトゥルシーダースがヒンディー語で『ラーム・チャリト・マーナス（ラーマの行いの湖）』（16世紀）を著している（前掲 5－6）[★2]。こうしたラーマの物語は、「ラーマ・カタ」とも呼ばれ、古典舞踊はもとより地方に伝わる芸能や民俗劇で広く上演されてきた。

上演芸術の形態は、フォークロアや民族文化の領域に同化し、ローカルな感性や様式が吹き込まれた独特の形をとっている。14世紀頃、ラーマーヤナはラームリーラなどの演劇形式としてインド各地に紹介され、その後、ラーマ教団の台頭によって広がりを見せた（Awasthi 2018）[★3]。そのほかにも、ラーマーヤナを表現する地方の伝統演劇には、カルナータカ州とケーララ州のヤクシャガーナ、西ベンガル州とオディシャ州のジャトラ伝統のチョウと呼ばれる仮面舞踊、ケーララ州のカタカリ、マハーラーシュトラ州のダシャヴァタラなどがある。またケーララ州のトルパヴァ・クートゥ、アンドラ・プラデーシュ州のトル・ボンマラッタム、タミル・ナードゥ州とカルナータカ州のトガル・ゴンベヤッタなどの影絵芝居も、叙事詩を題材とした演目を伝承している（Bhattacharya 2020）。

インドの映画界やテレビ放送では、その初期から宗教的主題を積極的に取り上げていた。ラーマーヤナはこれまでに何度か実写化されているが、最も人気を集めたのは映画監督のラーマナンド・サガルが多くのバージョンをもとに制作した連続テレビドラマ『ラーマーヤン（*Ramayan*）』である。同作品は、インドの国営テレビ放送（ドールダルシャン）が1987年から88年にかけて毎週日曜日の朝に放送した番組であり、インド史上

貞操の裁判、十面相のラーヴァナの殺害が中心となっている（Ramanujan 1991: 34-36）。

★3―ラームリーラ（Ramlila）とは、文字通り「ラーマの劇」であり、叙事詩「ラーマーヤナ」を、歌、語り、朗読、台詞などの一連の場面で演じるものである。ラームリーラは、北インドの各地で、毎年秋に開催される祭礼「ドゥセーラ」の中で上演される。代表的なラームリーラは、アヨーディヤー、ラムナガルとベナレス、ブリンダヴァン、アルモラ、サットナ、マドゥバニのものである。ラームリーラの概要については（長崎 2003）が詳しい。

★4―この番組を視聴するために公共の場所にテレビが設置されたり、重要な会議や式典が延期されたり、放送時間中に乗客が乗らなかったために列車が遅れたり、放送の時間帯には市場などから人が消えたという証言が多数ある（Lutgendorf 1995; Rajagopal 2001）。この人気テレビシリーズは、2020年の新型コロナウイルスの世界的大流行に対抗するために実施された全国的なロックダウンの間、インドで最も視聴されたヒンディー語の連続ドラマとなった（Blooberg, April 3, 2020, 'Ramayana' Rules As TV Viewership Hits All - time High During Coronavirus

最も人気を集めたテレビ番組となった。空前の大ヒットを記録した同番組は、インドの人口の8分の1に相当する8000万人から1億人の視聴者が鑑賞したと推定されており(Lutgendorf 1995; 中村 1998)、人びとは聖者の説話を見るかのように敬虔な態度で番組を視聴した★4。ヒンドゥーの神話が大ヒットした背景には、折から過激な運動を展開していたヒンドゥー・ナショナリズムの台頭があったことは見逃すべきでない★5。また同番組は、インド国内だけでなく、イギリス、インドネシア、シンガポールなど世界各地でも注目を集め、2008年にはリメイク版が制作され、タイとインドネシアでは現地語に吹き替えられて放送された。

ラーマーヤナはインドのポピュラー・カルチャーの中にも息づいている。インドの代表的なコミックブック・シリーズである〈アマル・チトラ・カタ(Amar Chitra Kata)〉は、ラーマーヤナの物語をイラスト入りの読みやすいコミックブックの形で英語を含む現地の複数言語で刊行している。こどもたちはこうした身近なコミックブックを通じて、義務と名誉、善と悪、愛と喪失、嫉妬、破壊的な野心などを学び、叙事詩の世界やヒンドゥーの信仰に慣れ親しんでいく★6。さらに80年代後半には、日本とインドの共同グループが開発したディズニー風なアニメ版『ラーマーヤナ』が国際映画祭で上映され、現在ではそのDVDがグローバルに流通している(Bose 2004: 4)★7。

東南アジアにおけるラーマーヤナに関する研究は、文献、歴史、伝播などに関する考察が蓄積されている(eg. Bose 2004; Iyenger 1983; Raghavan 1980)。近年では、ポピュラーカルチャーや上演芸術に与えた影響に関する分析が報告され、現代アートとの関連性も議論されている(Clark 2010; 福岡 2009)。一方、ラーマの物語への関心は、決して南アジアや東

Lockdown(https://www.bloombergquint.com/business/coronavirus-lockdown-tv-viewership-hits-all-time-high-ramayana-rules-screens, 2021年10月20日閲覧)。

★5—1980年代後半以降、インドではヒンドゥー・ナショナリズムの台頭を背景に、ラーマの物語が政治と結びついていった。詳しくは(中村 1998; Rajagopal 2001)を参照。

★6—〈アマル・チトラ・カタ(不滅の絵物語)〉は、インドの都市部の中間層や南アジアのディアスポラの間で人気を集めている。V・シンは、コミックブックの領域における現代の視覚文化は「アマル・チトラ・カタ」の知識ベースの保守的な教育法から、よりグローバル化した娯楽志向の市場中心の戦略へと徐々に移行していると論じている(Sigh 2019)。

南アジアの人々に限ったものではなく、思いがけないところでも立ち現れている。M・ボーズの報告によれば、カナダの西海岸に位置するソルト・スプリング島では、人里離れた場所であるにもかかわらず、長年にわたって地元の人々が楽しむためのラーマーヤナ公演が行われており、バンクーバーでは2002年の夏にマルチメディアを駆使したラーマーヤナの舞踊劇が上演され、観光名物となっているという（前掲 2004: 4）。

グローバル化が進展する今日、世界に広がるインド系ディアスポラの文化実践や宗教活動について盛んに議論されている。トリニダードのインド系デイアスポラについて考察したS・M・シンは、ラーマーヤナがヒンドゥー教徒のアイデンティティ形成の手段になりつつある動きが見られると指摘し、トゥルシーダースのラーマーヤナを公衆の面前で唱える実践が年々著しく増えていることを報告している（Singh 2010）。こうしたグローバル化のなかで起こる文化的フローについて、ヨーガなどを事例に考察した三尾稔は、インド系移民が伝えたインド起源の宗教・映画・ファッションなどが欧米諸国の消費者に受容され、現地での相互作用を引き起こして変化しながら再びインドに戻る周回現象を照射し、「環流」と定義した（三尾 2011）。インドで起こった1990年代の経済自由化を端緒として、2000年代以降に進展した南アジアの社会変化のなかで、音楽、舞踊、演劇などの南アジア芸能は、多様化する情報メディアの拡大と人の移動を通じてグローバルに受容・消費される状況がもたらされた（松川 2021: 24）。ラーマーヤナに関する文化実践や上演芸術が歴史的に発展した東南アジア社会において、グローバル化の影響のもとでその上演形態が変容しながらインド世界に環流し、何らかの影響をもたらしていることは想像に難くない。

以上の問題意識を背景にして、本章ではラーマーヤナと東南アジアやインド人ディアスポラに関するこれまでの研究へ僅かばかりの貢献をするべく、シンガポールにおけるラーマーヤナ表現とラーマーヤナをめぐるグローバルなインド人アイデンティティについて考察する。本章が依拠する分析方法は、2018年から20年にかけて私が実施した現地でのインタビュー調査のほか、アーカイブやインターネット上で収集した資料・データを用いる。はじめにシンガポールの文化政策とラーマーヤナに関する文化イベントの動向について概観し、次にインド系コミュニティと上演芸術シーンについて考察した後、インド系上演芸術グループのアプサラズ・アーツとラーマーヤナを題材にした作品『アンジャネーヤム＝ハヌマーンのラーマーヤナ』の特徴と制作について批判的に検討しながら、ラーマーヤナとインド人ディアスポラのローカル／ナショナル／グローバルなアイデンティティについて論じる。

2……シンガポールのアートマネージメントとラーマーヤナ・イベント

［1］シンガポールの文化芸術政策

マレー半島の南端に位置するシンガポールは、狭小で天然資源の少ない国土と限られた人的資源という制約の中で、政府主導の開発主義政策によって発展してきた国家として知られている(田村 1993)。グローバル化と経済発展を目指したシンガポールは、1965年の独立からわずか30年あまりの速さで発展途上国から先進国の仲間入りを果たした。80年代前半までは、外国投資を推進する政策のもと産業と経済の成長に重点が置かれた反面、文化の発展に関する政策支援は十分ではなく予算配分の優先順位も低かった。一部の指導者や国民の間では、自国に独自の文化形成の余地がなく、「文化の不在」や「文化の砂漠」という懸念がたびたび表明されてはいたものの、全体的な長期的文化政策を策定するという大きな試みは見られなかった。ところが、80年代後半になると、第2世代の政治指導者たちは、「経済的利益への固執や拝金主義によって生み出された粗大化する物質主義的文化」(Koh 1980: 239)への認識と自省を踏まえ、国民生活の文化的向上に着手し、文化創造に向けての政策転換を図っていったのである★8。

数十年にわたる文化政策の失敗と焦点の定まらない試みの後、1988年2月に文化芸術諮問委員会(Advisory Council on Culture and the Arts)が設立されたことは、この分野の重要な分岐点となった。翌年には文化芸術諮問委員会報告書(The Report of the Advisory Council on Culture and the Arts)が発

★7―この作品は日本ラーマーヤナフィルムズが製作し、酒向雄豪とビジェイ・ニガムが監督した国際的な事業であり、DVDはクアラルンプールにあるマレーシアの会社によって販売されている(Bose 2004: 16)。

★8―シンガポールの文化政策に関する歴史的な視点と現代の動態については、(伊志嶺 2010; 川崎 2010; Kwok and Low 2002; Liew 2015)を参照。

表され、政府は本格的に芸術文化の体系的な成長に着手することになった(Kong 2000)。この報告書は、シンガポールの文化政策のモデルとして評価されており、報告書の結果を受けて、国家芸術評議会(National Arts Council)、国家文化遺産局(National Heritage Board)、国家図書館委員会(National Library Board)が設立された。さらに90年代以降には、シンガポール美術館、アジア文明博物館、エスプラネード－シアターズ・オン・ザ・ベイ、新国立図書館の新ドラマ・センターなどの文化インフラの建設が相次ぎ、それまで使用されていなかった政府関連の建物を修復して芸術団体や文化機関が利用できるようにするなど、シンガポールの文化的景観は一変することになった(Liew 2015: 24)★9。くわえて、国家遺産局の傘下には、中華系、マレー系、インド系コミュニティの文化遺産を保護・発展させるための各センターが設立された(Velayutham 2007: 129)。

90年代にシンガポールの芸術文化政策が急速に進展した背景には、経済のグローバル化に伴う市場競争の激化によって、芸術や文化が経済と密接に結びついたことがあげられる。この時期、グローバル都市を標榜する世界の多くの地域では、芸術文化産業を発展させる傾向にあった。それゆえシンガポールは、他のグローバル都市と競合するために芸術分野を発展させる必要に迫られていた(川崎 2010)。一方、80年代から90年代におけるアジア太平洋圏の経済上昇に伴い、政治的領域におけるアジア的価値の言説が高揚し、芸術の世界にも同時代的な動きが見られた。シンガポールではアジアの文化をより多く受け入れるようになり、「アジア性(Asian-ness)」の表現に傾倒した上演作品が現れ、アジア人アイデンティティの拡大を反映するようになった★10。

さらに、シンガポールがアジア経済危機から立ち直り、再び自信を取

★9—リューによれば、今日、シンガポールの芸術文化のエコシステム全体は、国家芸術評議会、国家文化遺産局、シンガポール国立大学(NUS)芸術センター、NUSミュージアムなどの国営機関や組織の優れたネットワークによって機能しているという。また民間のアートギャラリーやオークションハウス、約300のプロ・アマの芸術団体、西洋と中国のプロのオーケストラなどが、多くの人々による管理と労働力によって支えられていると述べる(Liew 2015: 25)。

★10—南洋藝術学院の舞踊学科長を務めるC・カリーノは、アジアのアイデンティティは、多くの学者によって戦略的なアイデンティティ・ポリティクスとして捉えられており、アジア太平洋経済圏の隆盛における新たな物質的条件に裏打ちされた西洋との差異を示すためのものであると指摘している(Carino 2014: 6)。

り戻した90年代後半には、芸術としての上演芸術が文化的に活気のある社会の重要な側面として認識されるようになった(Carino 2014: 1)。今日、文化と芸術は、シンガポールを知識豊富な労働者や高度な専門家を惹きつける「ルネッサンス・シティ」へと変貌させ、国のブランドを提供する上で重要な役割を果たしている。とりわけ2000年代後の20年間において、シンガポールは、アジア太平洋地域における芸術の重要拠点(ハブ)となることを目指して大きく前進したのである。

[2] 文化イベントとラーマーヤナ

正義、献身、忠誠、弱さといった普遍的なテーマを説くラーマーヤナは、何世紀にもわたってアジアの人々の想像力をかきたててきた。東南アジアの島嶼部と大陸部の広範囲に伝播したラーマーヤナは、現地の文化と融合しながら多くの芸術様式の題材となって普及している(Bose 2004; 福岡 2009)。一方、多民族国家のシンガポールでは、他の東南アジア諸国とは異なり、主にインド系コミュニティの間で祖国の文化的伝統として継承されてきた。ナヴァラートリ(9つの夜の意、女神を祀った祭)やディーパーワリー(灯明の列の意、別名光の祭)といった年中行事の際にはヒンドゥー寺院の境内や周辺施設において、あるいは毎年開催されるカラー・ウルサヴァム(インド芸術祭)や国家芸術評議会の助成のもとに催される公演では、エスプラネードなどの最新設備の整った劇場において、インド系上演芸術グループがラーマの物語を題材にした舞踊劇を上演している。また生活世界に目を向ければ、セラングーン・ロードを中心に拡がるリトル・インディア(インド人街)に店舗をかまえる書店では、『ラーマーヤナ』の英語版、ヒンディー語版、タミル語版などが販売されているほか、コミックや子ども向けの図鑑、アニメのDVDなどが陳列されている。

しかしながら、エリート開発主義国家のシンガポールにおいて、ラーマーヤナがインド系コミュニティの人びとの生活や信仰の世界に深く根付いているとは必ずしも言えない。インドの古典音楽や舞踊を習っていない限り、多くの人びとにとってラーマーヤナに触れる機会は祭礼の場や劇場でしかなく、その伝承はむしろ世代と共に脆弱している。こうしたなかで、文化芸術政策の推進と共に政府主導のもと、ラーマーヤナをナショナルな文化遺産として価値づける動きが見られるようになった。

①—シンガポール・ナイト・フェスティバル2019(公式ホームページより転載)
https://www.nightfestival.gov.sg/nightlights/detail/the-legend-of-ramayana-by-spectaculaires

そして90年代に着手された文化インフラの整備は、こうした流れを生み出す重要な役割を担っていったのである。

具体的な契機となったのは、1997年に開館したアジア文明博物館のオープニング・イベントとして企画された〈Ramayana...A Living Tradition〉展である。博物館の開館と同時に開催された同展では、ラーマーヤナの地理的な広がりと共に、文学、視覚芸術、舞台芸術などの分野で表現されてきた多様な様式が紹介された。例えば、インド、ジャワ島、バリ島、タイから収集された革製の人形やマレーシアの人形コレクションのほか、マドゥバニ、カラマカリ、チェリアル、パハリといったインドの地方に伝承されている伝統技法で叙事詩を描いた織物や紙製の絵画、さらにはバリ島のカマサン絵画やカンボジアの張り子の仮面など、高度に洗練されたものから民衆的なスタイルまで、広範囲かつ多様なコレクションが展示された(Krishnan 2010: 12)。また新旧のコンテンツが物語の背景や大陸間の差異を考慮して展示され、地域性を探求することができるよう工夫されていた。

その後、2010年4月には、プラナカン博物館において〈Ramayana Revisited〉展が開催された。この展覧会では、影絵、絵画、古代遺跡の写真など約100点が展示され、歴史的・様式的な時代を網羅しながら、地域や時代を超えてラーマーヤナがどのように描かれてきたのかを紹介している。また同展は、アジア文明博物館のコレクションを別の角度から説明するものであり、ラーマーヤナが世代を超えて魅了し続ける共通の想像力に立ち返るための試みと言えるものであった。なかでも6人の語り部が展示室で『ラーマーヤナ』の連続したエピソードを語るストーリーテリングの試みは、物語が地域を超えて広がり、地域の文化的特徴に合わせて様々な要素が洗練され、地域固有のものとして発展していることを明確に提示した[★11]。くわえて、1年間に及んだ同展覧会では、アジア地域の文化的統一のための手段として、ラーマーヤナの影響に関する調査・研究が着手されたことも見逃すべきではないだろう。アジア文化の積極的な受け入れとアジア人アイデンティティの拡がりが見られた2000年以降のシンガポールにおいて、この二つの展覧会はラーマーヤナを「われわれの文化」と位置づける機会を人びとに涵養していったのである。

今日、文化芸術政策を推進するシンガポールでは、年間を通じて様々な芸術イベントが開催されている。世界音楽やジャズの上演に焦点をあてたモザイク音楽祭、斬新な演出で観客を惹きつけるシンガポール演劇祭、国際的評価の高い海外アーティストが数多く参加するシンガポール・ビエンナーレなど、あらゆるジャンルの芸術イベントやフェスティバルが開催され、観光客やローカルの人びとを魅了している。こうした催しの1つであるシンガポール・ナイト・フェスティバルは、野外をテーマとしてアート・パフォーマンスと音楽の多角的な発信を試みており、アートとライトアップのコラボレーションが人気を集めている(志賀野 2014)。

2019年8月に商業施設エリアで開かれた〈Singapore Night Festival 2019: Night Light〉では、ラーマーヤナを題材にした作品が披露された。2019年は、英国人のスタンフォード・ラッフルズ卿がシンガポールに入植してから200年という国家として重要な節目の年であり、200周年を祝う様々なイベントが年間を通じて企画・開催された。同フェスティバ

★11―この展覧会のテーマは、17世紀のアワディ地方の詩人トゥルシーダースが『Ramacharita Manasa』で表現したストーリーテリングの概念に基づいており、物語はラーマの2人の息子の対話という形で語られている。この叙事詩を現代に伝えるために、ビデオクリップのモザイクが壁に設置され、アニメーションによる叙事詩の映像を見ることができるようになっていた(Krishnan 2010: 12)。博物館のマイケル・コー館長代理は、「当館の学芸員は、この豊かな遺産をより多くの人々に知ってもらうために、ラーマの息子たちの若々しい目線で〈Ramayana Revisited〉を紹介しました。われわれは、この古代叙事詩を新たな世代に語り継ぐ一翼を担えることに興奮していますし、願わくば、私たちの国の多様な文化をより多くの人に理解してもらいたいと思っています」と語っている(*The Indian Express*, March 9, 2010, 'Ramayana travels to New York, Singapore!)。

ルでは、東南アジアに焦点が当てられ、フォークロアや民族的なモチーフをアートやパフォーマンスなどの多様な手法で表現したプログラムで構成されていた。

同フェスティバルの目玉でもある光のインスタレーションは、イルミネーションによる変容をテーマにしており、いくつかの大規模なプロジェクション・アート作品が公開された。その中の1つは、最新の映像技術を駆使して近代的な創作イルミネーションを手がけることで世界的に有名なスペキュタキュレール社による〈The Legend of Ramayana〉というラーマーヤナを題材とした作品であった(→①)。同作品は、アジア文明博物館に収蔵されている神話や民話の場面を描いた絵巻物のナカシ・ヴェンカタラマイアの絵画からインスピレーションを得て制作されており、壮大なショーピースに姿を変えたラーマーヤナの伝説を国立博物館内にたたずむガジュマルの木にプロジェクションで投影することで、観客を叙事詩に触発された世界へと誘った★12。この多感覚的な体験は、ローカルな人びとに親しまれているガジュマルの木で、映像、音声、そしてガムラン楽器の演奏が同時に行われた初めての試みであり、大きな反響を呼んだ。最新のテクノロジーを駆使したライトアップとプロジェクション・マッピングによって映し出された幻想的な光景に、聴衆は立ち止まってスマートフォンやカメラを掲げて撮影に熱中し、その世界に浸った。テクノロジーとガムランを融合したラーマーヤナの物語は、インド系コミュニティの文化遺産としてでなく、ナショナルな伝統でありかつ現代的な創作活動の源泉として人びとの前に現れたのである。

3……インド系ディアスポラ・コミュニティにおける『ラーマーヤナ』の上演

[1] インド系コミュニティと上演芸術シーン

マレーシアからの独立後、半世紀にわたるシンガポールの国家建設において、インドの文化や伝統は多文化社会の構築に大きく貢献し、そ

★12—*The Straits Times*, August 6, 2019, 'Singapore Night Festival 2019 kicks off with three teaser installations over National Day weekend 'by Amanda Chai (https://www.straitstimes.com/lifestyle/arts/singapore-night-festival-2019-kicks-off-with-three-teaser-installations-over-national、2020年9月10日閲覧)。

の象徴ともなっている。インド系の人びとは視覚芸術や舞台芸術の分野において国内外で活躍してきた。彼らはインド人コミュニティという枠組みを超えた国家的なプレーヤーとなり、多民族・多文化の影響を統合したシンガポール独自の感性を生み出してきた(Mohideen 2016: 48)。

シンガポールにはインドの主要な民族言語集団が居住しているが、植民地期に南インドのタミル・ナードゥ州からプランテーションや建設・港湾の労働者として多くの人びとが入植した歴史的背景から、インド系コミュニティの5割以上をタミル人が構成している(Rai 2014)。そのためシンガポールにおけるインド舞台芸術シーンは、カルナータカ音楽やバラタナーティヤムといった南インドを代表する古典音楽や舞踊様式が主流を占めている。これらの音楽や舞踊はヒンドゥー教と密接な関係を持ち、19世紀初頭からヒンドゥー寺院で行われる祭礼の場で上演されてきた。

シンガポールが独立してから今世紀に至るまで、シンガポールのインド上演芸術シーンは、シンガポール・インド芸術協会(1949年設立)、バスカーズ・アーツ・アカデミー(1952年)、アプサラズ・アーツ(1977年)、テンプル・オブ・ファイン・アーツ(1981年)の通称「ビッグ・フォー」と呼ばれる4団体を中心に発展を遂げてきた。彼らは政府の助成金を得ながら長年にわたって数多くの作品を制作し続け、この分野のパイオニアとしてその地位を確立していった(Varaprasad, Rajan, Rajan, and Ramaswami 2015: 157)。

その他には、1970年代に設立された政府の外郭団体である人民協会(PA：ピープルズ・アソシエーション)が郊外に立地するコミュニティ・センターにおいて、地域の子供たちを対象にインド舞踊と音楽のクラスを開講している。クラスの指導を担うのは、ビッグ・フォーを卒業した実演家や元指導者たちのほか、近年シンガポールに移住してきたインド系新移民の妻たちである。また90年代以降には、政府主導のもとで学校教育のカリキュラムにもインド芸能が組み込まれるようになり、ラサール美術大学や南洋藝術学院などでインド音楽や舞踊のコースが開講されている。こうした高等教育機関で受講する学生は、インド系出身者とは限らず、中国系やマレー系のシンガポール人も含まれている。さらに最近では、グローバル・インド人国際学校やデリー公立学校といったインド系インターナショナル・スクールでも古典音楽や舞踊が教えられている。祖国を離れた環境のもと、子供の成長に不安を抱えるインド系新移民の親たちの間では、古典音楽や舞踊のクラスがインドの文化実践を習得・継承する場として位置づけられている（竹村 2015: 126）。

90年代から本格化した政府による芸術文化への財政支援が徐々に実を結び始め、2000年代に入ると新興のインド系上演芸術グループが台頭してきた（Rajan 2015: 52）。今日では、ビッグ・フォー以外にも複数のインド系上演芸術グループが存在し、自主公演やコンサートを開催して、才能に溢れた次世代の実演家たちに発表の場を提供している。また政府は傘下のさまざまな部署を通じて、実演家や関連団体・機関への助成金、住宅支援、全国インド音楽コンクールやシンガポール・ユース・フェスティバルなどの開催、さらには芸術活動に関連する研究や旅費に対する資金援助を行っている。こうした財政支援について、バラタナーティヤム実演家として活動する20代の女性（シンガポール・インド芸術協会の卒業生で助成金受給者）は、「これらの助成金は、国が芸術を支援していることを示すものであり、より重要なことはシンガポールの文化の中にあるさまざまな種類の芸術を国が認めているということです」と評価している（Varaprasad, Rajan, Rajan, and Ramaswami 2015: 157-159）。

くわえて、シンガポールのインド高等弁務官事務所もまた50年以上にわたってインド芸能の普及・発展における重要な支援源となってきた。特に70年代にはインド政府の公式代表として重要な役割を担っていた。また個人や企業のスポンサーも多く存在し、芸術作品の資金調達に貢献している。最近では、インド芸術祭などで海外から大規模なプロダクションを招聘したり、技術的・専門的なサポートを行ったり、インドで古典音楽や舞踊イベントを主催するイベント・マネージメント会社が設立されるなど、インド系コミュニティと上演芸術シーンは多面的な発展を遂げている。

［2］シンガポールにおける上演芸術とラーマーヤナ

シンガポールにおける上演芸術シーンにおいて、ラーマーヤナの作品を上演するのはインド系上演芸術グループがほとんどである。中でもバスカーズ・アーツ・アカデミー（旧名バスカーズ・アカデミー・オブ・ダンス）は、シンガポールで最も早い1950年代初頭からインド舞踊のコースを開講している団体であり、ラーマーヤナやマハーバーラタに関する数多くの創作作品を上演してきた[★13]。また同アカデミーの舞踊団は、シンガポール代表として国際フェスティバルやイベントに多数出演しており、1994年にはカンボジアのアンコールワット、その後はミャンマーやインドで開催されたラーマーヤナ・フェスティバルにおいて作品を上演している。

バスカーズ・アーツ・アカデミーは、2016年にバンコクで開催された東南アジア諸国連合(ASEAN)文化博覧会の関連イベントである〈ASEAN Plus Ramayana Festival〉にもシンガポール代表とし参加し、ハヌマーンがシーターと出会う場面を題材にした作品『Ramayana: Ashoka Vanam』を上演している[★14]。バラタナーティヤムの様式にもとづく同作品は、ラーマーヤナを扱った従来のインド舞踊劇の作品とは異なり、全ての役柄を女性ダンサーだけで演じ分けるという異色の試みであり、ラーマやハヌマーンなどの役柄にもあえて特別な衣装を用いずに、振付による手法のみで表現した独創的な作品であった。同アカデミーの芸術監督を務めるミセス・サンタ・バスカーは、「このようなイベントに参加することで、ASEANの伝統的な芸術・文化に対する認識を高め、近隣諸国との協力関係を築くことができる」と言い、「インドの伝統的なラーマーヤナ舞踊劇とは異なる手法を通じてシンガポールの独自性を表現したかった」と創作の意図を語った[★15]。

さらに、バスカーズ・アーツ・アカデミーは、2017年5月にシンガポール文化遺産フェスティバルとインド文化遺産センターの2周年記念行事として開催された〈Ramayana Extravaganza〉にも出演し、インドネシアの芸能を伝承するガムラン・アスマラダナやマレー系舞踊団のスリ・ワリサンとのコラボレーション作品を上演した[★16]。同フェスティバルでは、影絵と舞踊を用いてラーマーヤナを表現し、シンガポールの多文化な

★13—バスカーズ・アーツ・アカデミー(Bhaskar's Arts Academy)は、1952年に故K・P・バスカー氏(南インド・ケーララ州出身)がオーストラリアへ向かう途中にシンガポールでトランジットした際に設立したインドの舞台芸術団体である。バスカー氏がシンガポールに渡った背景については(竹村 2021)を参照。

★14—東南アジア諸国にインドを加えた9ヵ国の代表が参加した〈ASEAN Plus Ramayana〉は、ASEAN Cultural Expo 2016のプログラムの1つで、Rattanakosin City 234th Year of the Royal Benevolenceの記念行事の一環として開催された。このイベントは、ASEANの文化的多様性を促進し、ASEAN加盟国間の文化的な類似性と相違性について理解を深めることを目的としていた。

★15—ミセス・サンタ・バスカーへのインタビュー(2019年7月28日、シンガポール)。

★16—スリ・ワリサンは、文化勲章を受章したマダム・ソム・サイードによって1977年に設立された芸能団である。スリ・ワリサンは、シンガポールのマレー舞踊界の中心的存在であり、現在、

団体名または個人	演目	様式
Apsaras Arts	SITA - Selected Paintings by Raja Ravi Varma	バラタナーティヤム
Omkar Arts	The Golden Deer	バラタナーティヤム
Singapore Indian Fine Arts Society (SIFAS)	The Return of the King	バラタナーティヤム
Maya Dance Theatre	Ramayana (Chapter 1)	コンテンポラリー
Maya Dance Theatre	Ramayana (Chapter 2)	コンテンポラリー
VK Arts	The Mountains	民俗舞踊
Joyful Dancers Productions	The Wedding	ボリウッド
Medasvi School of Dance	Sita, The Faithful Wife	モヒニアーッタム
Pallavi Sharma, Chitra Shankar & Shantha Ratii	Motherhood Dance	カタック、バラタナーティヤム、オディッシー

表1―〈Culture Fest 2020 Digital〉の主な演目一覧
（インド文化遺産センターの公式ホームページをもとに筆者作成）

風景を描き出している。会場に足を運んだ観客は、壮大な通りの行列を見た後にこれまでに類のないラーマーヤナのフュージョン・パフォーマンス、たとえばサリーをモチーフにしたアートインスタレーションやワヤン・クリ、インドのタミル・ナードゥ州の民俗劇であるテルクートゥ、インドネシアのガムラン音楽とインドの古典音楽を用いた異文化間でのラーマーヤナを表現したパフォーマンスを目にした。

一方、インドの伝統や文化の継承・発展に貢献するインド文化遺産センターは、COVID-19の感染拡大による影響下にあった2020年9月に、オンラインによる文化イベント〈CultureFest 2020: Digital Edition〉を開催した。同イベントは、従来の対面形式ではなく、デジタル・プラットフォームを用いた作品をフェイスブックやオンラインで公開する形式のものであり、のべ100名以上のアーティストによる40の文化プログラムで構成され、ラーマーヤナに関するさまざまな芸術様式の演目が2週間にわたって公開された（→表1〈Culture Fest 2020 Digital〉の主な演目一覧）。期間中には作品のほとんどがデジタル化され、インド文化遺産センター

アデル・アフマド氏が中心となって、30人のアーティストと200人以上の学生メンバーとともに、上演芸術のプロフェッショナリズムの向上を目指し、こどもから若者、大人まで幅広く活動している（マダム・ソム・サイードへのインタビュー、2020年2月20日、シンガポール）。

のFacebookページで公開される一方、同センター内や野外ステージでは、ラーマーヤナというレンズを通してシンガポールにおけるインドの芸術、文化、遺産の豊かさに焦点が当てられた文化イベントやワークショップ、さらにはインドの舞踊や武術の様式を用いてラーマーヤナの主要な登場人物を表現するパフォーマンスなどが披露された。

同センターのゼネラル・マネージャーであるマリア・ババニ・ダス氏によれば、2020年9月20日時点でシンガポールを中心にインド、マレーシア、オーストラリアなどからのべ140万人以上の人々が同イベントの動画を視聴し、多くの視聴者から高評価のコメントや激励の声が寄せられたという★17。対面によるプログラムが少ないハイブリッド型のフェスティバルにもかかわらず、出演者はもとよりネット上では多くの視聴者の間で話題となり、イベントの成功を十分に感じさせる反響が見られた。こうした動きが、シンガポールにおけるラーマーヤナの普及に影響を与えるかどうかを判断するのは時期尚早だが、「シンガポールの文化遺産」としてのラーマーヤナとその表現様式に対する認識はさらに高まったと言っても過言ではないだろう。

インド系コミュニティの間で伝承されていたラーマーヤナは、シンガポールの舞台芸術シーンで活躍する中華系アーティストたちにも少なからず影響を与えている。シンガポール京劇界の重鎮でシンガポール京劇振興協会(COI)の代表を務めるチュア・スー・ポン博士は、インド文化の多様性とさまざまな芸術様式に興味を持ち、1960年代にミセス・サンタ・バスカーのもとでバラタナーティヤムを習得した。その後、インド人アーティストとの共同作業のもとでラーマーヤナとマハーバーラタの物語を京劇に翻案し、その作品を通じてシンガポールはもとより国際的に

★17―ダス氏は「参加者、視聴者、コミュニティパートナーから、今年のデジタル版は魅力的で包括的であり、自分の都合に合わせて柔軟にコンテンツを楽しむことができたという好意的なフィードバックやコメントをいただいており、心強く感じています」と説明している(Connected to India, 'Indian Heritage Centre's first-ever digital edition CultureFest closes on a high note', September 29, 2020, https://www.connectedtoindia.com/indian-heritage-centres-first-ever-digital-edition-culturefest-closes-on-a-high-note-8313.html, 2021年9月29日閲覧)。

★18―幼少期をインドネシアで過ごしたチュア・スー・ポン博士は、ラーマーヤナやマハーバーラタを扱った芸能を見て育ち、ハヌマーンなどの登場人物に強いシンパシーを感じていたという。シンガポールに移住後、ミセス・サンタ・バスカーが上演した『*Butterfly Lovers*』(1958年)に感銘を受け、彼はミセス・サンタ・バスカーに志願してバラタナーティヤムを習うことになった。それを契機として、彼はより一層インド文化に影響を受けていった(YouTube:Connected to Indiaチャンネル、2020年9月8日公開、“Taking Ramayana on a Chinese opera odyssey: Dr Chua Soo Pong”、

名を馳せている★[18]。彼の作品である『*Ramayana*』は、インドネシアの人形と中国語の台詞を用いる形で初めて上演され、88年には中国の児童劇としてラーマーヤナを北京語で戯曲化し、シンガポールでの上演を成功させた。その後、同作品は潮州語、福建語、広東語などにも翻訳されている(Rama 2015: 119)。こうした中華系の上演芸術グループによるラーマーヤナの上演は、顕著に見られる動きではないものの、多文化社会シンガポールの特徴の1つと言える★[19]。

4……ラーマーヤナ・プロダクションとグローバルなインド性の表象

[1] 伝統とテクノロジーの融合を試みるアプサラズ・アーツ

前節で述べたように、シンガポールのインド上演芸術シーンにおいて、古典舞踊を教える機関はビッグ・フォーを中心に多数あるが、その多くはカラクシェートラ様式のバラタナーティヤムを踏襲している★[20]。ビッグ・フォーのアプサラズ・アーツはそれらの1つであり、国家芸術評議会から毎年助成金(Major Grant)を受けている非営利団体である。以下では、アプサラズ・アーツの活動とラーマーヤナ作品について考察を進めていくが、その前にカラクシェートラについて触れておく。

20世紀におけるインドの上演芸術シーンでは、古典舞踊の振付家の多くがラーマーヤナを題材にした作品を発表している。ラーマーヤナと古典舞踊が接合した背景には、南インドのマドラス(現在のチェンナイ)出身の先駆的な舞踊家ルクミニー・デーヴィ・アルンデール(1904－1986、以下ルクミニー)と彼女が生み出した舞踊劇の影響を看過することはできない。

バラモン(最上位カースト)の家系で自由主義的な神智学の影響を受けて育ったルクミニーは、20世紀前半に伝統的な舞踊様式を用いながら新たな解釈を考案し、古代叙事詩を表現するための新しい舞踊の手法を生み出した。彼女は、社会から疎外されていたデーヴァダーシー(寺院付

https://www.youtube.com/watch?v=I4r2vt-Ow60&t=302s、2021年10月23日閲覧
★19―マレー系コミュニティがラーマーヤナを扱った作品の制作にはあまり積極的ではないことは興味深い。2016年8月には、シンガポールにおけるジャワ人の遺産と文化の一環として、マレー文化遺産センターが企画したインドネシア・ソロのパフォーマンス・グループによる「ラーマーヤナ・バレエ」が上演された。
★20―シンガポールのバラタナーティヤム・シーンにおいてカラクシェートラ様式が主流を占める

の女性）たちが寺院の祭礼や宮廷などで奉納していたシャディール（*Sadir*）という舞踊を習得した後、1936年に自らカラクシェートラ（Kalakshetra）という芸術機関を創設して、シャディールから官能的な部分を取り除く代わりにバクティ（献身）を強調し、厳格なポーズの角度と抑制した表現を特徴とするバラタナーティヤムの構築に貢献した★21。

イギリス植民地支配による影響と社会変動の中で、エリートたちによって禁止されていた舞踊（シャディール）に威信と尊厳を与えた彼女の貢献は、その社会・文化的側面と純粋な芸術的側面の両方において、他に例を見ないものである。そして、彼女はそれまで伝承されてきた典型的なソロ形式の演目に限定することなく、新しいプロセニアム様式の舞台空間でカタカリやヤクシャガーナといった既存の舞踊劇とは一線を画す、バラタナーティヤム様式の新しいジャンルの舞踊劇を創作したのである（Vatsyayan 2010: 175）。その舞踊劇の中で現在でもカラクシェートラで上演され続けているのが、1955年から70年にかけて振付・創作された『*Ramayana*』6部作である。

アプサラズ・アーツとカラクシェートラの伝統を受け継ぐ他の機関との大きな違いとは、アプサラズ・アーツの創設者がルクミニー本人からバラタナーティヤムを直接学んでいることである。アプサラズ・アーツは、カラクシェートラの卒業生であり同校に教師として指導してもいたS.サッティアリンガムとニーラ・サッティアリンガム夫妻によって1977年によって設立された★22。彼らは共にスリランカ出身のタミル人で、カラクシェートラで知り合い、結婚後の1977年にシンガポールへ移住した。設立以来、アプサラズ・アーツは40年以上にわたって多くの作品を発表し、シンガポールを代表するインド舞踊団の1つに成長しており、

背景については別項（竹村 2022）を参照。

★21―デーヴァダーシーとシャディールの歴史的背景については、（Kersenboom 2011）を参照。バラタナーティヤムの誕生とその動態については（Gaston 2005; Sonej 2010）、ルクミニー・デーヴィ・アルンデールについては（Meduri 2005）が詳しい。

★22―ニーラ・サティアリンガムは、1938年にニーラ・バレンドラとしてスリランカのコロンボに生まれた。5歳で舞踊を始め、コロンボのシャンティ・クマール・スクール・オブ・ダンスとカラヤ・スクール・オブ・ダンスでインドの古典舞踊であるバラタナーティヤム、カタック、カタカリ、マニプリの訓練を受けた。18歳でカラクシェートラに入学し、創設者のルクミニーの指導を受けた。ニーラは、5年間のコースを2年で修了し、バラタナーティヤムの1級優等学位を取得して卒業し、カラクシェートラの舞踊担当教員の1人に任命されている。

今日ではインドの舞踊界でも認知される存在となっている。

2005年に創設者のニーラ・サッティアリンガムが健康上の理由で第一線から退くと、アラヴィン・クマラサーミー(同じくスリランカ系タミル人、以下クマラサーミー)氏がアプサラズ・アーツの芸術監督に就任した。以後、彼の強力なリーダーシップのもとで、アプサラズ・アーツはプロの舞踊団として成長を遂げてきた。クマラサーミーが目指しているのは、アプサラズ・アーツを「国際的な舞踊団」にすることであり、そのために国際的なフェスティバルで上演できる高いレベルの作品や大規模なプロダクションの立案・創作に力を注いでいる[★23]。これまでにカンボジア、ジャワ島、バリ島などのアーティストたちと共同制作したほか、欧米の一流の舞踊団や伝説的な舞踊家、振付家、作曲家などと共演している。2020年にはこれまでの活動に関する功績が認められ、国家文化遺産局から無形文化遺産賞がアプサラズ・アーツに贈られている。

クマラサーミーはアプサラズ・アーツの作品について、シンガポールのインド舞台芸術シーンの現状を踏まえながら次のように述べている。

> ほとんどのインド古典舞踊のジャンルはソロ・ベースの形態です……、シンガポールには(インドのような)劇場(サバー)もなければ、(南インドにあるような)音楽シーズンもポンガル(ヒンドゥーの祭礼)のシーズンもありません……、何もありません。ですから、ソロのダンサーはどこに自分の活動の場を見いだせばいいのでしょうか。……だから、数が必要になると考え始めたのです[★24]。

アプサラズ・アーツの作品は、バラタナーティヤムという伝統的な舞踊様式と最新技術の舞台装置を用いたアンサンブル形式による表現の可能性に挑戦している。例えば、前述した〈CultureFest 2020: Digital Edition〉では、19世紀を代表するインド人画家でヒンドゥーの神々を描写した作品で著名なラージャ・ラヴィ・ヴァルマ(1848−1906)が描いた絵

★23—アラヴィン・クマラサーミーへのインタビュー(2019年6月15日、シンガポール)。
★24—'The Modern Dance Ensemble', paper presented by Aravinth Kumarasamy at The 38th Natya Kala Conference(Chennai, India), 2018年12月27日。

画『ラーマーヤナ』をもとにした作品『*Sita's*』を上演した。オンラインで公開された同作品は、最新のテクノロジーを駆使して、舞踊家と音楽家のデジタル出力を実現し、ラージャ・ラヴィ・ヴァルマがキャンバスに描いたように、視聴者は舞踊家によって絵画の人物に命が吹き込まれたような感覚を味わった。それは絵画を完全に3Dのデジタル化に成功した初の試みと言えるものであった。

［2］『アンジャネーヤム＝ハヌマーンのラーマーヤナ』（*Anjaneyam: Hanuman's Ramayana*）

2013年に初めてのメガ・プロダクション『*Angkor: An Untold Story*』を上演したアプサラズ・アーツは、2017年に開催されたインド芸術祭のオープニング公演（エスプラネードの15周年ならびにアプサラズ・アーツの40周年記念を兼ねる）において、エスプラネードとの提携によるラーマーヤナを題材にしたメガ・プロダクション『*Anjaneyam: Hanuman's Ramayana*』（以下、『アンジャネーヤム』）を上演した[★25]。本作品の一部は、その後2018年1月にニューデリーで開催されたインド・ASEAN記念サミットの一環として行われた〈Ramayana Festival of ASEAN Countries〉において披露されたほか、2019年8月には前述した〈Singapore Night Festival 2019: Night Light〉の野外ステージでも一部上演された。また前述の〈CultureFest 2020: Digital Edition〉や2021年5月にはオランダのコルゾ劇場が主催する〈India Dance Festival〉にて、オンラインによる公開上映も行われた。同作品はシンガポールだけでなく、インドや世界各地のインド系コミュニティの間で高い評価を得ている（→②、③）。

『アンジャネーヤム』は、アプサラ・アーツの芸術監督を務めるクマラサーミーによって企画・脚本・演出されたコラボレーション作品である。彼は、2018年に南インドのチェンナイで開催されたナーテイヤ・カラ会議（インドの舞踊に関して研究者、舞踊家、批評家などが参加する歴史ある国際会議）でのプレゼンテーションにおいて、次のように述べている。

★25―アンジャネーヤとは、ハヌマーンの別名で、「アンジャナ（ハヌマーン様の母）の息子」という意味である。クマラサーミーによると、ニーラ・サッティアリンガム女史は、インドの舞踊団として自分のラーマーヤナ作品を持ちたいと考えていたようである。カラクシェートラ出身で、ルクミニーのラーマーヤナ作品の制作に参加し、それらの作品に刺激を受けていたニーラは、グループ独自のラーマーヤナ演目を持つべきだと考えていたという。

②—『アンジャネーヤム』の1場面(エスプラネード公式ホームページより転載)
https://www.esplanade.com/festivals-and-series/kalaa-utsavam-indian-festival-of-arts/2017/anjaneyam

私たちは、他のASEAN諸国と同じように、インドの文化、宗教、芸術、音楽、舞踊と密接な関係にあります。...... シンガポールに住む私たちは、ASEAN隣国に影響を受けていますが、この作品では、インドネシアで上演されているジャワ語のラーマーヤナからインスピレーションを得ています。ヴァールミーキのオリジナルのラーマーヤナやトゥルシーダース版のラーマーヤナ、南インドのタミル・ナードゥ州のカンバ・ラーマーヤナム、そしてインドネシアのジャワ島のカカウィン・ラーマーヤナが一体となった物語をご覧いただけます。この作品は、これらの偉大なラーマーヤナの物語をまとめ、ハヌマーンを主人公として構成しています★26。

従来のラーマーヤナ舞踊劇ではラーマやシータの物語が題材とされるのに対して、『アンジャネーヤム』は、彼らと同様に重要な登場人物であ

★26—前掲(★24参照)。

③—『アンジャネーヤム』の１場面（アプサラズ・アーツ公式ホームページより転載）
https://www.apsarasarts.com/special-feature/

る猿の神ハヌマーンに焦点を当てている点が注目に値する。ハヌマーンは、ラーマ王子が10頭身の魔王ラーヴァナから妻シータを救出する作戦において重要な役割を果たす人物である。多くのラーマーヤナ作品が男性または人間の視点で語られている中で、動物を中心に舞踊シーンが展開されるのはかなり珍しいことである。ハヌマーンを主人公として設定した理由について、クマラサーミーは次のように説明する。

> （ラーマーヤナの登場人物の中で）ハヌマーンはインドだけでなく東南アジアでも人気のあるキャラクターで、ジャワのラーマーヤナでもハヌマーンの影響は大きなものと言えます。私たちは「自分たちのラーマーヤナをどのように伝えることができるか」ということを考えてきました。そして、これまでとは別の視点からラーマーヤナを捉えてみようと思いつき、ハヌマーンの人生を物語化することにしました。多くのラーマーヤナ作品では、ハヌマーンの若い頃の人生については語られることはありません。彼がラーマと出会った時から物語が始まって最後まで続くのです。そこで、私たちはハヌマーンの人生の視点から物語を語ることができると考えました。★27

『アンジャネーヤム』のプロップは、ハヌマーンの誕生から追放されたラーマ王子との出会い、そしてラーヴァナとその軍勢との勇敢な戦いまで、ハヌマーンの人生と冒険を描いている。古代インドの聖仙でラーマーヤナの編纂者と言われているヴァールミーキとハヌマーンが出会うことで、ラーマーヤナの誕生を目の当たりにし、音楽と舞踊のシークエンスで物語が展開されていく。『アンジャネーヤム』は、ラーマーヤナの物語に独自の視点を与え、これまでに創作されてきたラーマーヤナ作品の中でも物語をユニークなものにしている。イギリスの上演芸術シーンで活躍するインド人舞踊・演劇振付家のチトラ・スンダラム氏は、『アンジャネーヤム』の制作についてクマラサーミーと対談する中で、彼の新しいアプローチを次のように称賛している。

> 現代インド演劇が本格的に復活を遂げるのは、人々がインドの伝統に立ち返って創作し直した時であるとわたしは考えています。すべてのプラーナは同じ物語ですが、それをどれだけ異なる角度から見ることができるか、ということです。…………
> この作品はまさに新たなアングルからアプローチされており、あなたにとって本当にエキサイティングなことだと思います★28。

『アンジャネーヤム』に対する高い評価は、シンガポール国内というよりもインドの上演芸術シーンやスンダラム氏のような海外でインドの上演芸術に携わるインド系デイアスポラの間から数多く聞こえてくる。そこで次に、本章の考察として『アンジャネーヤム』の制作と作品に対するインド舞踊界の反応に関する分析を通して、ラーマーヤナの上演がいかにグローバルなインド人のアイデンティティと接合しているのかについて検討する。

★27―前掲（★24参照）。
★28―A conversation on the Making of Anjaneyam-Hanuman' s Ramayana by Aravinth Kumarasamy and Chithra Sundaram, May 16, 2020（https://www.youtube.com/watch?v=lUm2rZOGl80, 2020年6月30日閲覧）。

［3］作品制作の特徴とグローバルな「インド人性」

異文化交流の作品である『アンジャネーヤム』は、エラ・ダンス・シアター、カラクシェートラ・レパートリーシアター、ビモ・ダンス・シアターといったシンガポール、インド、インドネシアのアーティストによる共同のメガ・プロダクションであった。約200人が制作・上演に参加した同作品は、インドと東南アジアの叙事詩の解釈をもとに、オリジナルの音楽と照明、プロジェクションマッピングなどの最新技術を用いて、バラタナーティヤムを主体にジャワの舞踊様式を取り入れた演出がなされている(→③)。

ここで留意すべきことは、この作品のために伝説的なインド人舞踊家のV・P・ダヤンジャン(ヴァールミーキ役)とC・K・バーラゴーパル(老ハヌマーン役)の2人がインドから招聘されたという点である。さらに、特別ゲストの彼らだけでなく、ハヌマーン役にはハリー・パドマン(インド・カラクシェートラ)、ラーヴァナにはマレー系舞踊家のオスマン・アドゥル・ハミッド(シンガポール)、シーターにはラヴァニャ・アマント(インド)、インドラジットにはモハナプリヤン・タヴァラジャ(スリランカ・タミル人でアプサラズ・アーツのプリンシパル)など、この作品では主要登場人物のほとんどがシンガポール人以外の舞踊家によって演じられていたのである。アンサンブル・シーンは、アプサラズ・アーツとカラクシェートラのダンサーが務めたものの、あくまでバックダンサーの役割に過ぎなかった。

『アンジャネーヤム』は、エスプラネードで初めて3Dクアドラフォニック・サラウンド・サウンドを使用して上演された作品であった。またインド古典舞踊作品の上演において、3Dプロジェクションマッピングを成功させたのはこの作品が初めてでもあった。最新鋭の設備が整ったエスプラネードの劇場で上演に携わった技術スタッフは、ジャワのガムラン音楽とインドのカルナータカ音楽、ヒンドゥースターニー音楽のラーガを融合させた音楽を提供したラジクマール・バラティ博士とそのチーム(インド)、壮麗なビジュアルグラフィックはヒマンシュ・ゴーシュ(インド)が担い、効果的な照明はギャヤン・デヴ・シン(インド)がデザインし、音楽監督とサウンドデザインは、サイ・シャルヴァナム(インド)が担当した。すなわち、コラボレーション作品とはいえ、『アンジャネーヤム』は主要な出演者と技術スタッフがインドから招聘された作品だったのである。

『アンジャネーヤム』の芸術監督を務めたクマラサーミーは、現代の技術を統合しつつ、インドの芸術様式に見られる古くからの伝統的な美学を反映した舞台美術を意図していた。インドの著名な舞踊批評家であるS・コータリ博士が「メガ・ダンス・ドラマの『アンジャネーヤム』は、見事な映像と精緻なダンスそして優れたストーリーテリングで際立っていた」★29と評価するように、視覚的に壮大なセットと計算された振付と配置による大人数のダンス・アンサンブルは作品のスケールをアピールし、プロジェクション・マッピングによるリアルな背景は、観客が本当に大寺院や森の中にいるような感覚に陥ったり宮殿(ランカ)の壮大さを実感したりすることを可能にした。

シンガポールの芸術シーンとそのエコシステムは常に進化しており、近年ではビジュアル・アート業界も急激な成長を遂げている。シンガポールの芸術シーンが先進的な技術とハイテクなインフラを備えたプラットフォームを提供できることは明らかであり、最新のテクノロジーは観客にラーマーヤナ世界の視覚的な体験をもたらした。『アンジャネーヤム』は、シンガポールという最新の設備の整ったプラットフォームで才能あふれるインド人実演家と技術者が制作に携わったまさに「インドの作品」なのである。

コータリ博士は『アンジャネーヤム』について次のようにも述べている。

> シンガポール、インドネシア、インドの舞踊家や音楽家を起用したこの大規模な作品をアラヴィン(クマラサーミー)がエスプラネードに協賛と資金援助を求めて実現させたのは驚きでした。……ストーリーはよく知られています。他のラーマーヤナやジャワのカカウィン・ラーマーヤナを参考にしながら、アラヴィンはフラッシュバックを交えて物語を紡ぎ、時には音楽家が語り、宮殿が動き、森が現れ、海の波が轟き、ハヌマーンが飛び、スリランカに火を放ちます。このような大規模な演出

★29—Sunil Kothari. 2017. "Mesmerising show". *Tabla!: The Heartbeat of the Indian Community*. Singapore. December 1, 2017. p.10.

> は、誰もがラーマーヤナを知っていて、その上演が生きた伝統となっているインドの他の都市でも見られるに値します。シンガポールのエスプラネード・シアターには及ばないにしても、ムンバイのNCPA(国立舞台芸術センター)、チェンナイのサー・ムータ・ヴェンカタスバ・ラオ・コンサートホール、ニューデリーのシリ・フォートなどは、この作品を上演することができる会場です。インドはこれだけ豊かな国でありながら、なぜエスプラネードやそのインフラに匹敵する国立劇場がないのでしょうか。政治家たちがこの問題に真剣に取り組み、このような作品を楽しめる劇場をインドに作るべきだと思います[★30]。

コータリ博士は作品の出来もさることながら、最新の設備のもとで実現されたこの作品に対して称賛をする反面、舞台芸術に関するインド国内のインフラ設備に対して厳しく指摘している。『アンジャネーヤム』は、まさにインドと先進諸国のインフラの差を見せつける結果となったのである。

既に述べているように、アプサラズ・アーツはシンガポールを拠点にしたインド系上演芸術グループであり、『アンジャネーヤム』は、国家芸術評議会とエスプラネードから助成金と制作費の支援を受けていた。国際的な共同制作を奨励しているエスプラネードの運営サイドから見れば、多国籍によるコラボレーション作品である『アンジャネーヤム』は、文化や能力のメルティングポットが一体となって壮大なショーを作り上げた、まさにシンガポールで上演されるにふさわしい異文化交流の作品であった。同時にそれは、シンガポールの上演芸術シーンがハブとして機能し、インドのアーティストやインド系ディアスポラにグローバルな「インド性(Indianness)」を提示するプラットフォームを提供することにもなった。実際に、シンガポール人だけでなく、多くの才能あるインド人アーティストや技術者がインドでは実現できないような資金力と技術力

★30—NARTHAKI, 'Footloose and fancy free with Dr Sunil Kothari', December 11, 2017 (https://narthaki.com/info/gtsk/gtsk165.html、2020年9月25日閲覧). コータニリ博士は、インド・チェンナイのクリシュナ・ガーナ劇場で2018年12月に開催された第38回ナーテイヤ・カラ会議〈Aneka〉において、クマラサーミーによる 'The Modern Dance Ensemble' (2018年12月27日)と題されたプレゼンテーション後の質疑応答の場でも同様のコメントを述べている。

を備えたシンガポールの上演芸術シーンで活躍しており、彼らの作品はシンガポールの多文化社会を反映した芸術作品というよりも、むしろグローバルなインド文化を表象したものとなっている。

マイノリティではあるが、建国当初からシンガポールに居住し、文化・政治・経済の成長に貢献してきたインド系コミュニティの文化は、多民族国家であるシンガポールのローカルな文化遺産であると同時に今日ではナショナルな文化遺産としても価値づけられている。『アンジャネーヤム』がインド人実演家とインド人技術者が中心となってシンガポールで上演されたことは、この作品が移民国家であるシンガポールを象徴するものであるだけでなく、シンガポールで発信されたインド文化が世界中のインド系ディアスポラたちと接合することを意味してもいる。

5………ラーマーヤナの新たな役割

本章では、シンガポールにおけるラーマーヤナの受容動向とインド系上演芸術グループによるラーマーヤナを題材にした舞台作品の特徴について考察した。文化芸術政策を推進するシンガポールにおいて、ラーマーヤナをナショナルな文化遺産として位置づけようとする動きが見えるなか、文化インフラや観光・文化イベントの文脈でラーマーヤナがいかに受容・表象されているのか、またインド系上演芸術グループのビッグ・フォーの1つであるアプサラズ・アーツによるラーマーヤナを題材とした作品『アンジャネーヤム』がグローバルなインド人性の表象といかに接合しているのかについて検討した。

ラーマーヤナは、演劇や人形劇などの舞台芸術を通じて、東南アジア諸国の文化に様々な影響を与えてきた。絵画から彫刻、文学から王室の統治理念、戴冠式から火葬式、地方の舞踊から盛大な式典に至るまで、ラーマーヤナの存在や影響は、東南アジア社会の至る所で目にすることができる。序論でも述べられているように、近年では、ASEANがラーマーヤナを共通の文化遺産として重視するようになり、ラーマーヤナに関連する文化イベントが数多く開催されるようになった。ラーマーヤナはアジアに広く見られる共通の遺産であり、ASEANではおなじみの演劇のテーマとなっている。こうした動向に対して、ラーマーヤナの「生みの親」であるインドは敏感に反応し、2018年にASEAN全10ヵ国の首脳を招いて開催したサミットにおいて、インド政府はラーマーヤナを「アクト・イースト政策」におけるソフトパワー・ツールとして位置づけた★31。すなわち、ラーマーヤナはインド文化や現地化したローカル文化を反映したものというだけでなく、さまざまなエージェンシーや政治的思惑がぶつかり合うアリーナの様相を呈している。

シンガポールのインド系ディアスポラたちは、第2、第3、第4世代と世代を重ねるごとに、インドへの帰属意識よりもシンガポール人としてのアイデンティティをより強く持っている。彼らにとってラーマーヤナは、ヒンドゥー寺院の祭礼やインド系上演芸術グループが上演する舞台作品で見かける「インド」の物語であり、日常生活の中で共感できる物語や信念とは言いがたいものである。無論、ラーマーヤナは彼らのコミュニティの文化的伝統であり、今日のシンガポール社会では国の文化遺産としても位置づけられている。ラーマーヤナは、インド系ディアスポラが関与・保持する文化資源であると同時に、シンガポールが創造する文化遺産でもあると言える。

2019年、公演のためにシンガポールに招聘された、タミル地方に伝わる民俗劇のテルクートゥ伝承者は、何気ない会話の中で「この地球上に山々がある限り、ラーマーヤナは何度となく語り継がれる」とラーマーヤナについて語ったのは印象的である★32。アプサラズ・アーツによるラーマーヤナのメガ・プロダクションの成功は、最先端の技術とハイテクのインフラを備えた異文化のプラットフォームの上で、新しい世代が創造したものであり、多国籍国家シンガポールというよりもむしろ世界中に拡散するインド人ディアスポラを反映したグローバルなインド文化の象徴と言えるかもしれない。

1819年、後に「シンガポール建国の父」と称されるトーマス・スタンフォード・ラッフルズ卿がおよそ120人のインド人傭兵を引き連れてシンガポールに上陸してから200年が経った。新しい世代のインド系の人びとが彼らの祖先と同じ栄養源であるラーマーヤナから新たな意味やかた

★31—*The Economic Times*, Politics 'Asean artistes in big roles as Ramayana helps build bonds with the 10-nation bloc', January 25, 2018 (https://economictimes.indiatimes.com/news/politics-and-nation/asean-artistes-in-big-roles-as-ramayana-helps-build-bonds-with-the-10-nation-bloc/articleshow/62643526.cms?from=mdr, 2021年10月26日閲覧).

★32—テルクートゥ伝承者S·Nへのインタビュー(2018年11月20日、シンガポール)

ちを見出している。

謝辞
本研究に関する調査の一部は、文部科学省科学研究費補助金・国際共同研究加速基金(17KK0038)と基盤研究B(19H01208)の助成を受けて遂行された。ここに記して感謝の意を表す。

【引用文献】

伊志嶺絵里子. 2010 .「シンガポールにおけるパフォーミング・アーツを中心とした芸術政策の変遷——ブランド戦略の確立へのプロセス」『アートマネージメント研究』11: 48－61.

岩本裕. 1980.「解題 ラーマーヤナ」ヴァールミーキ『ラーマーヤナ 1』岩本裕訳. 平凡社. 225－350.

岩本裕. 1985.「解題 ラーマーヤナ」ヴァールミーキ『ラーマーヤナ 2』岩本裕訳. 平凡社. 289－354.

川崎賢一. 2010.「シンガポール:創造都市・グローバル文化政策・コスモポリタリズム」『日本都市社会学会年報』28. 75－86.

坂田貞二. 1997.「インドのラーマーヤナ———16世紀北インドのドゥルシーダースによる翻訳を中心に」金子量重・坂田貞二・鈴木正崇編『ラーマーヤナの宇宙』春秋社. 4－48.

志賀野桂一. 2014.「熱帯グローバル創造都市国家・シンガポール急成長の謎に迫る——そのダイナミック・ケイパビリティと文化政策」『総合政策論集——東北文化学園大学総合政策学部紀要』13(1). 107－139.

竹村嘉晃. 2015.「「伝統」を支える多元的位相ーーシンガポールにおけるインド舞踊の発展と国家」『舞踊學』38.120-137.

竹村嘉晃. 2021.「インド舞踊のグローバル化の萌芽———ある舞踊家のライフヒストリーをもとに」松川恭子・寺田吉孝編『世界を環流する〈インド〉———グローバリゼーションのなかで変容する南アジア芸能の人類学的研究』青弓社. 264－304.

竹村嘉晃. 2022.「シンガポールで開花したインドの舞踊———多文化主義のもとで生まれた新たな空間と表象」三尾稔編『南アジアの新しい波(下)』昭和堂. 105－130.

田村慶子. 1993.『頭脳国家シンガポール——超管理の彼方に』講談社.

長崎暢子. 2003.「ラームナガルの宗教劇ラーム・リーラーに関する研究資料」『国立民族学博物館研究報告』27(4). 753－788.

中村忠男. 1998.「今日のヒンドゥー教とメディア・テクノロジー」西川長夫・山口幸二・渡辺公三編『アジアの多文化社会と国民国家』人文書院. 193－209.

福岡まどか.2009.「インドネシアにおけるラーマーヤナ物語の再解釈—— R. A. コサシのコミックを事例として」『東南アジア——歴史と文化』38. 106－140.

松川恭子. 2021.「グローバリゼーションと〈インド〉文化の環流を芸能からみる」松川恭子・寺田吉孝編『世界を環流する〈インド〉——グローバリゼーションのなかで変容する南アジア芸能の人類学的研究』青弓社. 13－42.

三尾稔. 2011.「「環流」する「インド文化」——グローバル化する地域文化への視点」『民博通信』132. 2－7.

Awasthi, Induja. 2018 [1979]. “Ramlila: Tradition and Styles”. *Sahapedia*. (https://www.sahapedia.org/ramlila-tradition-and-styles, 2021年10月29日閲覧).

Bhattacharya, Abira. 2020. “Visual Manifestations of Ramayana in Folk Performances”. *Sahapedia*. (https://www.sahapedia.org/visual-manifestations-ramayana-folk-performances,

2021年10月29日閲覧).

Bose, Mandakranta. 2004. *The Ramayana Revisited*. Oxford: Oxford University Press.

Carino, Caren. 2014. "The Evolving Cultural Ecology through Dance". Burridge, Stephanie and Carino, Caren eds., *Evolving Synergies: Celebrating Dance in Singapore*. New Delhi: Routledge. 1-16.

Clark, Marshall. 2010. "The Ramayana in Southeast Asia: Fostering Regionalism or the State". Krishnan, Gauri Parimoo ed. *Ramayana in Focus: Visual and Performing Arts of Asia*. Singapore: Asian Civilizations Museum. 217-25l.

Gaston, Anne-Marie . 2005. *Bharata Natyam: From Temple to Theatre*. New Delhi: Manohar.

Iyenger, K. R. Srinivasa. 1983. *Asian Variation in Ramayana*. New Delhi: Sahitya Akademi.

Kersenboom, Saskia C. 2011 (1987). *Nityasumaṅgalī: Devasasi Tradition in South India*. Delhi: Motilal Banarsidass.

Koh Tai, A. 1980. "The Singapore Experience: Cultural Development in the Global Village", *Southeast Asian Affairs*, 7. 292-307.

Kong, Lily. 2000. "Cultural Policy in Singapore: Negotiating Economic and Socio-Cultural Agendas". *Geoforum* 31(4). 409-424.

Krishna, Gauri Parimoo. 1997. "Introduction", Asian Civilizations Museum ed., *Ramayana: A Living Tradition*. 8-21. Singapore: National Heritage Board.

―――――――. 2010. "Introduction". Gauri Parimoo Krishnan ed. *Ramayana in Focus: Visual and Performing Arts of Asia*. Singapore. Asian Civilizations Museum, Singapore: 12-15.

Kwok, Kian-Woon and Low, Kee-Hong. 2002. "Cultural Policy and the City-State: Singapore and the 'New Asian Renaissance'" Crane, Diana, Kawashima, Nobuko, Kawasaki, Ken'ichi eds. *Global Culture: Media, Arts, Policy, and Globalization*. London: Routledge. 149-168.

Liew, Chin Choy. 2015. "The Evolving Role of Cultural Administrators in Singapore". Lee, Renee ed. *Arts Hats in Renaissance City: Reflections & Aspirations of Four Generations of Art Personalities*. Singapore: World Scientific Publishing. 19-27.

Lutgendorf, Philip. 1995. "All in the (Raghu) Family: A Video Epic in Cultural Context". Babb, L. A. & S. S. Wadley eds. *Media and the Transformation of Religion in South Asia*. Philadelphia: University of Pennsylvania Press. 217-254.

Meduri, Avanthi ed. 2005. *Rukmini Devi Arundale (1904-1986): A Visionary Architect of Indian Culture and the Performing Arts*. Delhi: Motilal Banarsidass.

Mohideen, Jaya. 2016. "Indian Contribution to Visual and Performing Arts in Singapore". Pillai, Gopinath and Kesavapany, K. eds. *50 years of Indian community in Singapore*. Singapore: World Scientific. 43-49.

Raghavan, Venkatarama. 1980. *The Ramayana Tradition in Asia*. New Delhi: Sathitya Akademi.

Rajagopal, Arvid. 2001. *Politics after Television; Hindu Nationalism and the Reshaping of the Public in India*. Cambridge: Cambridge University Press.

Rai, Rajesh. 2014. *Indians in Singapore 1819-1945: Diaspora in the Colonial Port-city*. Oxford: Oxford University Press.

Rajan, Shakar. 2015. "Post-Independence: The Awakening and Maturing Years - 1965 to 2000",.

Ramaswami, Seshan and Alukar-Sriram, Sarita eds. *Kala Manjari: Fifty Years of Indian Dance Classical Music and Dance in Singapore.* Singapore: Singapore Indian Fine Arts Society. 31-52.

Rama, Sri. 2015. "Bridging Cultures: Implication of the Indian Arts on Multi-Racial Singapore". Ramaswami, Seshan and Alukar-Sriram, Sarita eds. *Kala Manjari: Fifty Years of Indian Dance Classical Music and Dance in Singapore.* Singapore: Singapore Indian Fine Arts Society. 117-128.

Ramanujan, A. K. 1991. "Three Hundred Ramayanas: Five Examples and Three Thoughts on Translation", Richman, Paula ed. *Many Ramayanas: The Diversity of a Narrative Tradition in South Asia.* Berkeley: University of California Press. 22-49.

Richman, Paula ed. 1991. *Many Ramayanas: The Diversity of a Narrative Tradition in South Asia* Berkeley: University of California Press.

Richman, Paula ed. 2000. *Questioning Ramayanas: A South Asian Tradition.* New Delhi: Oxford University Press. India.

Singh, Sherry-Ann. 2010. "The Ramayana in Trinidad: A Socio-Historical Perspective". *The Journal of Caribbean History*, 44(2):201-223.

Singh, Varsha. 2019. "Epics as Cultural Commodities: Comics Books of the Ramayana and the Mahabharata". *The Journal of Commonwealth Literature.* (https://journals.sagepub.com/doi/10.1177/0021989419881231, 2020年9月10日閲覧).

Soneji, Davesh ed. 2010. *Bharatanatyam: A Reader.* New Delhi: Oxford University Press. India.

Varaprasad, Chitra, Rajan, Uma, Rajan, Shankar and Seshan Ramaswami. 2015. "The Enablers of the Indian Performing Arts: Government, Media, the Indian High Commision, Donors and Event Managers". Ramaswami, Seshan and Alukar-Sriram, Sarita eds. *Kala Manjari: Fifty Years of Indian Dance Classical Music and Dance in Singapore.* Singapore: Singapore Indian Fine Arts Society. 156-184.

Vatsyayan, Kapila. 2010. "20th Century Interpretation of the Ramayana in Indian Dance: Rukmini Devi and Shanti Bardhan". Gauri Parimoo Krishnan ed. *Ramayana in Focus: Visual and Performing Arts of Asia.* Singapore: Asian Civilisations Museum. 175-181.

Velayutham, Selvaraj. 2007. *Responding to Globalization: Nation, Culture and Identity in Singapore* Singapore: Institute of Southeast Asian Studies, Singapore.

第6章

観光文化におけるラーマーヤナ演劇
—インドネシアとタイの事例から

福岡まどか

◉対象地域＝インドネシア・ジャワ島、バリ島、タイ・バンコク
◉主要登場人物名
【インドネシア】
ラマ、ロモ Rama（ラーマ Rama）／シンタ、シント Sinta（シーター Sita）／
アノマン Anoman（ハヌマーン Hanuman）／
スグリワSugriwa（スグリーヴァ Sugriva）／スバリSubali（ヴァーリン Vali）
【タイ】
プラ・ラーム Phra Ram（ラーマ Rama）／トッサカン Totsakan（タイ版におけるラーヴァナ Ravana）／
ハヌマーン Hanuman

はじめに

この章では観光文化の中のラーマーヤナ演劇について検討する。序章でも触れたように観光というコンテクストにおける文化表現は観光客をはじめとする外部の人々のまなざしに向けて行われる。当該地域の人々は、その地域を代表する文化表現の形態とともに観光客の期待に応える上演、観光客にとって理解しやすく楽しむことができる上演の形態を模索する。こんにちの東南アジアにおける観光客向けのラーマーヤナ演劇の上演からは、東南アジアの人々が自らの芸術伝統を基礎としつつ外部の人々に効果的にそれらを提示してきた模索の過程を知ることができる。観光文化についての考察はラーマーヤナ演劇の意味と表象との多元性を考える上で興味深いテーマの1つである。この章では観光文化に関する人類学的先行研究における論点を概観した上で、演劇表現の特性を検討する。次に事例としてインドネシア・ジャワ島の舞踊劇、バリ島のケチャの上演、タイの仮面舞踊劇の上演を検討し、それぞれの表現の特徴を提示する。最後に観光というコンテクストにおけるラーマー

①—ジャワ島プランバナンにおけるラーマーヤナの舞踊劇より
ラーマ王子と魔王ラーヴァナの戦い

ヤナ演劇の位置づけとその多元的表象の可能性を指摘する。なおこの論考の事例研究の一部は、2016年の拙著第2章4節に基づいてその内容を改稿したものであるため詳細については(福岡 2016: 51-68)を参照されたい。

1……観光文化におけるラーマーヤナ

[1] 観光文化に関する先行研究の視点

観光というコンテクストにおける文化表現に対する外部の人々のまなざしについて、社会学者のアーリは「観光のまなざし tourist gaze」(Urry 1990)という言葉を用いて説明した。彼は「人々は特別な際立った快楽を経験しなくてはならない、そしてそれらは日常生活において通常出会うものとは異なる感覚や異なるスケールのものである」(Urry 1990: 11-12)と述べる。観光というコンテクストにおける文化表現の多くは、この「観光のまなざし」に応えるものとして捉えられる。観光人類学の先行研究の中では、「観光のまなざし」に応える上演やモノも含む文化表現についてそれらが本物であるか否か、つまりその文化表現の「真正性 authenticity」があるかどうかについての議論も見られる。観光産業によるイメージの生産と流通に対して批判的見解を示したブーアスティンが観光における文化表現を「疑似イベント」と位置づけた(Boorstin 1964)こともそうした議論の一例である。「演出された真正性」に着目したマキャーネルの研究成果(MacCannell 1976)も見られる。一方で観光における「真正性」と商品化についての考察を通して「真正性」を社会的に「交渉され得るもの」としてとらえたコーエンのような立場も見られる(Cohen 1988: 374)。この立場は「真正性」を交渉によって獲得されるものと捉える考え方である。高橋はパフォーマンス研究の立場からツーリズムに関する考察を行い、デスティネーション、体験の内容などがパフォーマンスを通して構築されていく状況について記述している(高橋 2009)。観光文化の研究を行った人類学者の山下は「オーセンティシティの追及」と「疑似イベント」の間を揺れ動く経験としての観光(山下 1996: 9)のあり方を指摘した。これらの二分法自体が意味を失いつつあり、観光文化は聖俗や真偽を超えた次元でとらえるべきであると述べている(山下 1996: 9)。そして衰退しつつある文化の側面に着目する「消滅の語り」に対して新たな文化創造や変化の側面に着目する「生成の語り」の提示を行った(山下 1996: 11)。

上記に見られるような観光における文化表現を「聖俗や真偽を超えた次元でとらえるべき」(山下 1996: 9)という指摘、あるいは文化表現を社会的に交渉され構築されるものとしてとらえる観点(Cohen 1988、高橋 2009)は示唆的なものであると考える。外部の視線や観光客の期待に応えるべく対象を変化させていく方法やプロセスは観光文化研究の興味深い対象となる。

バリ島の文化観光について考察したピカールは外部の視線に向けた文化的パフォーマンスについて以下のように述べている。

> 国際的な観光化は、社会全体を駆り立て彼らの文化を海外の観衆に向けて上演するという文化的パフォーマンスの必要性を引き起こす。この要求に対する応答において現地の人々は彼ら自身の土着の参照システムと観光客の期待に関する理解の双方を基礎として、彼らの文化表象を構築する。(Picard 1990: 44)

上記のような指摘は文化的パフォーマンスが観光客向けのアトラクションとなる際の課題を考える際に重要な視点である。ピカールによる文化表象の構築についての指摘は、上記の山下による研究とも共通点が見られる。また人類学者の太田が述べる「文化の客体化 objectification of culture」の指摘(太田 2010)とも共通する視点である。太田は「文化の客体化」を「文化を操作できる対象として新たにつくりあげること」(太田 2010: 72)と位置づけ、その客体化のプロセスにおいては選択性が働き、つくりあげられた文化はもとの文脈と同じ意味を持たないことを指摘する(太田 2010: 72)。ピカールの研究対象となった観光化におけるバリ島の上演芸術は、豊富な芸術伝統を基礎にしてバリの人々が観光客の期待に応え得る表象の多様なかたちをつくりあげていくプロセスを知るための興味深い事例である。

この章ではバリ島の事例も含めた3つの事例の検討を通して観光における文化表象の構築方法を考える。上述の観光人類学の先行研究の概観から示されるように、観光文化の研究において重要なのは真正な文化と疑似イベントを対比的に捉えその真贋を問うことよりは、その文化表現の変化のプロセスや実態について検討することであるだろう。それは上記の太田による「文化の客体化」の詳細なプロセスについて知ることであり、山下による「生成の語り」に基づく文化表現の変化を知ることである。外部の視線に向けて文化表現を変化させることは、観光というコンテクストあるいは地域を代表する文化を提示するというコンテクストにおける1つの現実であり、当該地域の人々はその提示のかたちを探求してきた。文化表現の変化の諸相を検討してみることが重要である。

以上のような観点に基づき、この章では観光文化におけるラーマーヤナ演劇の物語表象について検討する。物語の多様な提示方法を伝統演劇における物語の提示方法と比較しつつ、プロット主導の提示方法が観光というコンテクストにおいて採用され広く受け入れられている現状について検討し、叙事詩ラーマーヤナの特性について考えてみたい。

[2] 観光文化における演劇の上演

観光文化の人類学的な先行研究における議論の中ではダンス、絵画、みやげもの、建造物などが同等に言及されることが多い。これらの対象はその地域の文化的特色が視覚的要素を通した分かりやすいかたちで表されているという共通点を持つ。しかしダンスや演劇などの上演芸術は、上演の一回性という点において、また視覚・聴覚をはじめとする多様な感覚によって上演を「体験する」ことに重点が置かれている点において、絵画や建造物などの有形の文化表現とは異なる特性も持つ。

ダンスや演劇を含む上演芸術は観光における文化表現の主要アイテムとされる一方で、観光におけるその表象の特質についての考察は多く見られない。その中で前述のピカールによる観光文化の研究は、バリ島の上演芸術の表象に関する詳細な検討がなされているという点で示唆的な成果である（Picard 1990）。文化観光についての論考を通してピカールは、バリ島における文化表現のあり方を「観光化された文化」として位置づけ、バリの主要な演劇的上演についての検討を行った。ピカールの研究の視点を参考にしつつ、観光というコンテクストにおけるラーマーヤナの演劇的表現の特質について考えてみたい。東南アジアにおける演劇的上演の形態は多様である。演劇の一般的定義の中で想定されるような舞台上での演技を客席の観客が観るという形態、物語を演じることが主要な内容となる形態などに限られず、さまざまな形態が見られる。舞台と客席が分かれていないこともあり、セリフや語りなどの言語テクストを含むものも含まないものもある。物語を演じるものもあれば物語と直接の関連を持たない形態もある。演劇やダンスなどのように視覚的な側面が強調される芸術でなくとも歌唱や朗誦などによって演劇的要素が提示されるケースも見られる。

そうした多様な演劇的上演の中で舞踊劇、仮面劇、影絵・人形劇などを含む演劇的上演はダンス、演技、化粧、仮面、衣装、人形、音楽、セリフ、語り、セッティング、舞台美術、上演サイト、など多くの要素を含む。序論でも述べたように演劇の形態は視覚・聴覚をはじめとする多様な感覚に訴えるこれらの要素を総合的に「体験する」ことを通して文化について知ることができるという性質を持つ。その上演の質は、演技やダンスなどの上演スキルの高さとともにセッティングや民族造形の豪華さ、精緻さ、美しさ、時には強烈さの度合いによって、そして上演サイトの位置や規模、演者の人数や舞台の広さなど上演の規模の大きさなどによっても量られることになる。

その中でラーマーヤナを題材とする演劇的上演はどのような位置づけにあるだろうか。演劇的上演は地域共同体における儀礼の場をはじめとする多様な上演機会の中で社会的に重要な位置づけを与えられてきた。そしてその芸術的価値は、上演の社会的機能との関連において重要視されてきた。この章で考察する対象地域の1つであるインドネシアのジャワ島では、ラーマーヤナを演じる影絵や人形劇はさまざまな儀礼を滞りなく終了させるために必要なものとして位置づけられてきた。上演の中で提示される登場人物像あるいは行動規範・社会的規範を通して地域の人々によって文化的要素や価値観が共有されてきたという側面もある。王宮文化を育んできた多くの地域においては、ラーマーヤナを題材とする舞踊劇などの上演芸術が宮廷の権威やパワーの象徴となり、その正統性を提示するという側面も見られる。インドネシアのバリ島の事例のように儀礼における芸術上演が疫病平癒や悪霊退散を果たすと位置づけられるケース、さらには神への捧げものとしての上演の価値が共有されるケースなども挙げられる。こうした状況下では、その社会的機能を果たすのに相応しいアーティストのスキルとカリスマ性が重視されてきた。

これらの演劇形態が観光というコンテクストに置かれた場合には、従来の社会的機能を実現するための芸術的価値に取って代わる、別な性質の価値を提示する必要が生じることとなる。儀礼の重要性あるいは王権の正統性を人々が共有してアーティストの存在とそのスキルやカリスマ性を不可欠と考える状況とは異なり、外部の観衆にとって受け入れることが可能で理解可能な芸術上演の価値を提示することが必要となる。上演芸術全般に共通の要素としては観客を魅了する上演スキルや舞台演出は重要であるだろう。それに加えて叙事詩ラーマーヤナを題材とする演劇形態の場合には、物語の提示が重要な要素の1つとなる。物語の理解しやすい提示、物語が内包する価値観の効果的な提示、また特定の登場人物やエピソードをクローズアップした見応えのある場面の提示、などが重要な要素として挙げられる。

東南アジアにおけるラーマーヤナは歴史的に長い年月をかけて普及したことに加えて、多様な分野において広く普及した。演劇的上演によって示される物語を知ることは、遺跡や寺院などに描かれたレリーフ、それらの建造物の歴史などを知ることとも密接な関連を持つ。そのため遺跡や寺院などを含む上演サイトが演劇上演の重要な要素となるケースも見られる。後述するようにジャワ島中部の舞踊劇スンドラタリ*sendratari*は世界遺産として知られるプランバナン遺跡のロロ・ジョングラン寺院を背景とする野外劇場で上演される。プランバナン遺跡はラーマーヤナのレリーフがあることでも知られており、観光客にとっては遺跡を巡りヒンドゥー文化の伝来を知るための重要な観光地でもある。舞踊劇スンドラタリの上演は同じくラーマーヤナのレリーフで知られるカンボジアのアンコールワットにおける舞踊上演に触発されて創作されたことでも知られている。物語に内包される文化の伝来の歴史が上演サイトの選定において重視されるケースもある。

演劇の題材となる物語の歴史的な経緯や遺跡・寺院などの上演サイトが重要視されることは、観光文化のパッケージ化にもつながっていく。東南アジアにおいては遺跡や寺院の観光や博物館訪問とセットでラーマーヤナ演劇の上演を観ることができるというパッケージ化も見られる。

上記のようなインド文化の伝来とその定着の歴史を知ることに加えて、物語が提示する普遍的価値観を知るという側面もある。広く知られる物語を題材とする演劇表現を観ることは、印象的な演出を通してその上演を「体験」することであると同時に、当該の物語の内容とそれが体現する普遍的価値観を理解し共有することにもつながっていく。その際にラーマーヤナの物語が描くさまざまな要素が外部の観客に受け入れられていく。序論でも述べたように、神の転生である英雄が活躍する物語は、神話と人間界の物語をつなぐものであり、現実と非現実の要素の双方が見られる。英雄が魔王を倒す勧善懲悪の内容であること、王や武将の高徳な行動規範が提示されること、英雄の放浪と冒険・戦いの物語であること、恋愛や男女の規範が示されること、一方で猿や魔物などの多彩な存在が登場すること、登場人物の不思議な能力や武器などが描かれること、などは物語として広く受け入れられやすいラーマーヤナの特徴であるだろう。

2……事例の検討

事例［1］ジャワの舞踊劇スンドラタリ *sendratari*

舞踊劇スンドラタリは、1961年にプランバナン遺跡のロロ・ジョングラン寺院の前の野外劇場で初演された。創作は、当時の運輸郵政通信観光大臣であったジャティクスモ中将による発案とされており、その上演は運輸郵政通信観光省のサポートによって行われた。

1970年にジョグジャカルタで行われたラーマーヤナのセミナーの報

告書において、スハルソはジャティクスモがカンボジアのアンコールワットにおけるダンス上演に触発されてこの舞踊劇の創作を発案したこと、またプランバナンにおけるラーマーヤナのレリーフを見て、この叙事詩に基づく上演を計画したことを述べている(Soeharso 1970: 12)。

プランバナンの野外大劇場という特別なサイトで行われた上演は、大人数の演者を動員した大規模な上演という点でも特徴的であった。ムカルディは、475人のダンサーと242人の演奏者などを含む上演であったことを記述している(Moehkardi 2011: 37)。

上演された舞踊劇のスタイルは中部ジャワ芸術の二大伝統をなすスラカルタとジョグジャカルタの様式に基づいている。さまざまな経緯を経て変化を遂げているものの、音楽・ダンスの両面において「中部ジャワの様式」であるという点はこんにち共通に認識されていると考えられる★1。

舞踊劇の創作は、インドネシアにおいて20世紀初頭から始まり次第に発展した観光産業と関連している。ジョグジャカルタ特別州の状況を分析したダーレスは、「インドネシア観光を世界的に促進するために政府の宣伝において寺院や王宮などの建造物またラーマーヤナ舞踊などの芸術表現が用いられてきたように、ジョグジャカルタの文化遺産はインドネシアの(国際的な)イメージを形成してきた」と指摘する(Dahles 2001: 20)。ここで指摘されているようにこれらの芸術表現はジャワ島のみならずインドネシアのイメージを形成する重要なアイテムであった。そして舞踊劇の創作はインドネシアにおける代表的な芸術ジャンルの創出の試みとも関連している。インドネシアを代表する「中部ジャワ様式の」演劇上演として、この舞踊劇は文化観光においてもまた国民文化としても重要な位置づけを持っている。ジャワ島とバリ島の舞踊劇の考察を行った小池は、舞踊劇スンドラタリを「国民文化」として位置づけ考察している(小池 2009)。小池が指摘するように、この舞踊劇は現在では観光芸術の主要アイテムとして位置づけられるが、創作された当初からインドネシア文化表現の代表的形式として模索され議論されてきたものである。し

★1—この点について岡部はスンドラタリが主としてスラカルタ様式に基づいていた点を指摘し、その後1970年に行われたセミナーにおいて論争が起きたことを検討している(岡部 2018: 138)。またムカルディは、当初の創作に関わったのはスラカルタの芸術家が多くスラカルタ様式が主流であったが、その後国立芸術大学ジョグジャカルタ校の学生たちの参加も影響してスラカルタ様式とジョグジャカルタ様式の折衷となったことを記述している。彼はこれを「プランバナン様式」と記述している(Moehkardi 2011: 48)。

たがってここでの「中部ジャワ様式」は、特定の地域様式を提示するものであるとともにインドネシアを代表し得る様式を提示するものとして意味を持つ。この上演様式については、1970年のラーマーヤナに関するセミナーをはじめとするさまざまな機会に研究者・専門家たちの間で議論が交わされてきた★2。舞踊劇スンドラタリは外部の人々のみならず現地の芸術家や研究者を含む多くの人々にとって、インドネシア芸術を代表し得る表現形態の要素を考えるための重要な対象として位置づけられてきた。

舞踊劇のスンドラタリという名称は芸術*seni* ドラマ*drama* ダンス*tari*に由来する。特徴は、中部ジャワ様式のガムラン音楽とダンスに基づいている点、ダンスの上演を通して物語が演じられる点、多くの演者はセリフを語ることなくまた語り手も存在しない点である。演者がセリフを語らない舞踊劇の形態はジャワ島には従来も存在していた。この形態はワヤン・オラン *wayang orang* あるいはワヤン・ウォン *wayang wong*と呼ばれ、語り手が語りやセリフを担当する。ジャワ島には影絵 *wayang kulit* をはじめとしてワヤンという語を冠する伝統演劇の形態が多く存在する。その共通の特徴は語り手（影絵や人形劇の場合は人形遣いも兼ねる）ダラン *dalang* が存在することである。したがって演者がセリフを語らないという点では、スンドラタリは伝統演劇とも共通する。一方で、語り手による語りも用いずその上演には言語テクストの要素が見られないということが、この舞踊劇の最大の特徴である。音楽とダンスのみで物語を表現する形態であり、上演から言語テクストの要素を排除した形態であるゆえに、この舞踊劇は観光客向けには「ラーマーヤナ・バレエ Ramayana Ballet」の名で知られている。

創作された当時、舞踊劇の内容は伝統演劇に見られる主要なエピソードを時系列に沿って演じるものであった。スハルソの記述によると1961年に演じられたプログラム構成は、①シーターの誘拐 Hilangnya Dewi Sinto、②ハヌマーン使者に発つ Anoman Duto、③魔王の王国を焼く

★2—岡部は1970年のセミナーでの質疑応答の検討を通して、国家の主導する国民文化の創成とジョグジャカルタ王宮舞踊の継承者たちの認識との齟齬を考察している（岡部 2018）

ハヌマーン Anoman Obong、④ラーマ橋を架ける Rama Tambak、⑤クンバカルナの戦死 Gugurnya Pahlawan Kumbokaruno、⑥シーターの火の試練 Sinto Obongとなっていた(Soeharso 1970: 14)。これらは後に4つのエピソードに集約され一晩に1つという構成で4夜にわたって演じられた。上記のような上演のプログラム構成は伝統演劇で演じられる主要なエピソードを物語の中の順序にしたがって配置したものである。したがってこの時点での上演は各エピソードに完結性があり、伝統演劇により近い物語の提示方法をとっていたと考えられる。

一方で現在、広く観光客向けに演じられる上演ではヴァールミーキ系統の物語の全体像が提示されることが主流である。プランバナン遺跡の野外劇場での一回の上演(約2時間)あるいはジョグジャカルタ街中のプラウィサタ劇場で行われる一回の上演(約1時間半)においては、物語の大筋の全体像が提示される。

プランバナンの野外劇場で2009年に上演されたプログラムは①導入、②ダンダカの森、③金色の鹿、④シーターの誘拐、⑤キシュキンダーの洞窟、⑥アルガソカの庭園、⑦ラーマ橋を架ける、⑧最後の戦い、⑨ラーマとシーターの再会、の全9場から構成されていた★3(2009年公演リーフレットPT. Taman Wisata Candi Borobudur, Prambanan, & Ratu Boko)。シーターの婿選び競技から始まりラーマとシーターの再会で終了するまでの物語の全体像が提示された。このプログラムの詳細を見ると、中には伝統演劇の名残と思われる要素も散見されるが★4、提示方法としては物語のプロットの時系列に沿った提示となっている。これは伝統演劇におけるエピソード主導の物語提示方法とは異なるやり方である。伝統的な影絵・人形劇・舞踊劇の中では1回の上演で特定のエピソードを決まった展開方法で演じるのに対して、主として物語の全体像をプロット主導の方法で提示していることが現在の観光客向けのスンドラタリ上演の特徴である。また多くの見せ場を想定した構成であることも特徴である。第1章付論で提示したように、ヴァールミーキ版のラーマーヤナでは第2篇

★3—2007年の上演は①と②の間にランカー国の場面が挿入された全10場の構成となっていた。この内容の詳細については、(福岡 2016: 53-55)を参照。

★4—これらの要素は、魔王ラーヴァナがシーターをデウィ・ウィドワティの転生として認識すること、またシーターを一人にする際にラクシュマナが魔法陣を引いたこと、落胆するラーマの元へ猿王スグリーヴァでなくハヌマーンが登場したこと、などに表される。

における人間ドラマの内容と第3篇以降の猿の国や魔王の国の物語の内容の双方が含まれている。スンドラタリの上演では、第2篇の王宮内での権力争いの内容よりは、森での放浪、金色の鹿の登場、シーターの誘拐、猿の国、魔王の王国、多様な生き物の活躍、戦い、再会とシーターの火の試練などの部分が強調される。セリフや語りを用いずに物語を進行する形態の中で、鹿、猿、魔王などの特徴的な存在を多く登場させ、冒険と戦いを強調したプロットが描かれる。見せ場の1つは⑥の最後において猿の武将ハヌマーンが捕えられ尾に火をつけられて飛び回り王国の各所を燃やす場面である。実際に舞台上に火がつけられ、ハヌマーン役のダンサーは火を飛び越して跳躍や宙返りを披露する。ダイナミックな上演は多くの観光客が注目する見応えのある場面である。

会場には物語の概要を記した各国語に翻訳されたリーフレットが用意されている。観光客はこのリーフレットを参照しながら上演を観ることによって、ラーマーヤナの物語の全体像を理解し「体験」できるようになっている。

事例［2］バリ島のケチャ

バリ島のケチャは、観光客向けの上演芸術として広く知られている。多くの男性演者による「チャック」あるいは「チュック」などの声の合唱と身振りも交えた演技が披露され、それとともに、主要登場人物たちがラーマーヤナの舞踊劇を上演する。

この演劇形態は、サンヒャンと呼ばれるトランスダンスの儀礼的な上演における男性の声（チャック cak と呼ばれる）の演技がその母体とされている。ピカールの記述によれば、1920年代ブゥドゥルBedulu 地域のダンサーであったイ・リンバックI Limbak はこの男声チャックのリーダーの演技にバリ島の戦士の舞踊であるバリスの動きを取り入れて改変を行った。それを気に入ったドイツ人芸術家ヴァルター・シュピースに、ガムランではなく男声の演技を伴奏としてラーマーヤナを演じることを提案された。1931年にシュピースは映画「悪魔の島」のアドバイザーをバロン・フォン・プレッツェンに依頼され、撮影の大半はブドゥル地域でなされた。これを契機にシュピースはケチャを改変していったとされる（Picard 1990: 60）。ケチャの上演では座りながら男声の演技を披露する演者たちはラーマーヤナの猿の軍勢に擬えられ、この芸能は観光客向けに「モンキーダンス」の名で知られるようになった。

1960年代後半、芸術大学での教育課程を終えて地元の各村へ戻ってきた卒業生たちによって、ケチャは上述のラーマーヤナ・バレエの影響を受けて改変されていった。それまではラーマーヤナの特定のエピソードを演じていたが、この時期にラーマーヤナの全編を演じる形態に変化し、振り付け・メロディー、衣装もラーマーヤナ・バレエに基づいて改変された。これが観光客向けの新たな上演として人気を博した（Picard 1990: 60）。

このような数回の改変の中で、サンヒャンの男声パートの演技の改革やラーマーヤナ・バレエの要素を取り入れたことなどによって、こんにち観光客向けに上演されるケチャと呼ばれる上演が生み出された。

バリ島南部のウルワトゥ寺院で2009年に行われたケチャの上演は、屋外の円形のスペースで演じられ、観客は上演を取り囲むように円形に配置されたコロセウムと同様の客席から演技を見る形態であった。物語は猿の武将ハヌマーンが使者となって魔王の国へ行き、シーターにラーマが救出に向かっていることを告げ、その後魔王の王国を焼いてしまうという場面で終了となった。この上演は、物語としてはラーマと魔王の戦いまでには至らずに終了しており、ラーマーヤナの全編を演じたヴァージョンではないが、ラーマーヤナの主要なプロットの部分を時系列順に提示した上演である。第3章における梅田の記述に見られるように、ケチャの上演の土台となっているのはヴァールミーキ系統の物語に基づく古代ジャワ語の韻文作品「カカウィン・ラーマーヤナ」である。この上演はヴァールミーキ系統の物語を土台としてその一部を提示したものとして位置づけられる。ハヌマーンが魔王の国に火をつけるという場面のスペクタクルが強調され、それが最終場面に置かれた上演構成であった。物語の全編を提示するという観点からは完結していない印象も否めないものの実際上は最終場面の見応えのあるインパクトによって物語のクライマックスを提示する効果があったと考えられる。またこのハヌマーンが火をつける場面を上演することによって、上演スペースは実際に火が燃えている状況となり次の場面を演じるのが難しいというテクニカルな課題もあったと推測される。上演形態としては、男声合唱とともに舞踊劇が演じられる典型的なスタイルであった。

一方で現在ケチャの上演にはラーマーヤナの物語との関連を提示しない形態もあり、ケチャの上演に「ファイヤーダンス」と呼ばれるダンス上演が組み合わされた形態も見られる★5。また新たに創作されたケチャも観光芸能として演じられている。インドネシアを代表するコンテンポラリー・ダンサーのサルドノ・クスモを中心に創作された「ケチャ・リノ」がそのひとつとして知られている。バリ島中部のウブドでは満月の夜に観光客向けの上演が行われる。ケチャ・リノはラーマーヤナの中の、猿の兄弟スグリーヴァとヴァーリンとの戦いのエピソード（バリでは「スグリワ・スバリ」と呼ばれる）を土台とする。猿の王国を争って兄弟が戦い、弟スグリーヴァが兄から妻と王国を取り戻すという物語である。筆者が2016年にウブドゥのアルマ美術館の野外ステージにおいて観た上演の中では、物語のプロットを提示することよりは、2つのグループが競演する形態の方が強調されていた。ケチャを競演する2つのグループは火のついたトーチを投げ合うなどのスペクタクルを披露した。また2つの軍勢が戦う様子は、バリ島で広く知られている闘鶏にも見たてられていると言われる。

このように、バリ島の観光芸能におけるケチャの上演には、演じられる物語、ダンスなどの面で多様な形態が見られる。男声の演技を活かした独特な音の世界を背景としてラーマーヤナの舞踊劇を演じるという形態が主流で、その中でも火を用いたスペクタクルが強調されるという顕著な特徴が見られる。この独特な上演形態のゆえに、ケチャは現在まで観光客を含む多くの人々に刺激的で印象的な上演として広く知られることとなった。

★5—ファイヤーダンスが付加された上演は、ボナ村におけるケチャの改革に由来する。再びピカールの記述を参照すると、1930年代のケチャはブドゥルに近いボナ村の上演が知られていた。だが1970年代はじめに観光化が進み、ボナのケチャは観光化におけるスペクタクルの画一化の状況と他の新たなグループとの競合によってかつての名声を失っていた。村人たちは疫病の撲滅のゆえに上演されなくなっていたサンヒャンを復活させようとした。そして彼らは、サンヒャン・ドゥダリ（エンジェル・ダンス）とサンヒャン・ジャラン（ファイヤーダンス）をケチャの上演に加えていった。儀礼の舞踊を観光客向けの上演に取り入れることに反対する立場も見られる一方で、この上演は海岸部のクタやレギャンなど他の地域でも行われるようになったという（Picard 1990: 61）。2016年ウブドゥ中心部のプーラ・ダレムの敷地内で行われた上演は、ケチャの上演にサンヒャン・ジャラン（ファイヤーダンス）が加えられたヴァージョンであった。ケチャの上演の後、男声ダンサーが登場し竹製の平たい馬を模したものにまたがってダンスを演じ次第にトランス状態になり、ケチャの上演で用いたトーチの焚火の燃える火を周囲に蹴散らしていく。演者を取り囲む円形の客席に向け

②—タイのコーンにおけるトッサカンとラーマの戦い

事例［3］タイの仮面舞踊劇コーンの観光客向けの上演

観光芸能として上演されるラーマーヤナ演劇の事例として、以下にタイにおける仮面舞踊劇について検討する。（→②）

タイの仮面舞踊劇コーンの上演の現状に関する論考の中でヤントン・リーは、タイ王国文化省芸術局、シリキット王妃によるSUPPORT財団、サーラー・チャルームクルン・プロジェクトの3つの事例を取り上げて、コーンの保存・普及・継承のそれぞれの特徴について考察している（Li 2016）。この記述を参照しつつ、実際に筆者が2019年に上演を観たサーラー・チャルームクルン（以下チャルームクルン劇場と表記）におけるコーンの上演の特徴について検討する。

この劇場での上演は2005年に始まった。それまではコーンの定期的な公演を観ることができるのは国立劇場のみであった状況の中で、観光客やコーンについてよく知らないタイの人々にコーンを知ってもらうことを目的として上演プロジェクトが始まった（Li 2016: 118）。コーンの上演に適した劇場を整備し、多くの人々が容易に上演に親しめるように定期的な上演が始まった。これは観光客のスケジュール調整のしやすさな

て、焚火の火が向かってくる臨場感が観光客にとってスリルに満ちたスペクタクルになるという演出であった。足で焚火を蹴るという危険な演技を披露したダンサーには、終了後に多くの観光客がチップを置いていくという状況も記憶に残っている。ファイヤーダンスの上演はラーマーヤナの物語と関連を持たないが、屋外のスペースで火を用いたパフォーマンスを行うのは、観客に強烈なインパクトをもたらす効果があったと考えらえる

どを重視した結果でもあるという。劇場はバンコクの中心部に近いチャイナタウンの入り口付近に位置している。現在博物館を訪れる人々が博物館訪問とセットでチャルームクルン劇場のコーンを鑑賞することが多い。こうしたハード面での整備に加えて上演の内容も改変された。提示される物語は、主要登場人物の中で特定の人物をクローズアップしてラーマーヤナを演じていくというものに変化した(Li 2016: 120)。2005年から2006年7月にかけての最初の上演に際してはラーマ王子(Phra Ram)をクローズアップした上演が創られ、その後、猿の武将ハヌマーンをクローズアップした上演が構成された(Li 2016: 120)。特にハヌマーンをクローズアップした上演は、ハヌマーンの英雄的な活躍とともにコミカルな特徴も併せて提示される上演として多くの人々に親しまれるものとなった。この上演は、人々が仮面舞踊劇に対して持っていた宮廷の高文化としてのイメージをより親しみやすい表現形態としてのイメージに変化させたことにも貢献した(Li 2016: 121)。

2019年に行われた上演は上記のようなハヌマーンの活躍をフィーチャーした形態であった。ハヌマーンが使者として魔王の王国へ行きシーター姫に出会う場面から始まり、ラーマ軍が海を埋め立てて魔王の国へ攻め入る場面、ラーマ軍と魔王ラーヴァナ(タイではトッサカンTotsakanとされる)の軍勢との戦いの場面が演じられた。各場面におけるハヌマーンの活躍が強調された。魔王の国でシーターにラーマによる救出の予定を伝える場面では、魔王の庭園の美しさを表す舞台セッティングの工夫が見られ、シーターを取り巻く女官たちの演技も含めて洗練された舞台芸術としてのコーンの特徴が示された。また戦いの場面では、舞台の両側からハヌマーンに先導されたラーマ軍の戦車と魔王の軍勢の戦車が登場し、大人数の演者を動員するダイナミックな戦いの場面が演出された。タイの古典音楽ピー・パートのライブの演奏とともに、宮廷芸術として発展してきた仮面劇コーンの豪華なセットや衣装、洗練され様式化された上演の特徴などが提示された。

冒頭でタイの大型影絵芝居ナン・ヤイの演技によって物語の大筋を説明した点、また魔王の王国の庭園、森、海、戦場などの背景を映像で投影したセッティング、さらに語り手と歌い手を兼ねた2人の演者が登場した点などもチャルームクルン劇場における上演の特徴として挙げられている点（Li 2016: 122-124）と一致していた。

物語の提示方法をはじめとする演出の工夫によって上演時間は1時間半ほどであった。単独で上演チケットを購入することも可能であったが、多くは上述のように国立博物館訪問とセットのプランとなっていた。国立博物館でタイ文化・芸術についての展示を見てタイ版ラーマーヤナであるラーマキエンについての知識を深め、主要な登場人物の仮面などを見学したのちに仮面舞踊劇コーンの上演を観るという流れである。大半の観客は博物館訪問と仮面舞踊劇鑑賞を組み合わせたツアーの参加者であったことから、この上演時間の設定もまた観光客にとって適したものであったことがうかがえる。

チャルームクルン劇場における観光客向けの上演の特徴は、ラーマーヤナの全体像を演じるのではなく特定の登場人物をクローズアップし、その登場人物の活躍を中心にして物語を提示する方法が採用されたことである。洗練された上演様式、豪華な舞台セットや衣装、精緻な装飾などをはじめ、王宮における芸術として発展してきた仮面舞踊劇の特徴を残しつつ、物語を印象的でわかり易い方法を用いて提示したことによって、観光客を含む多くの人々が上演を共有できるようにしたことが重要である。

3……考察

上記の3つの事例に基づいて、観光文化におけるラーマーヤナの演劇的上演の表象の特徴を以下に検討する。

［1］プロット主導の物語の提示

観光芸能におけるラーマーヤナ演劇に共通する特徴の1つは、演劇的上演の「意味」として物語のプロットの提示を重視した点である。観光文化の表象においては、コンテクストの変化によって文化表現の意味の読み替えがなされる。神々への捧げものであったダンスを観光客の歓迎に演じる、魔除けの儀礼における上演を観光客向けの上演に変化させる、伝統的儀礼における上演を地域の代表的文化としての提示に変えていくなど、コンテクストの変化に伴うその上演の意味の読み替えが見られる。1－［1］で述べた太田による「文化の客体化」においては、つくりあげられた文化はもとの文脈と同じ意味を持たないことが指摘されていた(太田 2010)。同様に儀礼の遂行や神への捧げものといった上演の文脈は、観光客を含む外部のまなざしに文化を効果的に提示することへと変化する。その際にラーマーヤナ演劇は物語を伴う上演であったため、演劇の「意味」としてプロットを提示することが効果的に活用された。プロットの提示方法は①全編あるいは全編の一部を提示、②特定のエピソードを提示、③ある登場人物の活躍場面を中心に構成して提示、などの方法が見られた。これらのプロットの提示を伝統演劇における物語の提示方法と比較して検討してみたい。

バリ島の舞踊劇についての記述の中で、ピカールは伝統演劇の物語の提示方法について以下のように述べている。

> バリの演劇においては、物語の筋は二次的なものであり、時としてほとんど重要でないものとなる。それは演劇的上演が、開始から結末に至る文字化されたテーマのリニアーな(直線的な)展開とは関連を持たないという意味においてである。むしろ上演は、分離した場面のつなぎ合わせによって成り立っており、独立した要素の組み合わせを構成しており、互いが並列された構成をとっている(Picard 1990: 52)。

上記の指摘はバリの演劇についてのものであるが、ジャワ島の演劇についても同様の指摘をすることができる。影絵や人形劇などのジャワ島の伝統演劇においては、物語の筋を提示することよりも様式化されたエピソードの構成を提示することに重きが置かれる。つまりここでは演劇的表現の「意味」として物語の内容そのものはあまり重視されない。多く場合、人々は既に物語のプロットを知っており、内容よりはその展開のされ方の詳細や演者のスキルの高さを楽しむ傾向がある。エピソード主導の提示方法においては、幕開き、会合、道化の演技、戦い、閉幕などを含む様式化された場面構成が決められており、内容にかかわらずこの構成に沿って提示されることになる。このようなエピソード主導の様式的上演はジャワ島やバリ島の伝統演劇の特徴である。

伝統演劇におけるエピソード主導の物語の提示は、物語世界に関する独自の認識方法である。様式化された方法で展開されるエピソードの数々を蓄積することで人々の物語世界が形成されていくことになる。人々は物語の展開や登場人物たちの勝敗の行く末を既に知っている。様式化されたエピソードの構造からも展開が分かるように示される。伝統演劇の観客にとって上演を観るという「体験」は様式的提示の細部を楽しむことである。人々はさまざまな機会に上演を「体験」してエピソードを蓄積していく。その蓄積から成る物語の全体像は不均衡で立体的なイメージの様相を呈し、それは直線的なものではない。

観光における演劇的上演では、エピソード主導の提示方法が直線的なプロットの提示に変換される。言語テクストを排除しつつ物語のプロットを分かりやすく提示し、クライマックスを演出するためにスペクタクルの部分を強調する上演が実現される。各事例からは伝統演劇における物語の提示方法が多様な方法で変換されていった経緯を知ることができる。事例[1]のジャワの舞踊劇スンドラタリと事例[2]のバリ島のウルワトゥにおけるケチャの上演に見られるのは、伝統演劇で行われてきた様式的な物語の提示方法を物語の大筋の提示に変換していった事例である。この大筋の提示は、叙事詩が内包する勧善懲悪などの普遍的価値観を提示することでもあった。

ジャワ島の舞踊劇においては、エピソードの様式的な構造ではなく直線的なプロットを提示したことによって、ジャワの伝統演劇を理解しない人々も楽しめる形態が作られた。そしてその過程において元来地方語を用いていたセリフやナレーションなどの言語表現も排除された。このように、ジャワの伝統演劇における表現方法を熟知しない観光客のための上演の特徴は、言語表現を使うことなく物語の大筋を提示するようにデザインされたプロット主導の提示方法であった。これは事例[2]のバリ島のウルワトゥにおけるケチャの上演においても同様に見られる特徴である。演劇的表現の「意味」として物語の筋が重視されたことが観光客向けの演劇上演の特徴である。一方で事例[2]のケチャ・リノでは特定のエピソードが強調され物語の一部が提示された。ケチャ・リノの上演で強調されたのは、2つのグループによるケチャの競演を通して描かれる猿族の王の兄弟スグリーヴァとヴァーリンの戦いである。影絵や人形劇などの伝統演劇の中では、猿族の王の兄弟の争いは、さまざまな伏線を持つエピソードとして描かれるが、ここでは争いや確執の複雑な経緯よりはむしろ両者が争う場面のスペクタクルが強調された。

事例[3]の観光客向けのタイの仮面舞踊劇コーンの上演は、特定の登場人物をクローズアップすることによって物語を提示するという方法をとっていた。猿の武将ハヌマーン（上演によってはラーマの場合もあり）を中心に主要な場面が構成される。叙事詩の大筋の全体というよりは、ハヌマーンの活躍する場面を抜き出して、それらを時系列に沿って配置し、ハヌマーンの活躍を通して物語を提示するという方法をとっている。宮廷内で発展したハイカルチャーとしてのコーンをより多くの人々が理解しやすいように、ハヌマーンのコミカルな特徴や活躍を描くことで物語が提示された。特定の登場人物の活躍のダイジェストを通して物語を提示するという方法が採用されたことによって、観客は短時間で物語の主要場面を体験することが可能となった。

また物語を演じるラーマーヤナ演劇は、外部の観客に対して物語が内包する普遍的価値と意味を提示する有効な1つの表現形態になっている。そこでは勧善懲悪の価値観、武将の高潔な姿、武将に忠実な家臣の活躍、男女の理想的な行動規範などが示される。文化表現の意味を深く知ることは一時的に訪問する人々にとっては難しいが、一方で観光客は代表的文化表現を知って楽しむことも求めている。言語のみならず宗教的価値観や地方独自の思想体系などを共有しない観光客に演劇形態を効果的に提示することが必要となる。観光客向けのラーマーヤナ演劇におけるプロット主導の物語の提示方法は、観光客が上演を通してラーマーヤナという歴史ある物語のプロットを理解しその普遍的価値観を確認することを可能にしている。

[2] スペクタクルの強調

観光芸能におけるラーマーヤナ演劇の上演のもう1つの特徴は、ダイナミックな戦いや演技などのスペクタクルが強調された点である。

ピカールはジャワ島の舞踊劇スンドラタリについて「ジャワ語を解さずジャワ宮廷演劇の演劇的コードを理解しないジャワ人以外の観衆に合うようにスペクタクルをデザインすることであった」と述べている（Picard 1990: 52）。前述のエピソード主導の物語提示の方法は、ここで述べられている「演劇的コード」の1つに相当するだろう。事例［1］のジャワ島の舞踊劇においては、これらの「演劇的コード」を理解しない人々のためにプロットの提示に加えて、そのプロットをより印象付ける様式的な演技やダンス、特徴的な衣装など伝統演劇における様式的表現も随所で活用されている。さらに大人数の演者によるダイナミックなダンスや戦い、アクロバティックな演技、火を用いた演出なども強調される。事例［2］のケチャにおいてもこれらの要素を見ることができる。特に屋外で火を使う上演は多く見られ、バリ島の上演芸術のインパクトを人々に印象づけるものとなっている。ケチャの上演にはラーマーヤナの物語を演じる形態がある一方で、物語と関連を持たない形態もあり、どちらの上演形態においても火を用いた演出やアクロバティックな演技が強調される。事例［3］のチャルームクルン劇場における仮面舞踊劇コーンにおいては、精緻や装飾や衣装、豪華な舞台セッティング、影絵の効果的使用、背景の投影などが工夫された。戦闘場面において舞台の両側から両陣営が戦車を用いて大人数で登場する部分は、王宮芸術としての豪華さを人々に印象づける見応えのある場面となる。

劇場空間の構成方法については事例［1］に見られる大規模なオープンシアターを用いた事例、事例［2］における屋外で円形になって観る形態、事例［3］の室内劇場において宮廷芸術の流れを受け継ぐ豪華で精緻な空間が提示された事例など多様なものが見られる。舞踊劇の野外劇場は屋外の空気を感じながら広大な舞台で繰り広げられるダンス上演と楽器演奏を楽しめる空間となっている。屋外の暗闇で火を燃やしてケチャを上演する事例では、上演サイトとなる寺院とその自然環境、火によって演出される幻想的空間が強調される。一方で事例［3］の室内劇場においては、背景画像の投影、大型影絵を用いる演出などによって演劇的空間が創出される。

このように大人数による壮大な戦い、声の演技やダイナミックなダンスの演技、特定の登場人物と場面の強調、劇場空間（屋外・屋内の双方）の演出、セッティング、衣装などの面でスペクタクルを強調した上演であることが、観光客向けのラーマーヤナ演劇の特徴の1つである。

おわりに……………… 観光文化の中のラーマーヤナ演劇の共通性と個別性の提示

観光というコンテクストにおけるラーマーヤナ演劇上演の事例からは、伝統演劇の様式化された表現方法をさまざまな方法で変化させていったプロセスを知ることができる。特に顕著に見られたのが上述のようにプロット主導の物語の提示とスペクタクルの強調である。

第1章付論に記述した岩本による文献解題においては、ヴァールミーキのラーマーヤナの特徴として第2篇に見られる人間ドラマの部分と第3篇以降のメルヘンの要素が多い部分の共存が挙げられていた（岩本 2000［1985］:244-245）。この指摘に見られるように、ヴァールミーキ版のラーマーヤナにおいては、第3篇以降に猿や魔物など人間以外の存在が多く登場し彼らが戦うという現実世界では起こり得ないような設定が見られる。

プロット主導の物語の提示においては、このような第3篇以降の部分を中心としたラーマーヤナの大筋が分かりやすく提示された。神の転生である英雄が猿の軍勢の助けを得て魔王と戦い、さらわれた妃を取り戻す、というラーマーヤナのプロットは多彩な登場人物や不思議議な出来事などのメルヘンの要素を多く提示しながら広く人々に共有されやすい見ごたえのあるプロットとして表現された。

一方で上演においては、登場人物の表現や演出の面で視覚的なスペクタクルがフィーチャーされた。東南アジアにラーマーヤナを演じる多くの仮面劇や人形劇が見られることからも分かるように、仮面や人形は人間以外の存在を表現しやすいため、物語中の多様な登場人物の表現に適している。人形劇や影絵の上演では人形操作のわざによって人間離れした演技を行うことが可能となる。また人間の俳優が演じる場合においても仮面を装着することによって動物や魔物の存在を強調することが可能となる。装飾や衣装などの豪華さ、ダイナミックな演技、華麗なダンスなどを通して視覚的なスペクタクルが強調される。

ラーマーヤナ演劇の上演においては、東南アジア演劇の共通性とともに各地の演劇表現の個別性を提示することも可能である。大筋のプロットは共通する部分が見られる一方で、各地の独自のヴァージョンや独自の提示方法が模索される。また強調される視覚的スペクタクルにも各地の独自の特徴を見ることができる。東南アジアに広く普及したラーマーヤナの演劇形態は、このようにその普遍性と個別性を提示するために適した題材として位置づけられる。そして観光文化においては、その物語の特徴のゆえにプロットの提示とスペクタクルの強調の多様な可能性が示されてきた。

【引用文献】

青山亨. 1998.「インドネシアにおけるラーマ物語の受容と伝承」金子量重・坂田貞二・鈴木正崇編『ラーマーヤナの宇宙—伝承と民族造形』春秋社. 140-163.

太田好信. 2010.『トランスポジションの思想—文化人類学の再想像』世界思想社.

岡部政美. 2018.「文化創造と文化継承—国家と担い手の視点の違い—『国家スンドラタリ・ラーマーヤナ・セミナー 1970報告書』からジャワ王宮舞踊の継承を考える」『神田外語大学紀要』30: 137-164.

小池まり子. 2009.「インドネシアにおける国民文化の創成:中部ジャワとバリにおけるスンドラタリ・ラマヤナを事例として」『言語・地域文化研究』163-184.

高橋雄一郎. 2009.「パフォーマンス研究からツーリズムを見る」『地域創造学研究』20(3): 31-54.

松本亮. 1982.『ジャワ影絵芝居考』誠文図書.

松本亮. 1993.『ラーマーヤナの夕映え』八幡山書房.

山下晋司編. 1996.『観光人類学』新曜社.

Boorstin, D. J. 1992. *The Image: A Guide to Pseudo Events in America*. New York: Vintage Books. (First published in 1962)

Cohen, E. 1988. Authenticity and Commoditization in Tourism. *Annals of Tourism Research*, 15(3). 371-386.

Dahles H. 2001. *Tourism, Heritage and National Culture in Java: Dilemmas of a Local Community*. London: Routledge.

Foley, K. 1979. The Sundanese *wayang golek*: The rod puppet theatre of West Java. Doctoral dissertation. University of Hawaii.

Li Yantong. 2016. Traditional Khone Mask Performance as Intangible Cultural Heritage (2006-2014): Cases of Department of Fine Arts Khon Troup, Her Majesty Queen Sirikit's Support Foundation Khon Project and the Sala Chalermkrung Khon Troupe. Master Thesis of Arts Program in Thai Studies, Faculty of Arts. Chulalongkorn University.

Lindsay, J. 1991. *Klasik, Kitch, Kontemporer: Sebuah Studi tentang Seni Pertunjukan Jawa* (in Indonesian). Yogyakarta: Gajah Mada University Press.

MacCannell, D. 1976. *The Tourist: A New Theory of the Leisure Class*. Barkley: University of California Press.

Moehkardi(Drs.). 2011. *Sendratari Ramayana Prambanan: Seni dan Sejarahnya* (in Indonesian). Jakarta: KPG Kepustakaan Populer Gramedia with PT. Taman Wisata Candi Borobudur, Prambanan & Ratu Boko.

Picard, M. 1990. Cultural tourism in Bali: Cultural performances as tourist attraction. *Indonesia* 4.

37-74.

Sears, L. J. 1996. *Shadows of Empire: Colonial Discourse and Javanese Tales*. Durham: Duke University Press.

Soedarsono. 1984. *Wayang Wong: The State Ritual Dance Drama in the Court of Yogyakarta*. Yogyakarta: Gajah Mada University Press.

Soeharso F. I. C. S. 1970. Sendratari Ramayana Roro Djonggrang, in Laporan Seminar Sendra Tari Ramayana Nasional Tahun 1970 di Jogjakarta tg. 16s/d 18 Sept. 70 ed. by Panitia Penjelenggara Seminar Sendra Tari Ramayana Nasional Tahun 1970. 1-72.

Sunardi D. M. 1979. *Ramayana* (in Indonesian). Jakarta: PN Balai Pustaka

Urry, J. 1990. *The Tourist Gaze: Leisure and Travel in Contemporary Societies*. London: Sage Publications.

表象されるラーマーヤナ

第7章

ラーマーヤナ演劇をめぐる近代タイ知識人の認識

日向伸介

1……誰の文化か？

2018年、タイとカンボジアのラーマーヤナ関連芸能が、ユネスコの無形文化遺産にともに登録された。タイの「コーン」(Khon 人類の無形文化遺産)と、カンボジアの「ワット・スヴァイ・アンデットのラコーン・コル」(Lkhon Khol Wat Svay Andet 緊急に保護する必要がある無形文化遺産)である。本章が取り上げるコーンについて、まずはユネスコの定義を確認しておきたい。

> コーンとは、音楽・歌声・文学・舞踊・儀礼・工芸の要素を組み合わせた舞台芸術である。コーンは、世界に秩序と正義をもたらすヴィシュヌ神の化身で英雄のラーマの栄光を表現する。多くのエピソードは、森の中の旅、猿の軍隊、羅刹の王であるトッサカンとの戦いなど、ラーマの人生を描いている。ある面において、コーンは何世紀もかけてシャム／タイ宮廷によって醸成された高級文化を代表しており、またある面においては、演劇として、異なる社会的背景をもった観客によって解釈され楽しまれてきた。年齢や地位が高い人への敬意、リーダーと部下の相互依存、支配者の名誉、悪に対する善の勝利を強調するコーンは、強力な教訓的機能を備えている。伝統的には、コーンは国王・王子たちの宮廷、そして舞踊の師匠たちの家で受け

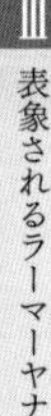

★1―UNESCOウェブサイト(https://ich.unesco.org/en/RL/khon-masked-dance-drama-in-thailand-01385)から一部修正のうえ抜粋。

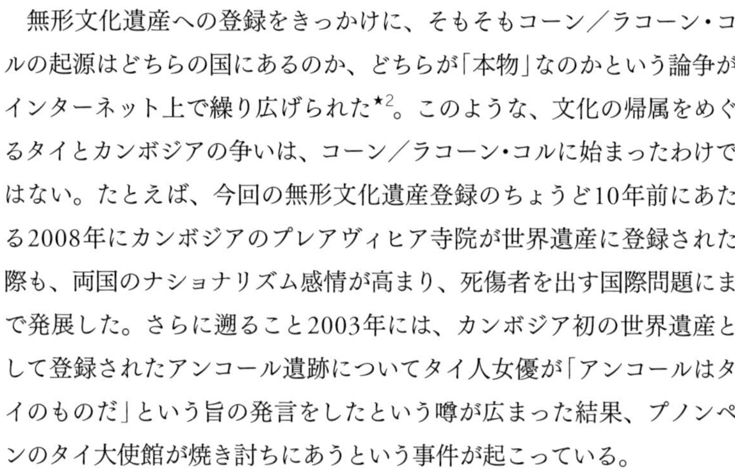

継がれてきた★[1]。

無形文化遺産への登録をきっかけに、そもそもコーン／ラコーン・コルの起源はどちらの国にあるのか、どちらが「本物」なのかという論争がインターネット上で繰り広げられた★[2]。このような、文化の帰属をめぐるタイとカンボジアの争いは、コーン／ラコーン・コルに始まったわけではない。たとえば、今回の無形文化遺産登録のちょうど10年前にあたる2008年にカンボジアのプレアヴィヒア寺院が世界遺産に登録された際も、両国のナショナリズム感情が高まり、死傷者を出す国際問題にまで発展した。さらに遡ること2003年には、カンボジア初の世界遺産として登録されたアンコール遺跡についてタイ人女優が「アンコールはタイのものだ」という旨の発言をしたという噂が広まった結果、プノンペンのタイ大使館が焼き討ちにあうという事件が起こっている。

なぜこのような対立が繰り返されるのだろうか。現代タイを代表する歴史家のチャーンウィット・カセートシリは、タイとカンボジアの文化的近接性について、次のように指摘している。すなわち、「東南アジアの近隣諸国の中で、カンボジアほどタイに似ている国はない…両国は似たような慣習、伝統、信仰、生活様式を共有している。特に王室の慣習、言語、書記体系、文学、語彙、舞台芸術について確かなことである」(Charnvit 2003)。この指摘に基づけば、両国は異なるからではなく、似ているからこそ対立しているということになる。国境を接する多くの国々がそうであるように、タイとカンボジアが歴史的に密接な関係をもち、結果として多くの文化を共有しているからこそ、その「起源」をめぐる対立が生じやすいのである。

タイ民族による最初の国家といわれるスコータイが13世紀に成立するまで、同地域がアンコール王朝の勢力下に置かれていたことは、タイの公定史観においても認められている。そのため、現在のタイ国内には、クメール語の碑文や、観光地としても有名なピマーイやパノム・

★2―特にSNS上で、タイ語、クメール語、英語による多数の投稿がなされている。この問題について歴史的な視点から分析を行った優れた解説として、タイ語オンラインメディアの*The Standard*に掲載された記事(https://thestandard.co/khon-unesco-intangible-cultural-heritage-conflicts/)があげられる。

★3―考古遺物・遺跡を通してみたタイとカンボジアのナショナル・アイデンティティについては、(Keyes 2002)を参照。

ルンのようなクメール遺跡が数多く残されている★3。また、チャーンウィットが一例としてあげている言語、特に王語と呼ばれる国王・王族関係で用いられる特殊な語彙の大半がクメール語からの借用であるように、現代ではタイの伝統として根付いていても、歴史的にはクメール文化の影響を受けて形成されたものが少なくない。

スコータイ王朝期以降の東南アジア大陸部の勢力関係を概観すると、14世期中頃に成立したアユタヤ(アユッタヤー)王朝下のシャム(1939年までのタイ国の対外的な通称)は、逆にアンコールを侵略するようになり、1431年頃に王都シエムリアップを制圧した。しかし16世紀に入ると、今度はビルマのバインナウン王(在位1551－1581)がシャムを侵略し、1564年にシャムはビルマの属国となった。シャムが独立を回復するのは16世紀末のことである。その後、17世紀後半以降はシャムとベトナムが覇権を争って度々カンボジアに干渉した。19世紀に入りイギリスとフランスが現在の東南アジア大陸部に進出するようになると、カンボジアは1863年にフランスの保護国となった。主権国家として独立を果たすのは、第2次世界大戦後の1953年のことである。カンボジア独立によって両国が対等な国民国家同士となった結果、文化の正統性をめぐる対立が顕在化したということができるだろう。

では、コーンのような特定の文化は、いつから特定の国を代表するものとして認識されるようになったのだろうか。重要な契機として、近代国家の成立がまずは考えられる。現在の東南アジア大陸部に西洋的な「国境」概念が持ち込まれたのは、19世紀以降のイギリス・フランス両国による植民地獲得競争の結果であった。それ以前、同地域では、権力の中心は明らかである一方、地図上で示される国境や、ひとつの国家が単一の主権を持つという政治的概念は希薄であった。直接的な植民地支配を免れたタイの場合も、近代的な国家意識が生まれた契機は周辺地域の植民地化であり、現在につながる領域国家の原型がつくられた後に、そこに住む人々の民族的ないし国民的なアイデンティティが事後的に形成されていった(トンチャイ2003)。特定の文化が国民ないし国家を代表するという考え方は、このような政治的背景を抜きには成立しえない。

笹川秀夫によると、今日カンボジアの国民統合において重要な役割を果たしている文化的シンボルとしての「アンコール」は、フランスによ

る植民地支配を正当化するために生み出されたものであったという。アンコールを「起源」として、アンコール時代を「栄光」の時代、ポスト・アンコール時代を「衰退」の時代と見なす歴史観は、カンボジアの「衰退」をフランスが「保護」するという植民地支配を正当化する言説と結びついて確立された(笹川2006: 229)。フランス人による1880年代の記録によると、カンボジアの宮廷では、カンボジア版のラーマーヤナである『リアムケー』(*Reamker*)とは別に、舞踊の演目としてタイ版のラーマーヤナである『ラーマキエン』(*Ramakian*)が演じられていたという。しかしアンコール偏重の歴史認識に基づき、19世紀半ば以降はシャムから強い影響を受けていたカンボジアの宮廷舞踊も、アンコール時代と直接関係する「伝統」として再解釈されていった(笹川2006: chap. 5)。

本章の目的は、ラーマキエンとコーンが国民的な文化として定着していった過程を理解するためのひとつの手がかりとして、近代タイを代表する体制派知識人が、ラーマキエンとコーンを、誰の、どのような意義をもつ文化として認識してきたのか、その系譜を跡付けることである。とりわけ、ラーマーヤナ文化を共有する近隣諸国との関係を、知識人がどのように説明してきたのかという点に着目してみたい。

タイにおける舞踊芸術の歴史についは、マッタニー・ラッタニンによる包括的な研究(Rutnin 1996)があるので、基本的な事実については同書に依拠した。また、各時代を代表する体制派知識人を取り上げるにあたり、近代タイの知識人による「タイらしさ」創出の過程を思想史的な観点から論じたサーイチョン・サッタヤーヌラックの研究(Saichon 2007b)を参考とした。以下でみていくように、体制派の知識人と目される人々はほぼ例外なくラーマキエンないしコーンに言及しており、それらが「タイ文化」をめぐる公的な言説において不可欠なテーマであることがよくわかる。

なお、文学的なテキストないし脚本としての『ラーマキエン』と舞台芸術としての「コーン」は性質の異なるものであるが、コーンにとってラーマキエンは不可欠な要素であり、両者は分かちがたく結びついているので、本章では併せて分析の対象とする。

2……絶対君主制期の王族の認識

タイにおける歴代の国王の名前や地名から★4、ラーマーヤナはスコータイ王朝期には既に知られていたと推測されている。前述のとおり、今日のタイ国の領土内には、タイ人が王朝を開いたとされる13世紀以前からクメール人が先住民族として国家を形成していた。そのため、タイ人はラーマーヤナとその舞踊を、クメール人やもう1つの先住民族であったモーン人から受容したと推測されており、「コーン」という語自体がクメール語起源であるとも言われている(Rutnin 1996: 6)。しかし、スコータイを併合したアユタヤ王朝が1767年にビルマに2度目の敗北を喫してそのまま滅亡した際に多くのタイ語史料が消失してしまったため、それ以前のタイ語のラーマーヤナ関連史料は皆無に等しい。現存する最古のまとまったテキストは、シャムの独立を回復して新たにトンブリー王朝を創始したタークシン王治世期(1767－1782)に編纂されたラーマキエンの物語の一部である。タークシン王はまた、ビルマの攻撃を免れたタイ南部のナコーンシータムマラートに残っていたアユタヤ時代の伝統を継承する舞踊団をバンコクに招いて、宮廷内での舞踊を再興したとも言われている(Rutnin 1996: 49)。一方、ラーマーヤナのカンボジア版である『リアムケー』の現存するテキストはタイ語のものよりも古く、17世紀まで遡ることができる(笹川2006: 27)。

タークシン王が創始したトンブリー王朝は1代限りで滅亡し、臣下の1人であったチャオプラヤー・チャックリーがラーマ1世王(在位1782－1809)として1782年に現ラッタナコーシン王朝(バンコク王朝)を創設した。ラーマ1世王はタークシン王に続いてアユタヤ時代の文化復興に注力し、『ラーマキエン』やアユタヤ時代の法令をもとにした『三印法典』を編纂させたほか、王室の守護寺院であるプラケーオ寺の回廊に全178面に及ぶラーマキエンの壁画を描かせた。その子にあたるラーマ2世王(在位1809－1824)は詩作や彫刻に秀でた国王であり、みずからコーンのために『ラーマキエン』の脚本を執筆しているため、その治世は劇作品と古典劇の「黄金時代」と見なされている(Rutnin 1996: 57)。しかし、ラーマ3世王(在位1824－1851)はコーンを先王のように奨励せず、宮廷内の舞踊団も一

★4—たとえば、スコータイ時代の理想的な国王として有名なラームカムヘーン王をはじめ、アユタヤ王朝の多くの国王の名前が「ラーマ」を冠している。また、ラームカムヘーン王碑文(第1碑文)の第3面には、「プラ・ラームの洞窟」(Tham Phra Ram)と記されており、タイ語で遡ることのできる最古の記録である(ただし、ラームカムヘーン王碑文についてはラーマ4世王による捏造説も存在する)。ラーマーヤナがタイ文化のさまざまな分野に与えた影響については、(Rutnin 1996)に加えて、(Singaravelu 1982)を参照。

①—トリノ万博で建設されたシャム館(左)と、同館中央ホールの中心に展示されたコーンの仮面(右)(Gerini 1912: foldout, 246)

時衰退したという。これを再興したのが、ラーマ4世王(在位1851－1868)であった。修好通商条約であるバウリング条約をイギリスと締結するなど西洋諸国との関係が強化されたこの時代、ラーマ4世王は王宮内でのコーン劇を復活させ、自身の即位式では屋外劇場を設置してコーンを演じさせた。その目的の1つは、文明的・平和的・文化的な国としてのイメージを西洋列強に対して示すことであった(Rutnin 1996: 77)。その後を継いだラーマ5世王(在位1868－1910)も、1897年にヨーロッパ行幸から帰国した際、王宮においてラーマがアヨータヤーに帰還した場面のコーンを演じさせたという(宇戸1994: 96)。5世王の治世は、シャムとイギリス・フランスの間で国境の画定作業が進み、それと並行してバンコクを首都とする中央集権国家の原型が形成された時代である。1892年には中央省庁の再編が行われ、国王のもとにある大臣職のほぼ全てを5世王の異母弟が独占する体制、すなわち絶対君主制が敷かれた。

1908年、イタリアのトリノで2年後に開催が予定されていた産業・労働国際博覧会(トリノ万博)への出展を決定した5世王は、息子ワチラーウット親王をシャム側の博覧会委員長に任命した。ところが5世王が開催を待たず1910年10月23日に崩御したことから、ワチラーウット親王がラーマ6世王(在位1910－1925)として、皇太子という地位から初めて王位を継承した。即位後間もない12月23日、6世王はトリノ万博への出展予定品の視察のために王立の博物館(現バンコク国立博物館)を訪れている(Peleggi 2002:

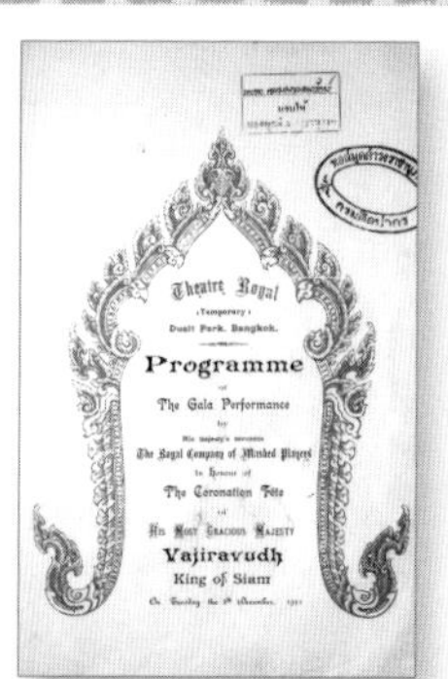

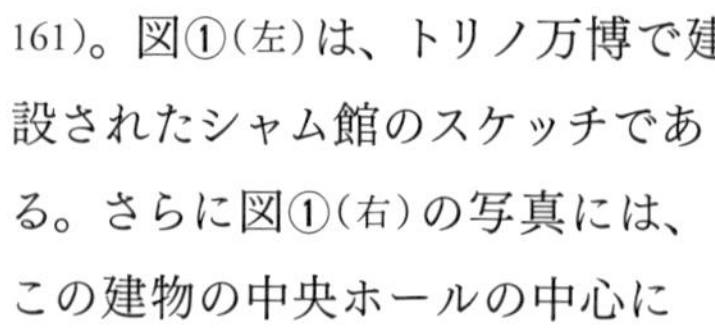

②—ラーマ6世王の即位記念で演じられたコーン劇のパンフレット(Anonymous 1911)★7

161)。図①(左)は、トリノ万博で建設されたシャム館のスケッチである。さらに図①(右)の写真には、この建物の中央ホールの中心に展示されていたコーンの仮面が写っている。万博という近代国際社会の舞台において、コーンはシャムの芸術文化をまさに代表していたことがわかる★5。

ラーマ2世王と同じく文学や演劇を愛好した6世王は、万博に限らず、即位当初からコーンを積極的に活用している。図②は、1911年12月5日にドゥシット公園で開催された即位式の祝賀会で演じられたコーンのプログラムの一部である。トリノ万博でコーンの仮面が展示されたシャム館とは対照的な洋風の建築、そしてそれを見つめる洋装女性のシルエットが描かれていることに着目したい。おそらく4世王の即位式もそうであったように、西洋のまなざしを強く意識しながら、シャムの文明を表象するメディアとしてラーマキエン／コーンが用いられていたことがわかる★6。

即位式の同年、トリノ万博出展を記念して、外国人顧問官としてシャ

★5—芸術文化を通してシャムの国際的な知名度をあげようと考えていた6世王は、トリノ万博(1911年)の後も、ライプツィヒ万博(1914年)、サンフランシスコ万博(1915年)などの国際博覧会に出展している(Vella 1978: 233)。
★6—ラーマ6世王の即位式の詳細については、Vella(1978: chap. 2)を参照。
★7—タイの国立博物館を構成するダムロン親王記念図書館が所蔵する貴重な資料である。

ムの軍隊に仕官していたイタリア人のジェローラモ・ジェリーニ(Gerolamo Emilio Gerini 1860－1913)の編集により、シャムを紹介する本がまずはイタリア語で、翌1912年には英語で刊行された。6世王はこの冊子にみずから「シャムの演劇に関するノート」という英文の記事を寄稿し、コーンを含めたタイの舞踊について解説を行っている(Vajirāvudh 1912)。さらに翌1913年、6世王はラーマ2世王版のラーマキエンを初めて出版し、同年、その解説書としてタイ語で『ラーマキエンの起源』をみずから執筆した。これは、ラーマキエンの成立について本格的なテキストの比較分析を行った初めての試みであったと考えられる。結論として、タイ語のラーマキエンには、①サンスクリット語版のラーマーヤナ(おそらくそのベンガル語版)、②ヴィシュヌプラーナ、③ハヌマーンナータカの3つの起源があると推測している(Phramongkutklaochaoyuhua 1941: 147-148)。コーンについては、アユタヤ時代のラーマティボディー2世王(在位1472－1529)治世の年代記に、「古代(劇)を演ずる」という表現が初めて登場しており、これがコーンのようなものであったと推測しているが、詳細は分からないと述べている(Phramongkutklaochaoyuhua 1941: 150)。近隣諸国におけるラーマーヤナやその表現形式との関係については特に言及されていない。ちなみに、バンコク王朝の歴代国王は、英語やその他の外国語では「ラーマ1、2、3…世王(King Rama I, II, III…)」という形式で表記されるのが通例であり本章も準拠しているが、この方式は実は比較的新しく、1916年にラーマ6世王が自身の戴冠6周年を記念して採用したものである(Vella 1978: 136-137)。

絶対君主制期を代表するもう1人の知識人として、ラーマ5世王の異母弟でラーマ6世王の叔父にあたるダムロン親王(1862－1943)があげられる。ダムロン親王は初代内務大臣(任期1892－1915)として地方統治制度の中央集権改革を指揮した行政官である。加えて、文化政策の分野においては図書館行政、博物館行政、考古学行政の原型を確立したほか、タイの歴史や文化について膨大な著作を残した知識人でもあった。今日では「タイ歴史学の父」として知られており、後世の公定史観や知識人に対して影響を及ぼし続けている。

ダムロン親王のコーンに関する説明としては、1921年の著作『イナオ劇の歴史』★8の冒頭部分に言及がある。要点を抜粋すると、タイ人は、ビルマ人やジャワ人と同じく、舞踊をインドから学んだことに間違いはない。ジャワでもタイと同じようにコーンを演じており、ラーマ5世王がジョグジャカルタに行ったときに演じてくれた。チエンマイ国王は、ラーマ1世の近衛兵だったときにコーンを練習したと言われる。コーンは地位の高い者のやるもので、ラコーンは庶民が生活のために演じるものであった。コーンは王室儀礼にとって重要だったので、誰でも演じられるわけではなく、庶民が演じられるのは光栄なことであった(Damrong 1921: 1-15)ことなどが述べられている。ラーマ6世王によるラーマキエンの由来の説明と同様、コーンをインドに直接由来するものとして認識しており、それ以外の国との影響関係については特に記されていない。なお、ラーマ5世王がジョグジャカルタでコーンを観劇したことに触れているが★9、シャムの国王自身が行幸というかたちで海を隔てたジャワまで赴いて宮廷舞踊を観劇するということは、ラーマ5世王以前にはおそらく考えられなかったことであろう。近隣の植民地行政への関心と交通手段の発達が、ヨーロッパだけでなく、海を隔てた近隣諸国との文化接触という新しい現象を生んだのである。

また、ダムロン親王は、1925年に刊行された『アンコール紀行』という著作の中で、カンボジア宮廷の舞踊劇に言及している。1924年11月10日～12月13日の旅程で仏領インドシナを訪問したダムロン親王は、プノンペンの王宮でシソワット王(在位1904－1927)に謁見し、タイ語で演じられる『プラサムット』を観劇した。ダムロン親王によると、カンボジアの宮廷劇はシソワットの父のアン・ドゥオン王(在位1840－1860)がシャムから演劇の師家を招いて以来、タイ語で演じられていたという(Damrong 1925: 140-143)。この点については、アン・ドゥオン王はシャムの後ろ盾を得て即位した国王であり、その息子で王位を継いだノロドム王(在位1860－1904)とシソワット王は幼年時代をバンコクの王宮で過ごしていることから、19世紀半ば以降のカンボジアは、シャムの宮廷文化の影響を強く受けていたことが笹川(2006: 145; Sasagawa 2005: 419)によっても指摘され

★8—『イナオ』とは、ジャワの『パンジ物語』がマレー語を経由してアユタヤ時代のシャムに伝わり、タイ語に翻案されたものである。ラーマ2世王によって現在の形に書き改められ、タイ古典文学の傑作の1つに数えられている。

★9—ラーマ5世王は1870年、1896年、1901年の3回にわたってジャワを訪れている。2回目の行幸について国王がみずから執筆した旅行記(Phrachunlachomklaochaoyuhua 1925)には、ジョグジャカルタで観劇した「王室コーン」(khon luang)の写真が掲載されている。

ている。ダムロン親王がバンコク王朝による近代シャムの国家支配を正当化する意図を持って歴史を叙述したことはつとに指摘されているが、カンボジア宮廷の演劇に関する記述に関しては、カンボジア側の状況とも整合性が認められる。

3……1932年立憲革命以降の体制派知識人の認識

シャムの絶対君主制は1932年に人民党が起こした革命によって立憲君主制に移行し、選挙に基づく代表制民主主義の原理が導入された。しかし、統治体制は大きく変わったものの、1932年以降に主流となった体制派の知識人たちは、前節で見たラーマ6世王やダムロン親王の弟子のような存在であり、基本的には絶対君主制期に形成された思想や歴史観を継承していた。1935年にラーマ7世王（在位1925－1935）が退位した後は、1950年代になるまで国王自身が未成年であったり海外在住のため留守であったりする期間が長く続くが、そのような状況の中で絶対君主制期の思想が知識人や王族によって温存されたことは、ラーマキエンやコーンのような王権と直結する文化の継承において重要な意味を持っていたと考えられる。

思想面において旧体制から新体制への架け橋をする立場にあった知識人として、ラーマ6世王の著作を読んでインドの古典文学に興味を持つようになったというプラヤー・アヌマーンラーチャトン（本名ヨン・サティアンコーセート1888－1969）をまずは取り上げたい。アヌマーンラーチャトンは、関税局の職員であった絶対君主制期からダムロン親王やナリット親王（1863－1947）に目をかけられ、彼らのもとでタイ文化について研究を始めた人物である。立憲革命後は芸術局に異動して、国歌、作文、記念碑などに関係するさまざまな文化政策に関わったほか、みずからタイの歴史、文学、民衆や地方の文化について膨大な著作を残した。ラーマキエンとコーンに関連する著作としては、『ラーマキエンの道具』（1933）や『マレーのラーマ物語』（1934）を著している。『マレーのラーマ物語』は、

★10―アヌマーンラーチャトンは同書において、オランダ人のジャワ研究者であるWillem Frederik Stutterheim（1892－1942）、イギリス人のマレー研究者であるRichard James Wilkinson（1867－1941）、William Girdlestone Shellabear（1862－1948）らの研究を参照している。

ラーマーヤナの伝播に関する西洋の研究成果★10を参照しつつ、マレー版のラーマーヤナである『ヒカヤット・スリ・ラマ』(Hikayat Sri Rama)の3種類のテキストをタイ語に訳出した著作である。序章において、マレーのラーマ物語について解説をした後、次のように述べている。

> ここまで述べてきたマレーのラーマ物語について、もしヴァールミーキのラーマーヤナに由来する話ではないのだとしたら、いずれかの民族かいずれかの言語に由来する話ということになるだろう。この点について西洋人の多くの学者がこれまでずっと検証してきたが、要するに、インドのさまざまな地方の口頭伝承に由来する話であり、さらにインドネシアの土着の物語も受容して混じりあった。それが我々のラーマキエン、ラーマジャータカ、クメールのラーマキエンまで広まったのである。これはすべて、冒頭から解説してきたように、古代から人々がお互いに交流してきた力によるものである。(Sathiankoset 1934: 11)

ラーマ6世王の研究を発展させ、新しい研究成果を参照することによってラーマキエンのテキストの起源の1つをマレー版のラーマーヤナに求めていることがわかる。また、ラーマキエンを王室に特化した文化としてのみ捉えるのではなく、それを成立させた背景として「人々の力」の存在にあえて言及しているのは、絶対君主制期の知識人には見られなかった認識のあり方と言える。

アヌマーンラーチャトンと同じく、絶対君主制期から教育行政官僚として活躍し、やはりダムロン親王の直接的な影響を受けていた知識人として、ターニー親王(1885−1974)もあげられる★11。ラーマキエンについて多くの著作を残したターニー親王は、たとえばラーオ文化圏における仏教説話に取り込まれたラーマ物語について、1946年に『ラーマジャータカ:

★11—ターニー親王は、上述したラーマ6世王の「シャムの演劇に関するノート」(1912)が『シャム協会誌』(*Journal of the Siam Society*)に1966年に再録された際に解説を付している。

★12—ラーオ文化圏を含め、タイ中部を取り巻く地域のラーマーヤナ物語とラーマ1世王版ラーマキエンのテキストを比較分析することにより、ラッタナコーシン王朝の王権イデオロギーの一端を浮き彫りにした優れた論考として、宇戸(1994)の研究をあげておきたい。

ラーオ版のラーマ物語』と題する英語の論文(Dhani 1946)を著している[★12]。アヌマーンラーチャトンとターニー親王はともに、ラーマ6世王以降によって着手されたラーマキエン研究を出発点としながら、ラーマキエンをインドとの関係からのみ理解するのではなく、近隣地域や国内における諸類型にも注意を払っている点が重要である。

次に、人民党政権期からサリット政権期(1959－1963)に至るまで、政府のイデオローグとして中心的な役割を果たしたルワン・ウィチットワータカーン(本名キム・リアン1898－1962)に着目したい。ウィチットワータカーンは立憲革命後に芸術局局長に就任し(任期1934－1942)、ピブーンソンクラーム第1次政権期(1938－1944)にはラッタニヨムと呼ばれる愛国主義的な文化政策の策定において重要な役割を果たした人物である。前述のアヌマーンラーチャトンを芸術局に誘ったのもウィチットワータカーンであった。彼は芸術局が管轄する文学・考古学・舞台芸術・言語といった諸分野の中でも特に舞台芸術に力を入れ、国立の演劇舞踊学校や舞踊団を設立したほか、みずから愛国的な歴史劇の脚本を執筆した(Barmé 1993: 116)。

ウィチットワータカーンは、王室コーン局の局長であったプラヤー・ナッタカーヌラック(本名トーンディー・スワンナパート1865-1935)の葬礼配布本として、世界中の舞踊芸術について解説した『舞踊』を1936年に刊行している。タイの舞踊の歴史についてとりあげた第7章では、コーンはかつて王室儀礼としてだけ演じられるものだったので、今のように好きな時に観ることはできなかったと述べている(Wichitwathakan 1936: 25-26)。コーンやラーマキエンが他の国や地域とどのような関係にあるのかついては特に記されていないが、タイの舞踊全体について述べた本の最後の部分では、他国と比較して次のような記述がなされている。

> タイ人の舞踊は世界のあらゆる舞踊の中で最高のものと見なすことができる。ビルマ人、クメール人、タイ・ヤイ人、そしてメーコーン川左岸のタイ人は、シャムのタイ人をこの芸術における教師と見なしている。遠い昔、ギリシアの諸国家がアテネを教師たる国家として賞賛したのと同様である。アテネがギリシアの中心であったように、シャムはスワンナプームの中心

になろうとしている。この理由により、良い教育を受けた人、嫉妬心のない人、公正な思想を持つ人、有益なことを生み出すことに熱心な人は、舞踊は国民の名誉のひとつであると賞賛するのである。(Wichitwathakan 1936: 57)

タイ人が舞踊の分野において近隣の民族に影響を与えたのが事実だとしても、まわりの国々がシャムをギリシアのアテネのようだと賞賛しているというのは明らかに誇張であり、ウィチットワータカーンの自民族中心主義が如実に表れている文章である。また、戦前のピブーンソンクラーム政権は、ラーマ5世王治世期の領土画定作業によって英仏に「割譲」された領土を取り戻そうという汎タイ主義と呼ばれる領土拡張主義を掲げるが、国境を越えて広がるタイ系民族である「タイ・ヤイ人」や「メーコーン川左岸のタイ人」への言及、インドシナ半島を包括的に名指す「スワンナプーム」といった言葉には、その思想の萌芽が窺える。

アヌマーンラーチャトンやウィチットワータカーンの次の世代で、芸術局で大きな役割を果たしたのがタニット・ユーポー(1907－2004)である。タニットは立憲革命後の1934年に芸術局に入局し、戦後は1956－1968年の12年間にわたって局長を務めた。彼はアヌマーンラーチャトンと同じように国内外の研究成果を積極的に取り入れながら、コーンについて多くの著作を残している。芸術局長時代に出版した『コーン』(1957)では、コーンの起源、王室コーンの歴史、仮面、楽団、鑑賞方法など、コーンについて俯瞰的な解説を行っている(Thanit 1957)。

戦後のタイにおけるコーンの歴史を考えるとき、欠かすことのできない重要人物がクックリット・プラーモート(1911－1995)であることは間違いないだろう。クックリットは1975～1976年にかけて第13代首相を務めた政治家であるとともに、新聞紙の創刊者、ジャーナリスト、大学教員、小説家など幅広い分野で活躍した知識人であり、みずからコーンを演じる舞台芸術家でもあった[★13]。政治家・文筆家であると同時にみ

★13―クックリットのコーンの師は、ルワン・ウィチットワータカーンがその葬礼配布本で『舞踊』を記した王室コーン局局長のプラヤー・ナッタカーヌラックである。

ずから演じることにも熱心だったという点は、ラーマ6世王に似ているところがある。

クックリットはコーンの保存・振興のため、1973年に「コーン・タムマサート」という名の劇団をタムマサート大学内に設立しているが(Rutnin 1996: 195-196)、サーイチョンによると、クックリットはコーンの練習を通して、国王への忠誠心や社会の中での上下関係を学生に学ばせようと意図していたという。さらに、ミドルクラスとして政治的・経済的な影響力をもっていた中国系タイ人の学生を「完全なタイ人」にしようと考えていた。その政治的背景として、1960－70年代におけるベトナム戦争の激化、近隣諸国(ベトナム、ラオス、カンボジア)の相次ぐ共産主義化、そして中国との国交正常化があげられる。国交正常化による共産主義の影響を危惧したクックリットは、王室と密接に関係した保守的な文化であるコーンを通して、伝統的なモラルを中国系タイ人に教育しようとしたのである(Saichon 2007a: 279-288)。

他国との関係については、クックリットはコーンの起源はインドにあり、東南アジアの他の国々と祖先を共有していると認識していた。しかし、タイ人は他の地域の文化をただ受容するのではなく、自分たちが持っているものを常に注入し、最終的にはタイ的なものへと変えてしまうのだと述べている(Saichon 2007a: 278)。また、コーンに関するあるインタビューでは、次のような興味深いやりとりをしている。

質問者◉タイのコーンはクメールから受容したものだと聞いたことがありますが、どう思われますか？

クックリット◉君はそんな話をどこから聞いたのか。我々タイ人は自分のものが何もないと言いたいのかね？ビルマ、ケーク★14、中国から受容したといって。なんで我々は自分で考え出すことができないと思うんだ？…クメールの宮廷にはタイのような

★14―「ケーク」は「客」を語源とするタイ語で、来客・訪問者を意味するほかに、そこから派生して、インド・スリランカ・パキスタン・バングラデシュ・アフガニスタン・ネパール・インドネシア・マレーシア・中東等の地域の人々を総称して呼ぶ語である。クックリットがここでどの地域を具体的に想定しているのかはよく分からないが、文脈からすると近隣のマレーシアやインドネシアは少なくとも含意していると思われる。

コーンがないのは確かだ。(Sayamrat 1994: 32-33)

先に補足をしておくと、クックリットは別の場所では、タイの王権思想や王室に関連する語彙のほとんどはカンボジアに由来すると述べており(Kasetsiri 2003)、クメール文化の影響を全否定するような思想を持っていたわけではない。ところが、少なくとも上記のインタビューにおいては、クックリットがクメールやその他の国からの影響を頭ごなしに否定し、コーンはあくまで「タイ固有の文化」であると強く主張していることが明らかである。このような極端な発言を行った背景は不明だが、質問に対して感情的に反応していることが語調からもわかるように、クメール文化に対する複雑な思いがふと露呈した瞬間といえるのではないだろうか。

4……ある日本人の認識

最後に視点を少し変えて、ラーマ6世王治世期から第2次世界大戦終戦直後まで工芸の専門家としてシャムに在住した三木栄(1884－1966)という日本人を取り上げたい。三木は、東京美術学校で漆芸を専攻した工芸家で、卒業の翌年にあたる1911年、シャム政府の招聘依頼を受けて派遣された人物である。彼の初仕事はラーマ6世王の戴冠式用の玉座の製作であり、その後もシャム政府に雇用されながら文化財の修繕に従事し、美術学校の教員も務めている。それ以外にも、日本人会の会長、日本語学校校長を歴任したほか、タイに関する多数の著作を残した。三木は本章で取り上げたダムロン親王やウィチットワータカーンとも直接親交を持った人物であり、タイ文化に関する彼らの考え方との比較をする上でも有益な事例と言える。1939～1945年にかけてはタイ国籍も取得していたことから、名実

③—『タイ国の「西遊記」(ラーマキエン)』表紙(三木1961)

ともに近代タイ知識人の1人であった。

日本に帰国した後、三木は『タイ国の「西遊記」(ラーマキエン)』と題する本を1961年に刊行している。ラーマキエンとコーンについての日本語による初めての本格的な紹介であった同書は、まずインドにおけるラーマーヤナの成立について述べ、次いでアジア各地とタイへの伝播、ラーマーヤナの概要を説明した後、本編としてタイ国のラーマキエンの内容を詳しく紹介している。近隣諸国との影響関係については、タイへの直接的な影響としてではないが、スコータイ建国以前に同地を勢力下に置いていたアンコール王朝の遺物の事例を取り上げ、既にラーマーヤナが伝わっていたことを指摘している(三木1961: 9-10)。

本章で見てきた他の知識人と大きく異なるのは、ラーマーヤナの伝播を現在のインドから東南アジア地域(ベトナム、フィリピンを除く)の範囲で説明するのではなく、中国や日本など東アジア地域までを含めた汎アジア的文化であることを、次のように強調している点である。

> 古来、東洋諸国の中でもジャワ、スマトラ、シャム、カムボヂヤ、バリー島、マライ、ビルマ、アンナン、ラオス等の南方諸国に古くから伝わり、かの西遊記★15や日本の桃太郎の鬼ケ島鬼退治★16のごときも之にヒントを得たものと称すべく、東洋全体に遍く広汎に伝播、普及されている。(三木 1961: 6)

また、コーンの特徴については次のように分析している。

> タイの古典劇は欧風とは大いに趣を異にし、共通点さえ見出すことはできない純然たる東洋形で、四肢に不断の力をいれては同定に優雅に淑やかに前後左右移動して進退する。姿はできるだけ、しなわせて舞うので、タイ独特に舞踊の魅力と美風が感ぜられるのである。(三木1961: 24)

★15—西遊記は、6世紀に仏教研究のためにインドを訪れた中国の僧侶、玄奘の旅をもとに、さまざまな地方の伝説を取り込みながら脚色されて成立した物語で、現存する最古の版は16世紀に出版されている。西遊記の登場人物の1人である孫悟空のモデルがハヌマーンであるという説がある。詳しくは(中野2002:188-210)を参照。

★16—日本の桃太郎伝説の一部には、ラーマーヤナが取り込まれているという説がある。詳しくは、本書第8章を参照。

近代日本における南進論の影響下にあった三木は、独自の視点をもちながらも★17、たとえば17世紀にアユタヤに渡って活躍したとされる山田長政にこだわりをもっていたように★18、「東洋」という空間の中で、日本とのつながりを強く意識しながらタイの歴史と文化を捉えようとする傾向の強い知識人であった。ラーマキエンやコーンについて説明する際、三木が用いている「東洋」という枠組みを、本章で取り上げた他の知識人が使っていないことに注意を払いたい。特定の文化を説明する際の基盤となる空間認識の違いが、叙述の違いとして現れている事例である。

5……おわりに代えて

近代以降のシャム/タイにおいて、体制派の知識人はラーマキエンとコーンをどのように認識してきたのか。その過程を要約すると、近世以降「宮廷文化」として維持されていたものが、シャムの王権が可視化・国民化されてゆく過程と並行して、19世紀以降の国際社会（西洋社会）の視線のもとで「王国文化」として、さらに1932年立憲革命以降は「国民文化」として見なされようになっていったことがわかる。ラーマーヤナ文化を共有する近隣諸国との関係については、インドだけでなく、タイ中部を取り巻く地域との影響関係や比較を視野に入れた理解が試みられる一方、タイ固有の文化とする視点も強いことが確認された。その極端な例が、タイ民族の舞踊を周辺諸国の中で卓越したものとして賞賛するルワン・ウィチットワータカーンや、カンボジアからの影響を真っ向から否定し、クメールにはコーンのような文化はないとまで言い切るクックリット・プラーモートの発言である。彼らの言説に、本章のはじめに触れた文化の帰属をめぐるタイとカンボジアの対立につながる意識を見出すことはさほど難しいことではない。

ただ、少なくともトンブリー王朝とバンコク王朝が成立する18世紀後半以降のシャム／タイにおいて、ラーマキエンとコーンが歴代の国王も

★17―西田（2016: 181-182）によると、三木が理想としていた「真の南進」論には、昭和期の南進論者・アジア主義者の主張に強く見られるような日本の国家発展への関与の言及や、日本がアジアのリーダーとなるべきなどといった押しつけがましい日本中心主義は見られなかったという。

★18―三木は戦前から戦後にかけて、山田長政について多くの論文・著作を残している。一例をあげると、山田長政の経歴と自伝を重ね合わせた『山田長正の真の事蹟及三木栄一代記』（1963）がある。

しくは政権によって奨励ないし保護されてきたという事実に基づけば、近代の知識人がラーマキエンとコーンをタイ人が独自に発展させた固有の文化であると見なすことに大きな矛盾は生じない。シャム/タイは東南アジアの国家としては例外的に直接の植民地支配や大きな内戦を経験せず、バンコクの王権が文化的中心として曲がりなりにも機能し続けてきたことが大きな要因であると考えられる。加えて、1932年立憲革命によって王室の権威が相対的に低下した後も、王族を含む体制派の知識人が絶対王制期の思想をほぼそのまま継承した点が重要な要因であったことは、既に指摘したとおりである。

「無形」文化は、歴史的起源を同定することが難しく、かつ、世代間で継承され続けなければ消滅する可能性が高いという特徴を持っている。その中でも、伝統的な政治権力との関係が深いラーマキエンやコーンのような文化の継承において、途絶えることなく王制を維持してきた歴史は有利に働いたと言うことができる。はじめに言及したプレアヴィヒアのような、歴史のある時点で造営され、それが目に見えるかたちで残っている遺物・遺跡(の保存)とはこの点において性質を異にしている。近代的な意味での遺物・遺跡の管理やそれに伴う博物館の創設は、西洋の直接的な影響を受けてラーマ5世王治世期に始まり、20世紀に入ってからダムロン親王らによって現在に至る原型が整備された(日向2019)。一方、ラーマキエンの編纂やコーンの再興・保護は、西洋的な「遺産保護」の思想が流入する以前から、国王の庇護のもとで既に行われていた。

それでもなお、コーンがプレアヴィヒアと同じように両国の対立の火種となってしまったのはなぜだろうか。その背景に歴史的に形成された複雑な感情が存在するであろうことは想像に難くないが、構造的な理由としては、「世界遺産」や「無形文化遺産」が保護の対象とする「遺産」の大半が前近代に起源を持つものであるにもかかわらず、遺産の申請や登録は近代の国民国家を単位としているという根本的な問題が指摘できる。国境と国民のかたちが明らかではない時代の文化に国民国家の枠

★19— 言うまでもなく、筆者はユネスコが国家同士の対立を扇動しているというような主張をここで掲げているわけではない。文字通り国民国家の連合体であるユネスコの文化遺産保護政策が国民国家体制を基礎としているのは論理的に当然の帰結である。その一方でユネスコは、2019年に開催された国際的な美術展(The Many Faces of Ramayana)のように、「国家・文化・世代を超えた、過去と現在における多岐にわたるラーマーヤナ解釈の探求」を目的とした試みも企画していることを補足しておきたい(https://bangkok.unesco.org/content/international-art-exhibition-many-faces-ramayana)。

組みを無理やり当てはめようとする際に生じる摩擦を解消しない限り、同じような火種は今後も拡散し続けるだろう[★19]。

【引用文献】

宇戸清治．1994．「『劇詞ラーマキエン』の性格とタイ王制イデオロギー：タイ＝ラーオ族のラーマ伝説比較」田中忠治先生退官記念論文集刊行委員会編『地域学を求めて：田中忠治先生退官記念論文集』．ぎょうせい．

笹川秀夫．2006．『アンコールの近代：植民地カンボジアにおける文化と政治』中央公論新社．

トンチャイ・ウィニッチャクン．2003．『地図がつくったタイ：国民国家誕生の歴史』（石井米雄訳）．明石書店．

中野美代子．2002．『孫悟空の誕生：サルの民話学と「西遊記」』岩波書店．

日向伸介．2019．「近代タイにおける考古学行政の導入過程：第一次世界大戦と「古物調査・保存に関する布告」（1924）を契機として」『アジア・アフリカ地域研究』18（2）：113-134．

西田昌之．2016．「三木榮の「南進」と対タイ文化政策」『日タイ言語文化研究』（特別号）：177-200．

三木栄．1961．『タイ国の「西遊記」（ラーマキエン）』平凡社．

［タイ語文献］

Damrong Rachanuphap, Phrachao Borommawongthoea Krom Phra. 1921. *Tamnan Rueang Lakhon Inao*. Bangkok: Rongphim Thai.

Damrong Rachanuphap, Phrachao Borommawongthoea Krom Phra. 1925. *Nirat Nakhon Wat*. Bangkok: Rongphim Sophonphiphatthanakon.

Phramongkutklaochaoyuhua, Phrabatsomdet. 1941. *Bo Koet haeng Ramakian*. (Cremation Volume of Khun Ying Ratchaakson (Chuea Atsawarak)) Bangkok: Rongphim Phrachan.

Phrachunlachomklaochaoyuhua, Phrabatsomdet. 1925. *Rayathang Thiao Chawa kwa Song Duean*. (Cremation Volume of Somdet Phra'anuchathirat Chaofa Atsadangdechawut) Bangkok: Rongphim Sophonphiphatthanakon.

Saichon Sattayanurak. 2007a. *Kuekrit kap Praditthakam "Khwam Pen Thai" (Lem 2): Yuk Chomphon Sarit thueng Thotsawat* 2530." Bangkok: Matichon.

Saichon Sattayanurak. 2007b. *Prawattisat Withikhit kiaokap Sangkhom lae Watthanatham Thai khong Pan'yachon (Pho.So. 2435-2536)*. Unpublished Report, The Thailand Research Fund.

Sathiankoset and Nakhaprathip. 1934. *Phraram Malayu*. (Cremation Volume of Nang Chaem Pankawong na Ayutthaya) Bangkok: Thaikhasem.

Sayamrat (special issue). 1994. *Khroprop 83 Pi Kuekrit Pramot: Kuekrit kap Khwam Pen Thai*. Bangkok: Sayamrat.

Thanit Yupho. 1957. *Khon*. (Cremation Volume of Phrachaoworawongtoea Phraongchao Chaloeamkhetmongkhon) Bangkok: Rongphim Borisat Uppakonkanphim.

Wichitwathakan, Luang. 1936. *Natthasin*. (Cremation Volume of Phraya Natthakanurak) Bangkok: Rongphim Phrachan.

［英語文献］

Anonymous. 1911. *Programme of the Gala Performance by His Majesty's Servants: The Royal Company of Masked Players in Honour of the Coronation Fete of His Most Gracious Majesty Vajiravudh King of Siam on Tuesday the 5th December 1911*. n.p.

Barmé, Scott. 1993. *Luang Wichit Wathakan and the Creation of a Thai Identity*. Singapore: Institute of Southeast Asian Studies.

Dhani Nivat, H.H. Prince. 1946. "The Rama Jataka: A Lao Version of the Story of Rama." *Journal of the Siam Society* 36 (1): 1-22.

Kasetsiri, Charnvit. 2003. "Thailand and Cambodia: A Love-Hate Relationship." *Kyoto Review of Southeast Asia* 3.
(https://kyotoreview.org/issue-3-nations-and-stories/a-love-hate-relationship/)

Keyes, Charles F. 2002. "The Case of the Purloined Lintel: The Politics of a Khmer Shrine as a Thai National Treasure." In *National Identities and Its Defenders: Thailand 1939-1989*. (Revised Edition) edited by Craig J. Reynolds. Chiang Mai: Silkworm Books.

Rutnin, Mattani Mojdara. 1996. *Dance, Drama, and Theater in Thailand: The Process of Development and Modernization*. Chiang Mai: Silkworm Books.

Sasagawa, Hideo. 2005. "Post/colonial Discourses on the Cambodian Court Dance." *Southeast Asian Studies* 42 (4): 418-441.

Singaravelu, S. 1982. "The Rama Story in the Thai Cultural Tradition." *Journal of the Siam Society* 70: 50-70.

Vella, Walter F. 1978. *Chaiyo! King Vajiravudh and the Development of Thai Nationalism*. Honolulu: The University Press of Hawaii.

Vajirāvudh, Mahā. 1912. "Notes on the Siamese Theater" In Colonel G.E. Gerini ed. 1912. *Siam and its Productions, Arts and Manufactures: A Descriptive Catalogue of the Siamese Section at the International Exhibition of Industry and Labour held in Turin April 29-November 19, 1911. Supplemented with historical, technical, commercial and statistical summaries on each subject.* (English Edition) Hertford: Oriental Printers: 83-111.

第8章

日本の博物館で東南アジアのラーマーヤナを展示する

福岡正太

国立民族学博物館(以下、民博)の東南アジア展示「芸能と娯楽」セクションでは、芸能に用いられる人形や仮面が展示の重要な部分を占めている。この展示では、インドに起源をもつラーマーヤナを、東南アジア芸能の理解において鍵となる要素として取り扱っている。この章では、民博の活動を例に、日本における東南アジア文化の理解において、ラーマーヤナを題材とする芸能がどのようにとらえられてきたのか、日本の博物館はどのように東南アジアのラーマーヤナ芸能の実践に関わりうるのかを検討する。

19世紀末以降、日本でもラーマーヤナに対する関心が高まってきた。初期には、古代インドの信仰や哲学を象徴する文学として紹介され、日本や中国の仏典に見られるその影響が探られてきた。また、1940年前後、日本が南方に進出し、多くの日本人が東南アジアに移住するようになると、東南アジアの影絵芝居や舞踊、演劇などで演じられるラーマーヤナが、書籍等を通じて紹介されるようになった。20世紀後半になると、書籍によるラーマーヤナの知識に加えて、東南アジアの芸能を直接鑑賞する機会が増えてきた。東南アジアの芸能を学ぶ日本人が増え、日本でも東南アジアの芸能を上演するグループが現れ始めた。この流れの中で、ラーマーヤナが映像、演技、舞踊、音楽などを通して理解されるようになったことは、日本におけるラーマーヤナ理解に大きな影響を与えていると考えられる。

民博は、東南アジアの芸能におけるラーマーヤナの生き生きとしたイメージが、日本人にとって身近なものになり始めた時期に設立された。仮面や人形の展示、ビデオ番組の制作、研究公演の開催などを通じて、演じられるものとしてのラーマーヤナ理解の広がりに貢献してきたと言えよう。さらに民博は、東南アジアの文化を紹介するだけでなく、東南アジアの研究者や芸術家とのネットワークを活かして、東南アジアの芸能の伝統の継承や研究にも力を注いでいる。

1……………日本におけるラーマーヤナの受容

ラーマーヤナがいつ初めて日本にもたらされたのかははっきりとしないが、8世紀の日本において、ラーマーヤナの場面を描いた音楽や舞踊が上演された考える研究者もいる。5世紀から8世紀にかけて、アジア大陸諸地域のさまざまな芸能が日本に輸入され、8世紀には華麗な国際的文化が花開いた。その間、百済・新羅・高句麗、唐、渤海、林邑などの音楽や舞踊が日本に伝わった(吉川1965: 24-25)。8世紀には、「度羅楽(とらがく)」と呼ばれる音楽や舞踊も行われた。度羅楽の起源は定かではないが、7世紀から11世紀にかけてチャオプラヤー川流域地域に栄えた王国ドヴァーラヴァティが候補の1つとして挙げられている(吉川1965: 42)。そして度羅楽には、ラーマーヤナの1場面を演じた舞踊が含まれていたとも考えられている(田中1974)。また、736年にインドの菩提僊那(ぼだいせんな)に随行して来日した安南の仏教僧、仏哲によって、ラーマーヤナが口伝で伝えられた可能性も言及されている(原1978: 531)。しかし、度羅楽の伝統は途絶えて、演じられるものとしてのラーマーヤナの伝統はそのまま後世に伝わることはなかった。

日本における最初のラーマーヤナのテクストは、12世紀に平康頼によって記された『宝物集』に見ることができる。以下にその概略を掲げる。

> むかし、釈迦如来が天竺の大国の王であったときの話である。隣の小国が攻めてくることを聞き、殺生を避けたい大王は、国を明け渡し、后を連れて山にこもって仏教の修行を行った。そこへ1人の梵士が現われ后をさらってしまう。大王が后を探していると、羽が折れて死にかかっている大きな鳥に出会った。その鳥は、「梵士が后をさらっていくのを見て、梵士を止めようとしたが、竜王に化けた梵士に羽を折られてしまった」と語って死んだ。大王は鳥を埋葬し、南に向かうと、多くの猿

が騒ぎ立てているのに出会った。隣国が攻めてくるため、大王に大将となることを頼み、弓矢を持ってきた。敵は、大王が弓を引く姿を見て、戦わずして逃げていった。猿は喜び、大王につきしたがい、海のほとりにたどり着いた。様子を見ていた梵天帝釈は、小猿に変身して、板と草で橋筏を組んで渡ることを提案した。橋筏で竜宮城に至ると竜王は怒り光を放つと、猿たちは霧に酔い雪を怖れて倒れてしまった。小猿が雪山に登り大薬王樹という木の枝を折って帰り、猿たちをなでると、酔いから覚め勇気が湧き竜王を攻めた。大王が矢を放つと、竜王はその矢にあたり猿たちの中に落ちた。猿たちは后を取り返し、七宝を奪って山に帰った。隣国の王が亡くなり大王は2つの国の王となった。詳細は『六波羅密経』に記されている★1。

ラーマ、シーター、ジャターユ、ラーヴァナ等の固有名詞は出てこないが、物語の内容から、明らかにラーマーヤナを踏まえていることが分かる。主人公の王子がブッダの前世とされていること、また、康頼が、その物語は『六波羅蜜経』にさらに詳しく記されていると述べている★2ように、この頃ラーマーヤナは、中国経由で仏教の経典とともに伝わったことが想像される。

一方、日本には鬼退治を主題とする民話が伝えられている。その中でも、桃から生まれた桃太郎が、イヌ、サル、キジをしたがえ鬼を退治する物語が広く知られている。これらの物語には、部分的にラーマーヤナと重なるモチーフが含まれており、影響関係を指摘する説もある(原1978、田森1997など参照)。ただし、長大な叙事詩としてのラーマーヤナそのものが日本に定着したと見ることはできないだろう。

あらためてラーマーヤナが日本に紹介され始めるのは、19世紀末からである。浄土宗の学僧だった渡辺海旭は、1896年に漢訳仏典に見られるラーマーヤナについて報告(渡辺1933(1896))、博物学者・民俗学者だっ

★1—(佐竹ほか編1993)に基づき筆者が要約した。
★2—ただし、この物語を記した『六波羅蜜経』は確認されていない。

た南方熊楠は1914年に、和漢書に見られるラーマーヤナ物語について論じた(南方1971(1914))。この頃から研究者や文学者らのあいだでラーマーヤナへの関心がたかまってきたようだ。文学や哲学、宗教としてのラーマーヤナへの関心は、主にインドのラーマーヤナに向けられていたが、1930年代から40年代の前半にかけて、日本の南方への進出と軌を一にして、東南アジアにおけるラーマーヤナの存在が紹介されるようになる。

戦後になると、ラーマーヤナの翻訳が増えていく。それらは抄訳や英語からの重訳が多く、サンスクリットで記されたラーマーヤナの全訳はなかなか現われなかった。仏教学・インド古典文学者岩本裕はラーマーヤナの全訳に着手したが、2巻目を出版した後、亡くなり、未完に終わった(ヴァールミーキ1980-1985)。その後、2012年から2013年に、中村了昭によるボンベイ本(Vālmīki 1909)のラーマーヤナの全訳が出版された(ヴァールミーキ2012-2013)。それと並行して、東南アジアのラーマーヤナが、その内容にまで深く踏み込んで紹介・研究されるようになった。特筆すべきなのは、インドのラーマーヤナが、書かれたものの翻訳という形で文学として紹介されたのに対し、東南アジアのラーマーヤナは、主にそれを題材とする芸能や壁画等を通じて紹介されたことである。ジャワの影絵芝居ワヤン・クリットの上演におけるラーマーヤナおよびマハーバーラタの物語を詳しく紹介した松本亮の仕事は、その中でも大きな影響を残した。ワヤン・クリットの魅力にとらえられた彼は、ジャワにおけるワヤン・クリットの上演の録音等を利用し、日本在住のジャワ人らの協力で、人形つかいダランが語ったラーマーヤナおよびマハーバーラタの物語を記録し翻訳した。代表的な成果の1つに『ラーマーヤナの夕映え』がある(松本1993)。彼はまた、日本ワヤン協会を設立して、ジャワ島で録音されたワヤンの上演に合わせて、ワヤン・クリットを上演する活動なども行った。1980年代以降は、本書の執筆者の1人である梅田英春をはじめとして、バリ島のワヤン・クリットの上演活動を行うグループが、さらに近年は、日本に拠点をおいて日本人とともに活動するインドネシア人の芸術家が現れて上演・創作活動を行い、インドネシアの芸能におけるラーマーヤナへの関心をかき立てている。

2……国立民族学博物館の東南アジア展示におけるラーマーヤナ

［1］1970年大阪万博から民博開館へ

民博は、文化人類学・民族学と関連諸分野をカバーする博物館をもった研究機関である。展示場では、文化人類学的な研究に基づき、世界の諸文化についての展示を行っている。民博は、1977年に博物館を開館した。その背景の1つとして、1970年に大阪で開催された万国博覧会に象徴される、日本における異文化への関心の高まりがあった。大阪万博においてテーマ館のプロデューサーを務めた芸術家岡本太郎は、世界中から民族学資料を収集し、展示することを計画した。文化人類学者の泉靖一および後に民博の館長となる梅棹忠夫の協力の下、20名の若い人類学者を中心に日本万国博覧会世界民族資料調査収集団（略称EEM）が組織され、世界各地において資料収集を行い、万博における展示が実現した（Yoshida 2001: 94）。そのとき収集された資料は、現在民博に所蔵されている。

EEMの収集に携わった人びとの一部は、その後、民博に所属する研究者となった。EEMの収集資料は、民博の展示の中でも重要な位置を占めていると言ってよいだろう。ただし、東南アジアに関しては、EEMの資料はあまり大きな成果をあげなかった。むしろ、1957年から翌年にかけてベトナム、カンボジア、ラオス、タイを調査した第1次東南アジア稲作民族文化総合調査団による収集資料および民博開館前に館員が行った収集による資料が重要な位置を占めた（平井2018）。東南アジア稲作民族文化総合調査団は、日本における東南アジア研究の流れをとらえる上で重要である。名称からも分かる通り、この調査は稲作に焦点を絞ったものだった。稲作は日本の文化においても重要な位置を占めており、研究者たちは日本とのつながりや比較において、東南アジアの稲作文化の特徴をとらえようとした。これは日本における東南アジア学の草創期の特徴をよく表している。

EEMの東南アジア収集があまり成果を上げなかった理由の1つは、当時日本で活発になっていた大学紛争とも関係している。1960年代後半、全国の大学において、権力的な大学の制度や体制、さらには日本の社会政治体制に対する反対する運動が広がった。その中で、万博やそれにかかわるEEMも、経済復興を遂げて海外に積極的に進出する経済界に同調する動きとして批判の対象となった。その中で、東南アジアを担当するEEMの一員が参加を取りやめた(平井2018: 59)。そのため急遽、代役として東南アジアの研究者ではなかった者が収集を行ったのである。

日本の東南アジアへの進出についての批判は、日本の国内にとどまるものではなかった。1974年に田中角栄首相がASEAN5ヵ国を歴訪した際、バンコクとジャカルタで反日デモが起こった。特にジャカルタでは大規模な暴動を伴った。それぞれ反政府運動としての側面も指摘されているが、背景に日本の経済的な支配の強まりがあったことは間違いない。その衝撃をきっかけとして、日本における東南アジアへの関心が一層高まっていった。その1つの表れが東南アジア学への注目だろう。1975年には矢野暢編著『東南アジア学への招待』が出版された。この本は、1975年にNHK教育テレビで放映された「東南アジアの社会」という番組が基になっている(矢野暢編1977)。また、政治的には1977年に福田赳夫首相が示した「福田ドクトリン」と呼ばれる日本のASEAN外交の3原則に結びついていった。それは①日本の軍事大国化の否定、②「心と心の触れ合う」関係の構築、③日本はASEANの対等なパートナーとして東南アジアの平和と繁栄に寄与すること、だった。これをきっかけに国際交流基金等を通じた文化交流も積極的に推し進められた。こうした動きは第1節で述べた東南アジア芸能の紹介を通じたラーマーヤナへの関心の高まりの背景としても考えることができる。

[2] 東南アジア展示の変遷

民博は、大阪万博を経て、日本と東南アジアの結びつきが強くなり、東南アジアの文化の理解の必要性の強く認識されるようになった時期に博物館を開館した。本館展示は、世界を9の地域に分け地域ごとに展示を行っている 。その1つが東南アジア展示である。東南アジア展示は、当初、稲作を中心とする生業、信仰の世界、芸能など、大きく4つのセクションから構成された。芸能のセクションの中心となっていたのは、ジャワ島中部の影絵芝居ワヤン・クリットの展示である。影を映す幕、幕の手前に横に渡され大地を象徴するバナナの幹、左右に長く伸びるバナナの幹につきたてられた多くの人形、人形つかいダランが座る位置の左に置かれた人形箱、その中に収められたさらに多くの人形、そしてその後ろには伴奏をする音楽アンサンブル、ガムランが展示されていた。また、俳優が演じる音楽劇ワヤン・オランの衣装がマネキンに着付けられて展示された。そしてバリ島の獅子バロンと魔女ランダが展示されていた。ラーマーヤナが特に強調されて、解説されていた訳ではないが、ワヤン・クリットの人形が実際に用いられるセットで展示されており、その中にはラーマーヤナの登場人物の人形も含まれていた。また、ワヤン・オランはラーマーヤナの登場人物が選ばれており、ラーマ、シーター、ラーヴァナ、ジャターユの衣装が展示された。

東南アジア展示は、開館後19年目の1996年に大きな展示替えを行った。「ワヤンの広場」と命名されたセクションを設け、影絵を含む人形劇と仮面劇をテーマとして展示を行った。ジャワ島やバリ島では、ワヤンと呼ばれるさまざまな芸能が存在する。絵を前にして物語を語るワヤン・ベベル、影絵人形芝居ワヤン・クリット、木彫りの人形による芝居ワヤン・ゴレック、俳優が演じるワヤン・オランあるいはワヤン・ウォン、仮面劇ワヤン・トペンなどが知られている。多様なワヤン芸能を手がかりに、東南アジアの芸能の多様性と相互の関連を示そうとしたのが「ワヤンの広場」である。中ジャワのワヤン・クリットは、引き続き中心に展示された。新しく加えられた工夫は、中ジャワで撮影したワヤン・クリットの影の映像をその場で影絵を見ているかのように幕に投影したこと、また、あわせて人形を操る人形つかいダランの映像をモニターで一緒に視聴できるようにしたことである。また、比較的視点から、ミャンマーの人形劇ヨウテー・プエーを伴奏楽器とともに展示したほか、ベトナムの水上人形芝居、バリ島の影絵芝居ワヤン・クリット、バリの仮面舞踊トペン・パジェガン、西ジャワの仮面舞踊トペン・チルボン、中ジャワの仮面劇ワヤン・トペンの展示などを行った。展示の中でラーマーヤナはあまり強調されていなかったが、解説において、多様な東南アジア芸能の中で、その歴史的な関係を示す要素として、ラーマーヤナが多くの芸能に共通する題材として存在することに言及された。

さらに19年たった2015年、再度、東南アジア展示がリニューアルされた。展示を構成する4つのセクションの1つとして「娯楽と芸能」を立て、引き続き仮面と人形を中心とする展示を行った。中ジャワのワヤン・クリットは、十数体の人形を展示するのみと大幅に縮小して、より多様な影絵芝居と人形芝居、そして仮面劇を紹介している。影絵芝居には、カンボジアとタイの大型影絵芝居スバエク・トムとナン・ヤイ、小型影絵芝居スバエク・トーイとナン・タルン、マレーシアの影絵芝居ワヤン・クリット・シアムの人形も新たに展示した。また、仮面には、カンボジアの仮面劇ラカオン・カオルとミャンマーの仮面劇の仮面を加えた。

新しい展示では、それぞれの芸能ジャンルが演じる物語の共通性と多様性も意識をした資料の選定を行った。インドネシアのワヤンの諸ジャンルの特徴の1つは、そこで演じられる物語の多様性にある。マハーバーラタのエピソードは、ワヤンにおいて最もよく演じられるが、ラーマーヤナも演じられる。厄払いのための特別な物語もある。ワヤンのタイプによる物語の相違もある。西ジャワ北海岸のワヤン・ゴレック・チュパックでは、その地域の歴史物語などが演じらる。ジャワ島の仮面芸能では、東ジャワに栄えたクディリ王国を舞台とするパンジ物語を演じることが多いのに対し、バリ等の仮面舞踊劇トペンは、バリに栄えた王国の物語ババッドを演じることが多い。こうした状況を考慮し、中ジャワの影絵芝居からはマハーバーラタの主要登場人物人形を選んだのに対し、マレーシアの影絵芝居と西ジャワの木偶人形芝居からはラーマーヤナの登場人物を、西ジャワ北海岸の木偶人形芝居からは当地を舞台とした歴史物語の登場人物、バリの影絵芝居からは厄払いのための儀礼サプ・レゲールで演じられるカラ・タトゥアの登場人物を選定した。

これに対し、東南アジア大陸部の大型影絵芝居と仮面舞踊劇は、より強くラーマーヤナと結びついており、他の物語を演じることは少ない。その中で、ミャンマーの人形芝居は、ジャータカのように仏教と結びついた物語を演じるという点で特徴的である。カンボジアのスバエク・トーイは、地域に伝わる伝説など、より身近な物語を演じる。ベトナムのムアゾイ・ヌオックは、長大な物語を演じるよりは、人びとの日常生活の風景など、身近なテーマの短いシーンから構成されている。

展示からは、ラーマーヤナが東南アジアで広く共有された伝統となっていることがわかる一方、全ての芸能において演じられる訳ではなく、インドの影響を大きく受けて成立した王国の伝統を引く古典的なジャンルにおいて演じられてきたことがわかる。これはラーマーヤナの登場人物が王族、彼らを助けるサルたち、そして彼らと戦う怪物に限定され、物語の焦点が王国同士の戦いにあることと関係しているかもしれない。ラーマーヤナにおいては、一般の人びとの生活はあまり描かれない。ただし、20世紀後半以降、ラーマーヤナは東南アジアの文化遺産として認められ、各国のアーティストによる共同創作のプラットフォームなったり（第1章参照）、庶民のヒーローとして登場人物が取り上げられたり（第2章参照）するようにもなっている。

3……展示に見られるラーマーヤナの登場人物の造形的特徴

さて、仮面や人形の展示から、私たちは東南アジアのラーマーヤナについてどのようなことを知ることができるのだろうか。

ヴァールミーキのラーマーヤナには、必ずしも登場人物の視覚的特徴が詳細に記されいる訳ではない。東南アジアの人形や仮面を比較してみると、地域により人物表現に相違が見られ、ラーマーヤナを受容する過程で、それぞれの地域における解釈で造形が工夫されたことがわかる。たとえば、ワヤンはラーマーヤナ以外の物語も演じるが、ある地域のワヤンの登場人物の造形は物語の別を越えて共通する特徴を持っていることが多い。表現の様式は、男性王族、女性の王族、怪物、道化などのカテゴリーによってある程度決まっている。物語が異なってもその表現の基本は変わらず、また同じ地域の人形と仮面は、類似の表現様式をとっていることが多い。したがって、人形と仮面の視覚的特徴は、物語や芸能ジャンルによる相違よりも、地域による相違の方が大きいと言うことができるだろう。

同時に、東南アジア共通の表現が採用されている点もある。東南アジアのラーマーヤナ芸能においては、ほぼ例外なくハヌマーンは白ザルとして描かれる。インドにおいてハヌマーンは必ずしも白で表象されてはいないし、ヴァールミーキによる『ラーマーヤナ』にはハヌマーンは白いという記述もない。その歴史的背景は、はっきりとはわからないが、民博のラーマーヤナの展示における登場人物の視覚的特徴を比較することは、そのヒントを与えてくれるだろう。以下では、ラーマーヤナの

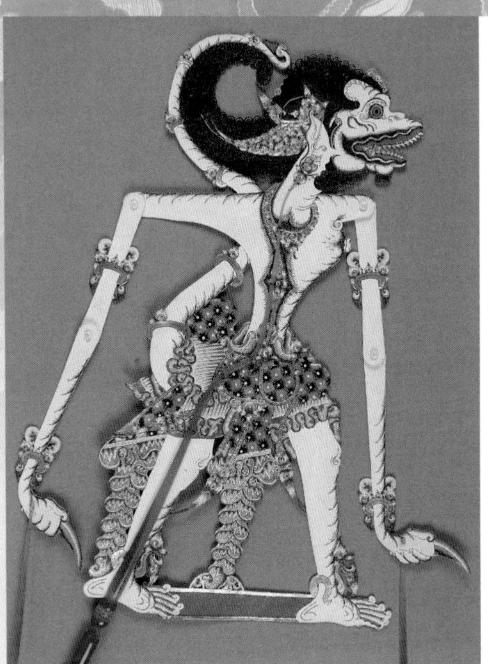

①—ジャワのワヤン・クリットにおけるハヌマーン。
民博所蔵

3人の登場人物の造形についてみてみよう。

[1] ハヌマーン

東南アジアにおいては、ハヌマーンはほぼ白で表される。数少ない例外は、マレーシアのワヤン・クリット・シアムである。ワヤン・クリット・シアムに使われるハヌマーンの人形はしばしば赤い顔で描かれている。コー・ケンキアによれば、人形師オマル・ハッサンは、ハヌマーンを白く塗ると、スクリーンには黒い影が投影されてしまうため、ハヌマーンを塗るのはやめたという。オズネスは、人形師ハムザは、ハヌマーンの攻撃的な性格を表すため、その顔を赤く塗ったと述べている(Khor 2014: 95)。しかし、マレーシアにおいても、「ハヌマン・クラ・プティ」(白いサル・ハヌマーン)という名前が示しているように、ハヌマーンは白いと考えられている。それに対して、シャンティ・ラル・ナガールによれば、ヴァールミーキのラーマーヤナでは、ハヌマーンの毛色は金と記されており、また、ヴァールミーキ以外のテクストでは、黄色と記しているものもあるそうだ(Nagar 1995: 93)。少なくともインドのテクストにおいては、ハヌマーンは白いというコンセンサスはないようだ。

ナガールは、東南アジアのハヌマーンの視覚的表現について、その顔は「恐ろしいterrific」と述べている。インドの研究者ナガールがこのような印象をもつのは、インドではハヌマーンがしばしば人間に近い形で表象されることと関係あるかもしれない。東南アジアでは、ハヌマーンは牙を持つ白いサルとして描かれ、芸能においても、人間とは対照的な身軽なサルの激しくアクロバティックな動きで表現される。マレーシアやインドネシアのワヤンでは、ハヌマーンは鋭い爪を持っている。特に、ジャワやバリのワヤンにおいては、ハヌマーンがしばしば風神ヴァーユの息子であるということから、ヴァーユと同様、両手に強力な一本爪をもって描かれている。また、インドネシアでは、ハヌマーンは丸い大きな赤い目で描かれ、その獰猛さが強調されている。

さらに東南アジアのハヌマーンの性格をよく表しているものに、カンボジアのスバエク・トムなどの人魚を誘惑するハヌマーンの図像がある。これは古典舞踊のテーマとしてもよく取り上げられている。ラーマーヤナにおいて、ハヌマーンの活躍は目立っており、英雄の1人としてみなされている。東南アジアのラーマーヤナ芸能において、ハヌマーンはさまざまな場所で大きな手柄をあげるが、そのたびに多くの女性を誘惑する。シーターの亡骸に化けたポンニャカーイを、また、ランカーへと渡る海では人魚を誘惑し、こどもをもうける。このようなハヌマーンの性格描写は、ヴァールミーキのラーマーヤナには見られず、東南アジア独自の解釈と考えられる。

［2］ラーヴァナ

魔王ラーヴァナは10の顔を持つとされるが、それをどのように描くかは地域によりさまざまな工夫がある。カンボジアの仮面では、通常の顔に加えて彼がかぶる王冠に2段に分けていくつかの顔が描かれている。ただし、その数の合計は正確に10ではなく、民博所蔵資料H0217206には、7つの顔が描かれている。大陸部では、この表現が比較的広く見られ、影絵の造形などにおいても踏襲されている。同様の表現は、西ジャワのワヤン・ゴレックなど（資料番号H0149049など★1）島嶼部でもまれに見られることがあるが、これ

②—カンボジアの仮面舞踊劇ラカオン・カオルに用いられるラーヴァナの仮面。民博所蔵

③—インドの舞踊劇に用いられるラーヴァナの仮面。民博所蔵

は定番の表現とはなっていない。ストーリーの上では、10の顔を持っていると語られるが、人形の造形は他の人形と同様であることが多い。

アンコール・ワット(12世紀)やバンテアイスレイ(10世紀)の浮彫に描かれたラーヴァナは、浮彫なので、実際には後ろ側の顔は見えないが、おそらく4面が2段、一番上に2面が重ねられて描かれている。仮面の王冠に顔を描くのは、こうした表現とつながりがあるとも考えられる。これに対して、民博が所蔵するインドの舞踊劇用仮面では、横一列にラーヴァナの顔が並んでいる(H0089956)のが特徴的である。また、テルグの影絵では、顔が円状に四方を向いているようにも見える(H0085932)。

インドネシアのワヤンにおいては、ラーヴァナの気性の荒い性格を反映して、顔が赤く塗られていることが多く、目は丸く大きく描かれ、しばしば赤い色をしている。それに対して、カンボジアの仮面は濃い緑に着色されているものもあれば、金色のものもある。ラーヴァナは、シーターに対して自分を魅力的に見せるため、金色となったとも言われる(Chandamij and Pramualratana 1998: 128)。

★1—民博の標本資料目録データベースで資料番号を検索すると、資料の写真を見ることができる。

［3］ラーマ

ラーマの造形は、地域ごとに一定の型がある。男性の王族であり、ヴィシュヌの化身であることが、造形の中で表現されていることが多い。人間の王族であることは、しばしば羅刹の荒々しさと対比的に描かれている。より人間らしい造形がなされているのが王族の特徴と言えるだろう。大陸部の芸能では、ラーマは仮面をつけないことが多いのは、王族をより人間らしく描くことと関係していると考えられる。

④―ミャンマーの仮面劇に用いられるラーマの仮面。民博所蔵

王族は、具体的な造形は地域により違いはあるものの、彼らにふわしい衣装、装身具、冠などを身に着けているという点で共通している。ラーマは、王子として弟のラクシュマナと同様の属性を持っており、両者はしばしばよく似た造形がなされる。この2人を区別する手がかりとなるのが色であることが多い。現在、タイやカンボジアの仮面劇ではラーマ役は仮面をつけないことが多いためか、民博にはこの両国のラーマの仮面の収集がないが、ミャンマーの仮面や島嶼部の人形および影絵のラーマが収集されている。ミャンマーの仮面の特徴の1つは、顔が緑で塗られていることである(H0090097)。また、マレーシアとバリのワヤン・クリットのラーマも緑で表現されている(H0237431、H0149310など)。これはラーマがヴィシュヌ神の化身であり、神性を持っていることを象徴している(Osnes 2010:63)。インドでもラーマは青ないしは緑の肌を

⑤―マレーシアのワヤン・クリットに用いられるラーマの人形。民博所蔵

しているとされることが多い。ちなみにラクシュマナは、大陸部では金色で描かれることが多い。マレーシアのワヤン・クリット・シアムでは赤で描かれている。

男性の王族の表現において、他とは異なる特徴を持っているのがジャワ島のワヤンである。物腰柔らかな王族のキャラクターを表す指標の1つとして、細い目の造形がある。これは羅刹や道化には見られない表現で、王族であっても力強さが強調されるキャラクターとも異なっている。この目の表現は、東アジア、特に中国の人びとの目に似ていると考えられており、その影響が表れているという説もある。この説の真偽については明らかでないが、確かに中国の影絵人形の目の表現に似ているのは事実である。また、ジャワ島のワヤンにおいては、ラーマの顔は黒ないし白で描かれることが多い。これもヒンドゥーの色のシンボリズムとは異なる。この点において、ジャワのワヤン・クリットは、独自の表現法を発達させていると言うことができるだろう。

4……カンボジアの大型影絵芝居スバエク・トムの映像記録

展示を通して、世界の諸民族の文化について来館者が理解を深める手助けをするのが民博の1つの役割である。しかし、民博の活動はそれにとどまらない。文化人類学的な調査研究に基づき、人類文化に関する資料を収集して保存管理し、後世に伝えていくことはその使命の1つである。さらに、近年、博物館の資料を積極的に文化の伝承や創造活動に活かすことを目指すようになっている。東南アジアのラーマーヤナ芸能の伝承や創造において、日本の博物館はどのような役割を果たすことができるのだろうか。ユネスコの無形文化遺産代表一覧表に記載されたカンボジアの大型影絵芝居スバエク・トムの映像記録を例として考えてみたい。

博物館の資料には、モノの資料ばかりでなく、映像による記録も含まれている。近年、無形文化遺産と呼ばれることが多くなってきた音楽や芸能の伝承においては、モノの資料に加えて映像による記録が重要な意味を持っている。国立民族学博物館は、博物館の開館以来、専属の映像スタッフを抱えて、映像の制作を行ってきた。1999年11月から12月にかけて、私は、同僚の寺田吉孝および映像制作スタッフとともに、カンボジア人研究者サムアン・サムの協力の下、カンボジアを訪問し、プノンペンとシエムリアップの2つの地域で、芸能に関する資料収集と映像取材をおこなった。

民博が博物館を開館した1977年は、ポル・ポトが率いるクメール・ルージュがカンボジアを支配し、都市住民を強制的に農村へ移住させて労働させ、富裕層・知識階級を虐待・虐殺していた時代である。1978年末、ベトナム軍がカンボジアに侵攻し、ポル・ポト政権が崩壊してからは、ベトナムに支援されたカンボジア人民共和国と反対勢力の民主カンボジア連合政府が並立して内戦状態が続いた。そのため、カンボジアにおける調査や資料収集を行うことができず、民博にはカンボジアの資料はあまり所蔵されていなかった。1990年代に入ると、国際的な協力の下、1991年のパリ和平協定、1993年の総選挙を経て、シハヌークが国王に復帰しカンボジア王国が成立した。そして、1990年代末にようやく調査や収集が可能となった。

この収集と取材は、クメール人の伝統的芸能に関わる資料を収集し、その上演を映像に収めることを目的としていた。主な収集・取材地は、プノンペンとシエムリアップだった。プノンペンでは、王立芸術大学と文化芸術省のスタッフの協力で、彼らが普段から教え、演じているさまざまなジャンルの芸能の上演を撮影、あわせて楽器、舞踊の衣装、仮面などの関連資料を収集し、その制作過程も一部取材した。シエムリアップでは、2種の影絵芝居の上演とそれに関わる人びとの活動の取材、寺院への寄進を行う行列に伴う音楽アンサンブルの取材、影絵人形やその制作道具の収集と人形制作過程の取材などを行った。

この収集・取材を通して、かつてシエムリアップに伝えられた大型影絵芝居スバエク・トムが復興されつつあるものの、グループを指導する長老ティー・チアンの体調の不調などにより、レパートリーの継承が危ぶまれる状況にあることを知った。私たちは帰国後、スバエク・トムを本格的に記録するために各方面に働きかけ、2000年3月、国際交流基金の助成を受けて、再度カンボジアを訪れた。そして全7エピソードのうち、4ヵ月前に収録した第5エピソードを除く6エピソードの上演を収録した。その年の7月、残念ながら長老は亡くなり、私たちが撮影した映像は大変貴重な記録となった。

ティー・チアンの遺志に添い、どのようにこの映像を生かしていくのかという課題が私たちには残された。芸能の映像記録は、人類の創造性の記録として非常に重要である。しかし、この映像はあくまでも、特定の時と場所における特定の演者による上演の記録であり、ティー・チアンの芸を偲び、それを学び研究するためには役に立つが、彼の遺志を継いだグループの上演を見る代わりにこの映像を見ることになっては本末転倒である。スバエク・トムを伝承し、発展させるために映像記録をどのように生かすことができるのかを考える必要があるだろう。

私たちはまず、博物館の来館者らが視聴することを想定し、日本語でスバエク・トムを紹介する映像番組を制作した。さらにティー・チアンからスバエク・トムを学び、グループの活動を支援している福富友子の協力を得て、全上演の日本語字幕付きの映像番組を作成した。次に、カンボジアにおいてこの映像をどのように公開するかを考えた。こうした映像は、できるだけ広く公開することが原則であるが、映像の公開が問題をはらむこともある。福富によれば、ティー・チアンは、生前、自分の語りを文字で残して公開することを意識的に避けていた。スバエク・トムをきちんと学ばず、表面的に真似をしていい加減な上演をするグループが現れた経験などに基づくらしい。

映像の公開は、グループの意向を尊重しながら進める必要があるため、2009年に再びカンボジアを訪れ、スバエク・トムのリーダーを引き継いで活動していたティー・チアンの孫、チアン・ソパーンとその仲間たちと話し合いを持った。彼らは、私たちが制作したビデを視聴して、これを多くのカンボジアの人びと、特にこどもたちに見てほしいと語った。私たちはそれを受けて、スバエク・トムを紹介する番組のクメール語版も作成した。芸能は人がになうものである限り、伝承を強制することはできないし、すべきでもない。私たちができることは、若い人びとが伝統芸能に触れるチャンスを少しでも増やすこと、そして望めば関連する知識を得られる手段を用意しておくことだろう。生の上演に触れることができれば一番良いだろうが、そこに至るきっかけの1つとして映像を活用することは重要だと考えられる。

おわりに

日本の博物館の活動は、東南アジアでラーマーヤナ芸能を伝える人びととは無関係にも見えるかもしれない。今日、社会的、経済的理由などにより、伝統を伝えることが困難になっている社会は少なくない。その芸能の将来について判断を下すべきは、それを支える共同体の人びとである。しかし、さまざまな選択肢を可能にするための環境作りにおいて、外部の人間が手助けをする余地は小さくないだろう。外部から寄せられる関心が、芸能を伝承する人びとへの大きな刺激となることもある。貨幣経済が世界の隅々にまで広がっている現状においては、芸能上演によってそれなりの対価を得なければ芸能活動を維持できないこともある。そうした芸能グループにとって、自分たちの地域外での公演は、経済的にもグループ維持の助けになるだろう。現代における伝統芸能は、外部社会とのかかわりなしに存続することはできないと言ってもよい。展示を始めとするさまざまな活動を通して、日本社会における東南アジアのラーマーヤナ芸能への理解と共感を育むことは、東南アジアの芸能の発展にも寄与するはずである。

【引用文献】

ヴァールミーキ. 1980-1985.『ラーマーヤナ』1-2(岩本裕訳). 東京:平凡社.

ヴァールミーキ. 2012-2013.『新訳ラーマーヤナ』1-7(中村了昭訳). 東京:平凡社.

佐竹昭広ほか編. 1993.『宝物集』(新日本古典文学大系 40). 東京:岩波書店.

田中於菟弥. 1991.「度羅楽」『酔花集――インド学論文・訳詩集』新版. 東京:春秋社. 14-37.

田森雅一. 1997.「桃太郎昔話とラーマ物語――比較研究における課題と読みの可能性」『口承文藝研究』20. 71-82.

原實. 1978.「ラーマ物語と桃太郎童話」日本オリエント学会編『オリエント学インド学論集――足利惇氏博士喜寿記念』東京:国書刊行会. 523-539.

平井京之介. 2018.「東南アジア――もうひとつの『東南アジア紀行』」野林厚志編『太陽の塔からみんぱくへ――70年万博収集資料』吹田:国立民族学博物館. 57-72.

松本亮. 1993.『ラーマーヤナの夕映え』東京:八幡山書房.

南方熊楠. 1971.「古き和漢書に見えたるラーマ王伝説」『南方熊楠全集』第2巻. 東京:平凡社. 379-386.

矢野暢編 1977,『東南アジア学への招待』改訂版. 東京:NHK出版協会.

吉川英史. 1965.『日本音楽の歴史』大阪:創元社.

渡辺海旭. 1933(1896).「仏典中に出づる『羅摩衍那』及び其の人物」、壷月全集刊行会編『壷月全集』上巻. 東京:壷月全集刊行会. 252-258.

Chandavij, N. and P. Pramualratana. 1998. *Thai Puppets & Khon Masks*. Bangkok: River Book.

Khor, K.K. 2014. Digital Puppetry of Wayang Kulit Kelantan: A Study of Its Visual Aesthetics, diss. Kuala Lumpur: Cultural Centre, University of Malaya.

Nagar, S.L. 1995. Hanumān in Art, Culture, Thought, and Literature. New Delhi: Intellectual Publishing House.

Osnes, B. 2010. *The Shadow Puppet Theatre of Malaysia: A Study of Wayang Kulit with Performance Scripts and Puppet Designs*. Jefferson, N.C.: MacFarland.

Vālmīki. 1909. The Rāmāyana of Vālmīki with the Commentary(Tilaka) of Rāma. 3rd Ed, ed. Pansīkar, V.(Bombay: Tukârâm Jâvajî).

Yoshida, K. 2001. *Japanese Civilization in the Modern World XVII: Collection and Representation* (Senri Ethnological Studies 54), eds. Umesao, T., Lockyer, A. & Yoshida, K., "'Tōhaku' and 'Minpaku' within the History of Modern Japanese Civilization: Museum Collections in Modern Japan," Suita: National Museum of Ethnology. 77-102.

委嘱創作作品　解説

1

〈ディディ・ニニ・トウォ〉による舞踊劇

人魚ウラン・ラユンとアノマン対レカタ・ルンプン

Urang Rayung and Anoman vs. Rekatha Rumpung

2

〈ナナン・アナント・ウィチャクソノ〉によるアニメーション作品

ラーマーヤナ：最後の使命

Ramayana: The Last Mission

3

〈ケン・スティーヴン〉による合唱作品

シーターの火の試練

Sinta Obong

はじめに……………福岡まどか

この本の冒頭の口絵には3人のインドネシア人アーティストによるラーマーヤナに基づくオリジナルの創作作品が掲載されている。

女形ダンサーの巨匠ディディ・ニニ・トウォは、猿の武将と人魚の物語に基づく仮面舞踊劇を創作した。この創作のインスピレーションの元になったのは、彼がカンボジアで観た人魚ソヴァン・マチャー Suvann Machha の物語である。他地域の舞踊劇から着想を得て、ジャワの物語を考証し作られた舞踊劇である。作品の中ではディディは人魚役を演じて女形ダンサーとしての技量を発揮している。2人のダンサーが猿の武将とエビガニの怪物を演じている。

気鋭のアニメーターで人形遣いのナナン・アナント・ウィチャクソノは、

晩年のラーマを描く物語に基づくアニメーション作品を創作した。この物語は、ラーマーヤナの最終部分に相当する。伝統的な影絵のレパートリーとインドネシアの小説の双方から着想を得て、登場人物の心情を深く描き、ラーマーヤナを再解釈した成果である。

若手作曲家のケン・スティーヴンは、ラーマとシーターの再会時のエピソードであるシーターの火の試練 Sinta Obong に基づくアカペラ合唱曲を創作した。この作品は合唱曲であるとともにパフォーマンスの映像として創作されている。バリ島の芸能の要素を使いながら火の試練のドラマティックで緊迫した雰囲気を合唱曲という形態で表現した作品である。

この本の中で芸術作品を鑑賞できるように掲載したのは、上演芸術研究の成果において文字で書かれた記述と実際の上演との双方を提示することを試みた結果である。またそれに加えて、パンデミックの状況下において新作芸術作品の発表の場を探求するための試みでもある。

オンラインでの作品公表においてはアーティストの著作権についても熟慮が必要となる。さまざまな点を検討し、今回はこの本のために新しく委嘱した作品という位置づけをとった。この本の主旨をくみ取り作品を創作してくださった3人のアーティストには心から感謝を表したい。またこのプロジェクトは科学研究費補助金(19H01208)によってもサポートされた。学術振興会のサポートに謝意を表したい。

以下は、それぞれのアーティストによって書かれた作品解説とアーティストのプロフィールとなっている。

1〈ディディ・ニニ・トウォ〉による舞踊劇
人魚ウラン・ラユンとアノマン対レカタ・ルンプン
Urang Rayung and Anoman vs. Rekatha Rumpung

構成・コンセプト：Didik Nini Thowok

音楽：Anon Suneko

振り付け・ダンス：Didik Nini Thowok, Agung Tri Yulianto, Jatmiko Vadhjendrata Rino Regawa Capricornusa

衣装デザイン：Didik Nini Thowok, JatmikoVRCC

https://youtu.be/SixvfNlsDZk

［**作品解説**］（**ディディ・ニニ・トウォ**）

私はカンボジア伝統舞踊に見られる人魚ソヴァン・マチャーとアノマン（ハヌマーン）の舞踊上演に触発されてこの創作を行った。ジャワにおける同じような物語の数々についてデータ収集やインタビューを行ってみたところ、この物語にはいくつかのヴァージョンがあることがわかった。インタビューは、スラカルタ在住の高名な人形遣いであるマンタップ・スダルソノManteb Sudarsono、仮面作り職人でワヤンの物語に詳しいスポノSupono、また伝統的な物語世界に造詣の深いジャトミコVRCCとの対話によって行った。

インドネシアには猿の武将アノマンとその妻たちについてのいくつかの物語が見られる。そしてその中にはカンボジアのヴァージョンとの違いや共通性も見られる。そこで、私は以下のような物語を土台として舞踊劇*sendratari*を創ることを考えた。

> デウィ・ウランラユンは、海の世界に住み海を支配する神であるデワ・バルナの娘である。彼女が海辺で自然の美しさに陶酔しているときに、ランカー国の魔王ラーヴァナの家来であるエビガニの怪物レカタ・ルンプンが現れる。ウラン・ラユンの美しさに心を奪われたレカタ・ルンプンは彼女を連れ去ろうとする。

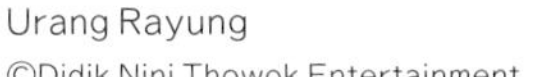

Urang Rayung
©Didik Nini Thowok Entertainment

Anoman(Hanuman)
©Didik Nini Thowok Entertainment

そこへ猿の武将アノマン(ハヌマーン)が助けに登場し、レカタ・ルンプンと戦い彼を倒す。ウラン・ラユンはアノマンに感謝し、彼女の美しさに魅せられたアノマンは恋に落ちる。ウラン・ラユンもアノマンの気持ちを受け取り、2人は幸福の時を過ごす。

このエピソードは、ジャワ島の影絵*wayang*において「創作の演目群*carangan*」と呼ばれるレパートリーのひとつとして位置づけられる。「創作の演目群」とは、「根幹となる物語*pakem*」に基づいて、人形遣いやアーティストたちが創り出し発展させていく物語群を意味する。物語の基礎を形成する「根幹となる物語群」とは異なり、「創作の演目群」の物語にはアーティストや人形遣いの創造性やイマジネーションを見ることが出来る。

音楽とダンス

この舞踊劇のオープニングの部分ではバリ様式のニュアンスを持つ音楽が用いられる。またウラン・ラユンが海で自然と戯れる幸福な雰囲気をジャワとバリのフュージョンによる美しい音楽が彩っている。音楽と融合された波の音が強調されるこの音楽によって観客はこの舞踊劇のオープニングの雰囲気により深く入り込むことができるだろう。

早いテンポからスローテンポに変化することで創出されるダイナミックな上演は、スンダ音楽(西ジャワ様式)の要素を感じさせる部分へと移行する。スンダ音楽の醸成する雰囲気はウラン・ラユンの喜びのダンスを彩っている。この部分ではウラン・ラユンについての詩、美しい女性が海辺で自然と戯れる様子を描いた詩が歌われる。

Risang westri ing	美しき乙女よ
Nusup silem samodra	海辺で戯れる
Lelumban tirta Sgara	水面を飛翔する
Risang kekasih	美しき恋人よ
Urang Rayung	ウラン・ラユン

怪物レカタ・ルンプンの登場は、急激に変化する音楽とレカタ・ルンプンの高笑いによって表現される。音楽は緊迫した雰囲気に変わり、オーケストラとガムランの楽器を組み合わせウラン・ラユンとレカタ・ルンプンの対立を演出する。そこへアノマンが現れてウラン・ラユンをレカタ・ルンプンの脅威から救出する。

歌い手による朗誦モチョパット *macapat Pangkur* の詩はアノマンとレカタ・ルンプンの戦いを描写する。

Keparat Rumpung Rekatha	邪悪なレカタ・ルンプン
Away mbacut amuruseng pawestri	乙女を捕えようとする
Kethek ala ja rusuh, dahwen mring arsana	勇敢な猿が救出に向かう
Urang Rayung maremana karsaningsun	危機にあるウラン・ラユン
Sun bakal dadi pepalang	怪物に立ち向かい
Majua tandhing mring mami	戦おう

レカタ・ルンプンはアノマンに倒され、ウラン・ラユンは救出される。

ウラン・ラユンはアノマンに感謝し2人は互いに恋に落ちる。この場面のロマンティックな雰囲気はガムランの楽器とハープの音色の音楽によって表現される。舞踊劇の終了場面では、次第にテンポが速まり、複雑に入り組んだ楽器の音色がこの舞踊劇の終わりを演出する。

Tembang Love Dance	愛のダンスの歌
Wusnya jaya sang Anoman mangsah yuda	アノマンは敵を倒し
Anjeng Sahakaryanipun mring Urang Rayung	ウラン・ラユンを救った勇者
Tumuli…	そして…
Tuwuh rasa sengsem sajroning nala	募る恋しさ
Sakarone tumiba ing ujana	花びらが舞い落ちるように
Ing ujanasmara among soka rasa	恥じらいと恋しさ
Pepasihan andhon rasa jatining tresna	恋に落ちた2人

Anoman, Urang Rayung, Rekatha Rumpung

左からAgung Tri Yulianto, Didik Nini Thowok, Jatmiko VRCC

ディディ・ニニ・トウォ◉プロフィール

写真＝©古屋均

1954年、中部ジャワ・トゥマングンに生まれる。1974年に国立芸術大学ジョグジャカルタ校（ASTI Yogyakarta 現在のISI Yogyakartaの前身）に入学し、8年間にわたってジャワの伝統舞踊とインドネシア各地の舞踊を習得する。卒業後は、自らのダンス・スタジオ「ナーティア・ラクシータNatya Lakshita」の活動と経営に専念する。1970年代後半以降に女性舞踊の創作に関心をいだき、スタジオの生徒たちのためにいくつかの女性舞踊の作品を創作する。それらの作品がインドネシアのコンテストにおいて上演され高い評価を得たことを契機に、女形舞踊家としての芸術活動を確立していく。インドネシア各地の舞踊、またアジア各地の舞踊についての研鑽を積み、女形のユニークな作品を創作していく。現在に至るまで、芸術活動と後進のダンサーたちの教育に従事している。

彼の名を広く世に知らしめた代表作が「ドゥイムカDwimuka（2つの顔）」の一連の作品群である。ディディの上演は、多くの海外公演も含め各地で好評を博してきた。その他の代表作には、「ブドヨ・ハゴロモ Bedyaya Hagoromo」、「5つの顔 Panca Muka」、「5つの精粋 Panca Sari」、「デウィ・サラック・ジョダッグ Dewi Sarak Jodag」などがある。

2014年には60才還暦を記念してクロスジェンダーのシンポジウムとダンス上演を企画し、代表作であるブドヨ・ハゴロモをジョグジャカルタのスルタン・ハメンクブウォノ10世に献上した。近年では、アジア各地のアーティストたちとの共同創作を行うとともに、日本の演出家佐藤信、香港のダニー・ユン、シンガポールのリウ・シャオイなどアジア各地の芸術監督とも共同で、様々な地域での上演活動を行っている。

2〈ナナン・アナント・ウィチャクソノ〉によるアニメーション作品

ラーマーヤナ：最後の使命

Ramayana: The Last Mission

企画・監督・デジタルダラン（アニメーション）：Nanang Ananto Wicaksono

声優：イルボンILBONG，もうりひとみHitomi Mouri,

ナナン・アナント・ウィチャクソノNanang Ananto Wicaksono

音楽：江南泰佐　Enami Taisuke

ガムラン演奏：ローフィット・イブラヒムRofit Ibrahim

挿入曲："Lancaran Bala Wanara" by Sumanto Susilomadyo

Special Thanks to: Hedi Hinzler, gallery yolcha

プロデューサー：西田有里

プロダクション：Magica Mamejika

In Memory of Wayang Ukur Sigit Sukasman

 https://youtu.be/LkLldK44B2Y

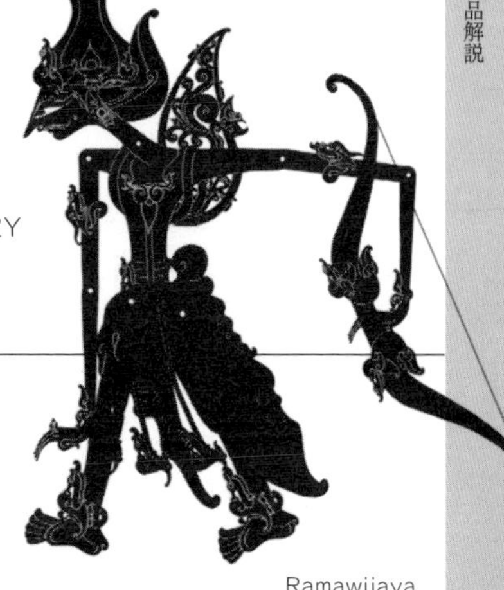

Ramawijaya

©Laboratorium Wayang

［**作品解説**］（ナナン・アナント・ウィチャクソノ）

この物語は、ラーマ王の晩年を描いている。彼は孤独な人生を静かに送っていた。物思いにふけり幻想の中に入り、若き日の出来事を回想した。一人きりで過ごす時、彼は魔王ラワナ（ラーヴァナ）を負かした戦いを思い出す。ラワナは倒れる時に自分の中の悪は決して滅びることはないと言った。ラーマが不安に駆られうなされていると幻想の中に今は亡き愛妻シーターの影が現れた。幻想の中で、ラーマはシーターに対して自らの過ちを詫びていた。しかしラーマの行いによって深く傷つけられたシーターにはその謝罪は受け入れられなかった。シーターが転生した人間を探し当てなくては、ラーマの謝罪は受け入れられることはない。ラーマが回想から目覚めると、忠実なしもべハヌマーンが立っていた。神々の指示により、ラーマ自身もまた適切な生まれ変わりを見つけるまでは死すことができない。年老いたラーマはヴィシュヌ神の転生として現世での義務を終えるべく、新たな転生となる人間を探すようにハヌマーンに命じる。主人の命を受けたハヌマーンは、悲しみを抱えつつ新たな転生となる人間を探しに旅立つ。

このアニメーション作品における物語は、インドネシアの伝統的な影絵芝居におけるラーマーヤナの物語のエピソード「ラーマ転生す Rama Nitis」に着想を得たものである。またインドネシアの小説家セノ・グミラ・アジダルマSeno Gumira Ajidarma によって書かれた小説「虚言の書Kitab Omong Kosong」からも着想を得たものである。

Dasamuka Tiwikrama (Ravana)
dasamuka は10の顔の意
©Laboratorium Wayang

物語はラーマーヤナの最終部分となり、ラーマーヤナとマハーバーラタの物語世界をつなぐエピソードとなっている。

「ラーマ転生す Rama Nitis」と題するエピソードは、根幹となるエピソード群の設定に基づく「創作の演目 *carangan*」として知られているものの1つである。その起源は中部ジャワ・ジョグジャカルタのスルタン・ハメンクブウォノ8世の治世(1921-1939)にさかのぼることが出来る。このエピソードは現在に至るまでポピュラーなものとして知られジョグジャカルタの内外で多くの人形遣いによって上演がなされてきた。

「ラーマ転生す Rama Nitis」の前日譚は「ラーマの印Rama Nitik」と題するエピソードで語られ、このエピソードでラーマはアノマン(ハヌマーン)に次の転生先にふさわしい人物を探すように命じる。そして「ラーマ転生す」のエピソードで転生が完了する。スラカルタ地域のヴァージョンではこれら2つのエピソードは「スマルの失踪Semar Boyong」という1つのまとまったエピソードとして知られている。

ラーマの晩年を描くこれらの物語は、オリジナルのインドのヴァージョンとは非常に異なっている。影絵のエピソードと小説に着想を得たことに加えて、アジアの国々で見られるさまざまな物語の集積の成果もこのアニメーション作品のプロダクションに反映されている。

このワヤン・アニメーション映像作品は、「シルエット・アニメーションSilhouette Animation」のジャンルの手法で作られたもので、影を投影する影絵芝居の上演と非常によく似た特徴を持っているが、アニメーション作品特有の幻想的な背景の視覚効果を組み合わせている。個々の登場人物の造形は、伝統的な影絵の特徴と規則を参照し、またSigit Sukasmanによる「ワヤン・ウクールWayang Ukur」(人形の形、物語、上演形態などをすべて計測/考察し直すというコンセプトで作られたワヤン)も参照しつつ創作された。登場人物たちの動きは、ジャワの伝統的な影絵のものを踏襲している。創作された音楽はデジタル音楽の創作曲を用いつつ、いくつかの場面では伝統的な影絵に使われるガムラン音楽も使用している。

アノマン(ハヌマーン)がダンスを演じるシーンは、ジャワのガムラン音楽によって伴奏がなされている。この曲は「猿の軍勢 Bala Wanara」とい

Raden Anoman (Hanuman) ©Laboratorium Wayang

アニメーション創作の様子
©Laboratorium Wayang

うランチャラン*lancaran*形式の曲である。この曲は2019年にジョグジャカルタ宮廷のプロモーションイベントのためのフラッシュモブに使われた有名な曲である。アノマンが飛ぶ（出立する）シーンでは「オドオド *ada-ada*」と呼ばれる語りが展開される。これは古文献である「ラーマの書 Serat Rama」に見られる詩に由来する内容である。この書物は18-19世紀のスラカルタ王宮の宮廷詩人であったヨソディプロRaden Ngabehi Yasadipuraによって書かれたものである。

伝統的な影絵芝居に由来するもう1つの要素は、冒頭部分に朗誦される*janturan*と呼ばれるナレーションである。この部分で上演されたナレーション*janturan*はジョグジャカルタ様式の影絵の伝統的な上演のスタイルに則っている。

この作品ではジャワ語、インドネシア語、日本語の3つの言語が用いられている。魔王ラワナ（ラーヴァナ）のセリフにはジャワ語が使われており、ラーマとシーターは日本語を用いており、ハヌマーンはインドネシア語を使用している。冒頭部分のナレーションと歌の歌詞はジャワ語を用いている。

今回のワヤン・アニメーション映像作品は、ワヤンがデジタルメディア上で上演されることによって、独自の特徴と様式と色彩を持ち、伝統的な影絵とアニメーションの違いが際立つことを目指して創作された。

ナナン・アナント・ウィチャクソノ◉プロフィール

ジャワ島ジョグジャカルタ出身。ダラン（インドネシアの伝統的影絵芝居の人形遣い）として幼少より数多くの舞台に立つ。人形作家の祖父ルジャール・スブロトとともに、動物を主人公にした民話を題材にした「ワヤン・カンチル」などの伝統的な手法にとらわれないオリジナルのワヤン作品を創作してきた。2010年、その活動が文化保存に貢献したとして、ジョグジャカルタのスルタン（王家）から表彰される。

ワヤンを用いたアニメーション制作にも取り組み、2008年にインドネシア独立を題材にしたアニメーション作品「ワヤン・レボルシ」、2011年にオランダの歴史を基にしたアニメーション作品「オレンジ公ウィリアム」を制作しオランダの美術館・博物館で上映された。

2015年ごろから日本での活動を本格的に開始。影絵劇団マギカマメジカや、ワヤン×電子音楽×映像のユニットCORONAなど複数のグループで活動し、伝統芸能の新たな地平を切り開いている。

「影の色彩ワヤンプロジェクト（Shadow-Colors of Wayang Project）」の一員として、2017年2月P新人賞2016受賞（影絵芝居「夜叉ヶ池」にて）、2018年3月第21回文化庁メディア芸術祭審査委員会推薦作品（影絵芝居「Ama」にて）。

©Noer Budi Prasetyo

3〈ケン・スティーヴン〉による合唱作品

シーターの火の試練

Sinta Obong

Composer: Ken Steven

Artistic Director: Eto Tagur

Performance: Voice of Bali

Orchestrator: Renardi Effendi

Location: Politeknik International Bali

Video Editor: Cato Production

Sound Mastering: Nano Edon

Lighting: Dore Production

Costume: Sampik Costume and Makeup

Makeup: Abhinaya Wed, Ayuningbali, Cyntiapratiwi MUA, Deuls Beaury MUA, Diahayusawitri_03, Jegegbagus Makeup, Puspitamakeup14

Voice of Bali:

Rama: Pande Kana

Sinta: Keisha Palar

Soprano: Chintya, Dewi, Eka, Keisha, Lala, Maria

Alto: Anin, Indah, Laras, Marcelina, Marina, Mitha, Riris

Tenor: Alfin, Alfonsus, Nata, Juniardi

Bass: Budi, Chris, Daru, Depa, Molo, Tamu

Behind the scene
©Voice of Bali

Special Thanks to: Geg Istri, Mario, Bernard, Chrisna, Marce, Betrand, Carlos, Erik, Inton

https://youtu.be/oqownc8EpDs

ラーマとシンタ（シーター）　©Voice of Bali

［**作品解説**］（**ケン・スティーヴン**）

「シーターの火の試練 Sinta Obong」の物語はラーマーヤナにおいてシンタ（シーター）の貞節と忠誠を物語る部分である。作品はシンタとラーマの喜ばしい再会から始まる。2人は長い間離れ離れになっていたがやっと再会できた。だが、ラーマがシンタの貞節と忠誠を疑いだした時に2人の間に亀裂が生じる。ラーマの疑いを耳にしてシンタは悲しみ失望する。彼女は自らの貞節と忠誠を誓い、それを証明するために火の試練*pati obong* を受ける。燃えさかる火が消えた後、余燼の中から無傷の美しい女性の姿が現れる。シンタは火に焼かれることなく再び姿を現した。シンタが清純で貞節を失っていなかったことが証明される。その後、シンタとラーマは喜びの再会を果たす。

シーターの火の試練1　©Voice of Bali

バリの伝統音楽のイディオムとバリの伝統文化を土台として、私はこの物語の感情の高まりを

シーターの火の試練2　©Voice of Bali

表現し強調した作品を書いた。作品のクライマックスはシンタが自らの貞節を証明すべく火の試練を受けることを決意した部分となる。私はこの部分に、バリ島のヒンドゥー文化の伝統ダンスのひとつであるドラマティックなケチャ・ダンスの要素を取り入れた。

Enjoy!

ケン・スティーヴン◉プロフィール

スマトラ島・メダン出身。インドネシアの色彩とモダンなテクニックやハーモニーとの融合による独自の創作スタイルで知られる作曲家。フィリピンのアジア典礼音楽学院 Asian Institute for Liturgy and Musicにて学位を取得し、その後カリフォルニア・バプティスト大学 California Baptist Universityにて音楽の修士号を取得する。

帰国後は、インドネシアの合唱音楽の発展に重要な貢献を果たす創作活動を展開する。印象的で強烈な音楽で国際的な合唱音楽シーンにインパクトを与えてきた。

現在は、北スマトラ・メダンの「メソジスト・チャールズ・ウェスレー校 SMK Methodist Charles Wesley Music Vocational School」の校長を務める。また2015年創設のメダン・コミュティ・男性合唱団の指揮者を務め、多くの国際的な合唱コンクールとフェスティバルで授賞を経験している。

★次頁以降のSinta Obong のスコアも参照 ↗

Comissioned by Prof. Madoka Fukuoka as part of her book project
"RAMAYANA THEATER IN CONTEMPORARY SOUTHEAST ASIA"

Sinta Obong

For SATB div. chorus a cappella

Based on the Ramayana Epic | Words and Music by: Ken Steven

Allegro ♩= 120

*Peristiwa Sinta obong diawali pertemuan yang menggembirakan karena sekian lama Sinta dan Rama terpisah.
The Story of Sinta Obong begins with a joyful meeting because Sinta and Rama had been separated for so long.

13
S
Ha
A
ding di di ding di di ding di di dang da di dang da di dang dong ding di di ding di di ding di di dang da di dang da di dang dong
T
ding di ding ding Cah! dang da dang dang cah cah ding di ding ding Cah! dang da dang dang cah cah
B
dung dung dung dung dung dung dung dung dung dung dung dung dung dung dung dung dung dung dung dung dung dung dung dung dung dung Cah!

17
Sinta
f
Rama
ff
Ra - ma
S
Ra - ma
A
Ra - ma
Rama
Sin - ta
Sin - ta
Sin - ta
T
Sin - ta
Sin - ta
Sin - ta
B
Sin - ta
Sin - ta
Sin - ta

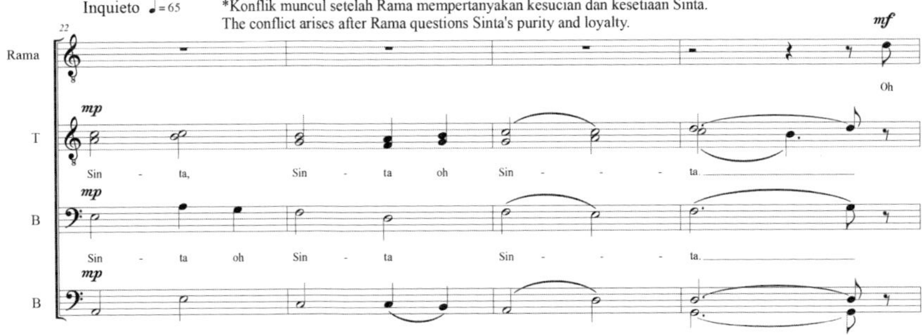
Inquieto ♩=65
*Konflik muncul setelah Rama mempertanyakan kesucian dan kesetiaan Sinta.
The conflict arises after Rama questions Sinta's purity and loyalty.
22
Rama
mf
Oh
T
mp
Sin - ta, Sin - ta oh Sin - - - ta.
B
mp
Sin - ta oh Sin - ta Sin - - - ta.
B
mp

26
S
A
Rama
(Sinta, are you still loyal?)
Sin - ta, oh Sin - ta ma - sih - kah eng - kau se - ti - a? Oh
mf
T
Sin - ta, Sin - ta oh Sin - - - ta
mf
B
Sin - ta oh Sin - ta Sin - - - ta
mf
B
30
Sinta
S
A
Rama
(Sinta, are you still pure?)
f
Sin - ta, oh Sin - ta ma - sih - kah eng - kau tak ter - no - da? Oh
T
Sin - ta, Sin - ta oh Sin - - - ta
B
Sin - ta oh Sin - ta Sin - - - ta
B

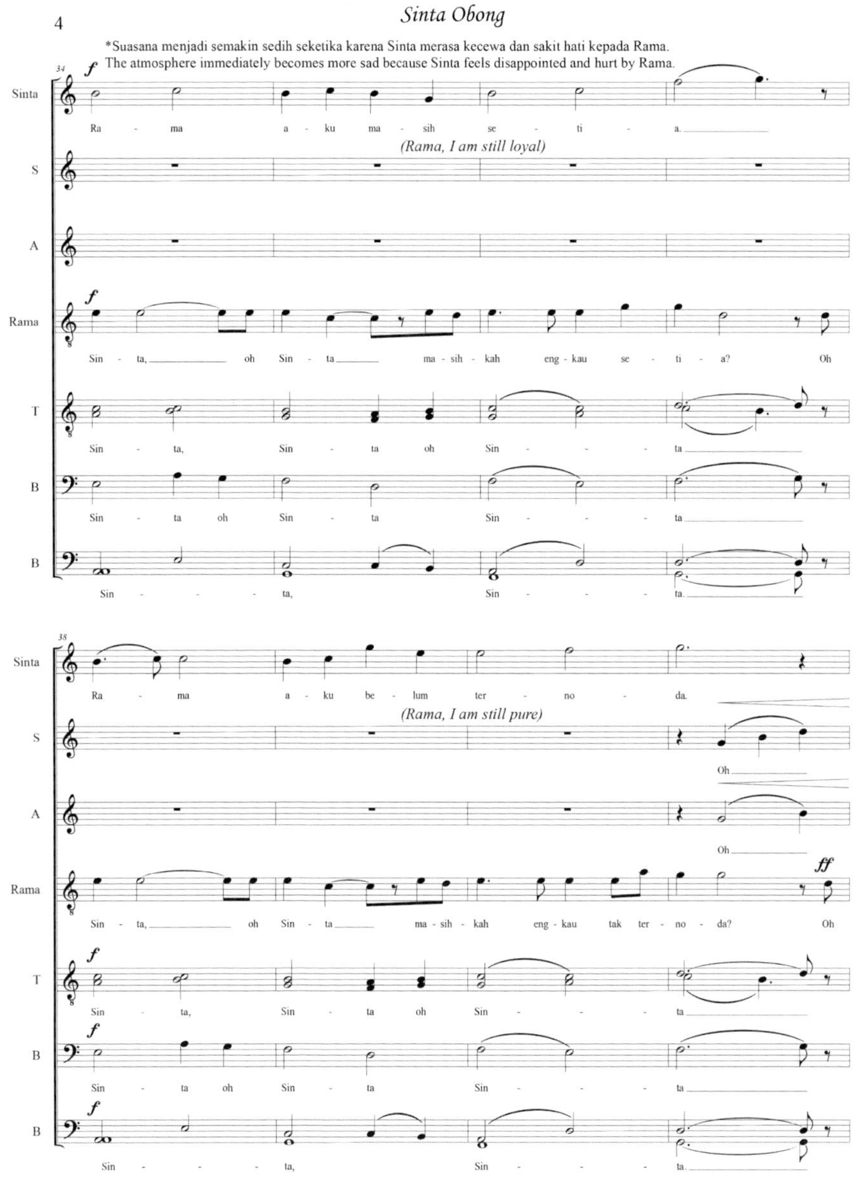
*Suasana menjadi semakin sedih seketika karena Sinta merasa kecewa dan sakit hati kepada Rama.
The atmosphere immediately becomes more sad because Sinta feels disappointed and hurt by Rama.
Sinta
S
A
Rama
T
B
B
Ra - ma a - ku ma - sih se - ti - a.
(Rama, I am still loyal)
Sin - ta, oh Sin - ta ma - sih - kah eng - kau se - ti - a? Oh
Sin - ta, Sin - ta oh Sin - ta
Sin - ta oh Sin - ta Sin - ta
Sin - ta, Sin - ta.
Ra - ma a - ku be - lum ter - no - da.
(Rama, I am still pure)
Oh
Oh
Sin - ta, oh Sin - ta ma - sih - kah eng - kau tak ter - no - da? Oh
Sin - ta, Sin - ta oh Sin - ta
Sin - ta oh Sin - ta Sin - ta
Sin - ta, Sin - ta.

Sinta
S
A
Rama
T
B
B
Ra - ma, Ra - ma, per - ca - ya - lah!
Ra - mas a - ku ma - sih se - ti - a
Ra - ma, Ra - ma, Ra - - - - ma.
Ra - ma, Ra - ma Ra - - - ma.
Sin - ta, oh Sin - ta ma - sih - kah eng - kau se - ti - a? Oh
Sin - ta, Sin - ta oh Sin - - - ta
Sin - ta oh Sin - ta Sin - - - ta
Sin - - - - ta, Sin - - - - ta.
Ra - ma, Ra - ma, per - ca - ya - lah!
Ra - ma a - ku be - lum ter - no - da.
Ra - ma, Ra - ma, Ra - - - - ma.
Ra - ma, Ra - ma Ra - - - - ma.
Sin - ta, oh Sin - ta ma - sih - kah eng - kau tak ter - no - da?
Sin - ta, Sin - ta oh Sin - - - - ta
Sin - ta oh Sin - ta Sin - - - - ta
Sin - - - - ta, Sin - - - - ta.

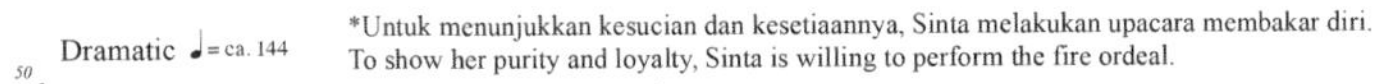

Drum-roll / api menyala (the fire is burning)

mf
62
Sinta
Ha a a a Ha a a a
S
Ha a a a Ha a a a
f
A
ho ho ho ho yi ya er ya wur ya wer ya ho ho ho ho yi ya er ya wur ya wer ya
cak cak ka cak cak cak cak ka cak cak cak ka cak cak cak cak ka cak
T
cak cak cak cak cak cak ka cak cak cak cak cak cak cak ka cak
B
cak cak cak cak cak cak cak cak cak cak cak cak cak cak cak
B
bong o - bong o - bong o - bong o - bong o - bong o - bong o - bong o - bong o - bong o - bong o - bong o - bong o - bong o-bong o - bong

mf
66
Sinta
Ha a a a Ha a a A!
S
Ha a a a Ha a a A!
A
ho ho ho ho yi ya er ya wur ya wer ya ho ho ho ho yi ya er ya wur ya wer ya
cak cak ka cak cak cak cak ka cak cak cak ka cak cak cak cak ka cak
T
cak cak cak cak cak cak ka cak cak cak cak cak cak cak ka cak
B
cak cak cak cak cak cak cak cak cak cak cak cak cak cak cak
B
bong o - bong o - bong o - bong o - bong o - bong o - bong o - bong o - bong o - bong o - bong o - bong o - bong o - bong o-bong o - bong

*Beberapa waktu kemudian, saat nyala api sudah surut, tampak sesosok bayangan di tengah bara api yang berserak.
Sometime later, when the flames has receded, a shadowy figure appeared amidst the scattered embers.

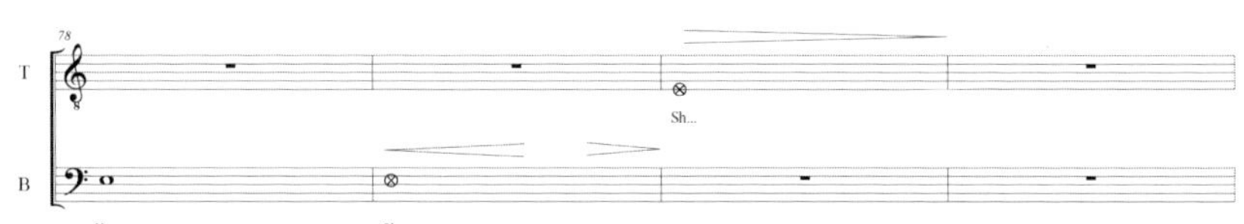

*Dialah Sinta. Seketika itu pula Rama berlari menghambur untuk memeluk Sinta.
She is Sinta. Immediately, Rama rushes to hug Sinta.

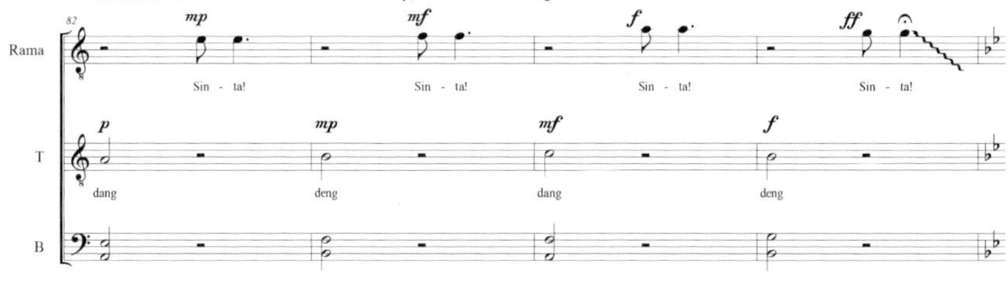

*Sinta dan Rama pun berpelukan dengan perasaan haru, bangga, dan bahagia.
Sinta and Rama then hug each other with feelings of emotion, pride, and happiness.

Sinta Obong

*Sinta dan Rama hidup bahagia bersama.
Sinta and Rama live happily together.
Dramatic ♩= ca. 144
98
Sinta
S
A
Rama
T
B
Ra - ma
Ra - ma
Ra - ma
Sin - ta
Sin - ta
Sin - ta

あとがきにかえて

◉本書の出版は研究プロジェクト「東南アジアの現代芸術におけるラーマーヤナの多元的意味に関する研究　平成31年度科学研究費補助金　基盤(B)一般　研究代表者：福岡まどか」(19H01208)の成果の1つである。出版に関わる経費の一部、また委嘱創作作品に関わる経費の一部などは学術振興会の科学研究費によってサポートされた。ここにそのサポートに対して謝意を表したい。

◉2019年7月にタイ・バンコクで行われた国際伝統音楽学会(ICTM)の研究大会において研究プロジェクトメンバーの数名が現代東南アジアにおけるラーマーヤナ演劇に関するパネルディスカッションを行った。その際に出席していたシンガポールの編集者より出版のお誘いを受けたことがこの本を作成し始める契機となった。発表に関心を持ち出版をご提案くださった出版社Jenny Stanford Publishing Singaporeに対して謝意を表したい。また学会の際にバンコクにてラーマーヤナに関するいくつかの演劇上演を観る機会に恵まれたことも、あらためてラーマーヤナ演劇の位置づけについて考え直す端緒となった。バンコクのチャルームクルン劇場からは写真使用についてもご快諾を頂いた。この場をお借りして謝意を表したい。

本書には大阪・吹田市の国立民族学博物館所蔵の仮面や人形の写真も掲載させていただいた。写真リストの検討や画像の撮影などの面でも国立民族学博物館のご高配を頂いたことに感謝を表したい。

◉当初は英語版を先に出版し、その翻訳として日本語版を出版する予定であったが、その後の予期せぬパンデミックの状況により英語版の本の出版作業が大幅に遅れ、先に日本語版が出版されることになった。本書の第4章はカンボジア人音楽学者サムアン・サム教授によるカンボジアのラーマーヤナに関する記述となっている。原稿執筆とその翻訳の掲載をご快諾くださったサムアン・サム教授に謝意を表したい。また翻訳に際しては用語の表記などについて福富友子氏のご教示をいただいた。ここに謝意を表したい。

執筆者は当初英語の原稿を用意していたが、今回の日本語版の出版に際してそれらの原稿を部分的に改訂した。節の構成や見出しなど、また実際の記述には英語版と日本語版で違いが見られる。特に第6章(福岡まどか)は英語版と日本語版で扱う事例や文献資料などについてかなりの違いが見られる内容となっている。さらに、日本語版出版に際しては、新たにコラムを設けた。コラムを寄稿してくださり、また本書の内容に多くの示唆的コメントをしてくださった東京外国語大学の青山亨先生に感謝の意を表したい。

◉本書を作成し始めた2020年4月以降、世界的なパンデミックによって現地調査や現地からのアーティストの招聘事業などはすべて不可能となり、これまでの調査計画は抜本的に再考されることとなった。そうした状況の中で、メンバー間ではオンライン会議を頻繁に行い書籍出版のあるべきかたちを模索した。さまざまなアイディアを出し多忙な中で執筆に向き合ってくれたメンバーにも心から感謝の意を表したい。

◉また編者の調査地であるインドネシアのアーティストたちとも連絡を取りながら本の出版に向けて作品創作の委嘱を行った。それぞれのアーティストがラーマーヤナの印象深い場面やエピソードなどに基づいて、独自の解釈を加えながら作品を創作した。ダンス、影絵、アニメーション、合唱音楽などそれぞれが専門とする分野に適したエピソードの選定や創作のコンセプトに基づき多彩で興味深い作品が生み出された。3つの作品はQRコードを読み取ることによってYouTube で見ることができる。最新の作品を鑑賞しながら論文を読むという方式が実現できたことに感謝したい。本書の内容やテーマ設定の意図を汲み取り協力を惜しまなかった3人のアーティスト、ディディ・ニニ・トウォ、ナナン・アナント・ウィチャクソノ、ケン・スティーヴンの3氏に心より謝意を表したい。作品解説執筆に際しては西田有里氏に多大なご協力を頂いた。この場をお借りしてお礼を申し上げたい。

◉日本語版の出版に際してはめこんの桑原晨さんにたいへんお世話になった。デザイナーの新保韻香さんをご紹介下さりこの本の内容に沿ったデザインも実現していただいた。東南アジアにおけるラーマーヤナ演劇についての本を長年にわたり東南アジア関連の書籍を手がけてこられためこんから出版できることは、研究者として非常に嬉しく光栄である。心より感謝の意を表したい。

2022年2月吉日　**福岡まどか**

索引

【か】

【た】

【は】

【ま】

【や】

【ら】

著者◉プロフィール

福岡まどか（フクオカ・マドカ）
大阪大学大学院人間科学研究科・教授
◉専門分野＝民族音楽学、文化人類学、地域研究（インドネシア）
◉著作＝『ジャワの仮面舞踊』（2002年勁草書房）、
『性を超えるダンサー　ディディ・ニニ・トウォ』（2014年めこん）、
『ジャワの芸能ワヤン　その物語世界』（2016年スタイルノート）など
★執筆担当＝第1章、第6章、コラム

青山 亨（アオヤマ・トオル）
東京外国語大学大学院総合国際学研究院・教授
◉専門分野＝東南アジア前近代史、地域研究（インドネシア）
◉著作＝共著『岩波講座東南アジア史2　東南アジア古代国家の成立と展開』（2001年岩波書店）、
共著『アジア仏教美術論集　東南アジア』（2019年中央公論美術出版社）、
共著『天変地異はどう語られてきたか　中国・日本・朝鮮・東南アジア』（2020年東方書店）など
★執筆担当＝コラム

平松秀樹（ヒラマツ・ヒデキ）
京都大学東南アジア地域研究研究所・連携准教授
◉専門分野＝タイ文学・文化　比較文学・比較文化　地域研究（タイ）
◉共著＝『東南アジアのポピュラーカルチャー』（2018年スタイルノート）、
『女たちの翼　アジア初期近代における女性のリテラシーと境界侵犯的活動』（2018年ナカニシヤ出版）、『交錯する知　衣装・信仰・女性』（2014年思文閣出版）など
★執筆担当＝第2章

梅田英春（ウメダ・ヒデハル）
静岡文化芸術大学文化政策学部・教授
◉専門分野＝民族音楽学、インドネシア地域研究
◉著作＝『バリ島の影絵人形芝居ワヤン』（2020年めこん）、
『バリ島ワヤン夢うつつ――影絵人形芝居修業記』（2009年木犀社）、
共著『インドネシア芸能への招待』（2010年東京堂出版）など
★執筆担当＝第3章

サムアン・サム（Sam-Ang Sam）
Paññāsāstra University of Cambodia・学長
◉専門分野＝民族音楽学、カンボジア音楽演奏家
◉著作＝*Music in the Lives of the Indigenous Ethnic Groups in Northeast Cambodia.* 2010. Phnom Penh: PUC Press; *Musical Instruments of Cambodia.* 2002. *Senri Ethnological Reports* (29): 1-162. Osaka: National Museum of Ethnology; *Khmer Folk Dance.* 1987. Newington: Khmer Studies Institute.
★執筆担当＝第4章

竹村嘉晃（タケムラ・ヨシアキ）
国立民族学博物館南アジア研究拠点・特任助教
◉専門分野＝芸能人類学、南アジア地域研究
◉著作＝単著『神霊を生きること、その世界——インド・ケーララ社会における「不可触民」の芸能民族誌』（2015年風響社）、共著*Dance Matters Too: Markets, Memories, Identities*（2018年Routledge）、共著『世界を環流する〈インド〉——グローバリゼーションのなかで変容する南アジア芸能の人類学的研究』（2021年青弓社）など。
★執筆担当＝第5章

日向伸介（ヒナタ・シンスケ）
大阪大学大学院言語文化研究科・准教授
◉専門分野＝タイ近現代史
◉著作＝論文「ラーマ7世王治世期のバンコク国立博物館に関する一考察：ダムロン親王の役割に着目して」（2012年『東南アジア 歴史と文化』）、論文「パッタヤー歓楽街の形成：冷戦期タイの都市空間と性的多様性をめぐる予備的研究」（2020年『人文學報』）、論文「1910年『シャム国の教育に関する勅語』公布計画：経緯と思想的背景」（2021年『新世紀人文学論集』）など。
★執筆担当＝第7章

福岡正太（フクオカ・ショウタ）
国立民族学博物館・教授
◉専門分野＝民族音楽学
◉著作＝共著『音楽の未明からの思考　ミュージッキングを超えて』（2021年アルテスパブリッシング）、共著『東南アジアのポピュラーカルチャー　アイデンティティ・国家・グローバル化』（2018年スタイルノート）など
★執筆担当＝第8章

アーティスト◉プロフィール

★詳しいプロフィールは委嘱創作作品解説を参照

ディディ・ニニ・トウォ（Didik Nini Thowok）
インドネシアを代表する女形ダンサー、コメディアンとして国内外で活躍。近年はアジア現代演劇の活動にも従事。ジャワ島・ジョグジャカルタ在住。

ナナン・アナント・ウィチャクソノ（Nanang Ananto Wicaksono）
インドネシア・ジャワ島の影絵の人形遣い（ダラン）であり、またアニメーターとして日本国内・海外で活躍。大阪在住。

ケン・スティーヴン（Ken Steven）
作曲家、指揮者。アカペラ合唱曲を中心に多くの合唱曲を作曲し、音楽祭等で高く評価されている。スマトラ島・メダン在住。

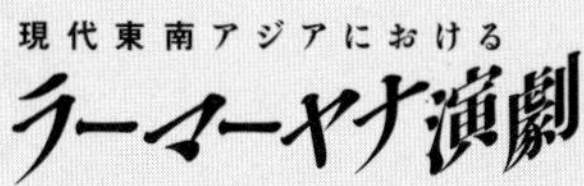

現代東南アジアにおける
ラーマーヤナ演劇

初版第1刷発行 2022年3月20日

◉定価……………………2700円＋税
◉編・著…………………福岡まどか

◉デザイン………………新保韻香
◉発行者…………………桑原晨
◉発行……………………株式会社 めこん
〒113-0033 東京都文京区本郷3-7-1
電話＝03-3815-1688
ファックス＝03-3815-1810
http://www.mekong-publishing.com

◉印刷・製本…………株式会社 太平印刷社

ISBN 978-4-8396-0330-4 C0074 Y2700E
0074-2202330-8347